Anforderungen an eine Wissenschaft
für die Lehrer(innen)bildung

European Studies on Educational Practices

Edited by
Anna Herbert and Anja Kraus

Volume 5

Editorial Board

Educational practices consist of intentions, movements, bodies, language, things and spaces. Empirical research on educational practices and their contexts entails diverse theoretical, methodological and methodical questions. By taking over the European perspective it becomes apparent that the theoretical and the practical understanding of pedagogical terms framing educational practices like education, didactics, methods etc. differs very much from one language area and culture of interpretation to another. We regard this as an expression of cultural diversity.

The book series constitutes an international forum to make theoretical and empirical approaches to pedagogical practices noticeable. Publications are mainly in English, but in German or Swedish, as well.

Contributions are only accepted after a double blind peer review by renowned experts in order to ensure a high and verifiable quality standard for the book series.

Anja Kraus

Anforderungen an eine Wissenschaft für die Lehrer(innen)bildung

Wissenschaftstheoretische Überlegungen zur praxisorientierten Lehrer(innen)bildung

Waxmann 2015
Münster • New York

Ich danke dem Board of Teacher Education der
Linné-Universität Växjö für die finanzielle Unterstützung,
die die Veröffentlichung des Bandes ermöglicht hat.

Bibliografische Informationen der Deutschen Nationalbibliothek
Die Deutsche Nationalbibliothek verzeichnet diese Publikation in
der Deutschen Nationalbibliografie; detaillierte bibliografische
Daten sind im Internet über http://dnb.d-nb.de abrufbar.

European Studies on Educational Practices, Band 5

ISSN 2193-7141
Print-ISBN 978-3-8309-3219-2
E-Book-ISBN 978-3-8309-8219-7

© Waxmann Verlag GmbH, Münster 2015
Steinfurter Straße 555, 48159 Münster

www.waxmann.com
info@waxmann.com

Umschlaggestaltung: Anne Breitenbach, Münster
Druck: SDK Systemdruck, Köln
Satz: Sven Solterbeck, Münster

Gedruckt auf alterungsbeständigem Papier,
säurefrei gemäß ISO 9706

Printed in Germany

Meinen Eltern

Inhalt

Eine „[…] Kultur der Sinne, das heißt am Ende:
Entwicklung der menschlichen Urteilsfähigkeit."[1]

Einleitung

Seit jeher steht die Frage, welcher Unterricht an die Lebenswelten der Schü-
ler(innen) anschlussfähig und zugleich an ihren Zukunftsperspektiven orientiert
ist, im Zentrum der Unterrichtsforschung als wichtige Bezugswissenschaft der
Lehrer(innen)bildung. Heute werden beide Bestimmungen von Unterricht in der
Zielvorstellung einer Kompetenzentwicklung miteinander verknüpft, die als der
Erwerb praktischen Handlungswissens näher spezifiziert wird. Das Bildungsziel
einer Kompetenzentwicklung gilt nicht nur für das schulische, sondern überhaupt
für jedes formelle und informelle Lernen, so auch für die Berufsbildung, im Besonderen für die Vorbereitung auf den Beruf der Lehrerin, des Lehrers.

Thema dieser Abhandlung ist eine universitäre Lehrer(innen)bildung, die sowohl an der in Frage stehenden Berufspraxis als auch an den für diese relevanten
Bezugswissenschaften orientiert ist.

Die zentrale Rolle bei der Konzeptionalisierung der Kompetenzentwicklung
spielt die Auslegung des Verhältnisses von Theorie und Praxis. Im Fachdiskurs
werden diverse Ansätze zur näheren Bestimmung dieses Verhältnisses verhandelt.
Diese korrespondieren mit unterschiedlichen Vorstellungen von Wissenschaft.

Geläufige Ansätze dazu werden auf ihre wissenschaftstheoretische Rechtferti-
gung hin befragt.[2] Genauer wird das Verhältnis von Theorie und Praxis im Lehrberuf epistemologisch in den Blick genommen. Unter dieser Perspektive wird ein
bestimmter Wissenschaftsbegriff, nämlich der noetische, herausgearbeitet, der in
Hinblick auf die Möglichkeiten einer hochschuldidaktischen Modellierung eines
wissenschaftsgestützten und zugleich praxisorientierten Anstoßens von Lern-
und Bildungsprozessen Klärung verspricht. Der Fokus dieser Abhandlung liegt
also auf der formell angeleiteten Entwicklung der Fähigkeiten, die dazu notwendig sind, Spezifika einer pädagogischen Situation zu erkennen und im Unterricht
gegebene oder geschaffene Lehr-Lernbedingungen mit dem Ziel aufzugreifen, erwünschte Lern- und Bildungsprozesse anzustoßen.[3] Fachliche oder andere nicht

---

1   Gadamer 1979, S. 23
2   Vgl. bspw. Kron 1999
3   Die Vermutung, dass die zum formell gerahmten Anstoßen, Strukturieren und Abprü-
     fen von Lernen hier zu entwickelnden Zusammenhänge in modifizierter Form auch

9

direkt auf den Unterricht bezogene Kompetenzen im Lehrberuf finden keine Berücksichtigung.

Argumentiert wird wie folgt: Die facettenreiche und komplexe pädagogische als auch berufliche Wirklichkeit lässt sich schwerlich durch die Linearität und Geschlossenheit theoretischen Wissens abbilden. Daher kann es in Bezug auf das Anstoßen und Begleiten von Lernprozessen auch keine einheitliche, etwa praxeologische Professionstheorie geben. Pädagogische Situationen sind vielmehr durch diverse Spannungsfelder, also durch vielfältige, in sich widersprüchliche Herausforderungen näher bestimmt. Vorgefunden wird eine große Bandbreite professioneller und anderer Praktiken, die vielfältige Möglichkeiten ihrer Interpretation mit sich bringt und die Selbstverständnisse der Akteure und Akteurinnen in der Schule unterschiedlich beeinflusst. Praktiken sind durch diverse, also nicht nur durch kognitive Wissensformen und -formate bestimmt.

Die Wahrnehmungs-, Erkenntnis- und Reflexionsfähigkeiten, auch die spezifischen Urteils- und Gestaltungsfähigkeiten im schulpädagogischen Feld können am ehesten als die Fähigkeiten zu angemessenem Handeln im konkreten Einzelfall unter Berücksichtigung möglichst vieler für die Herstellung einer Lernsituation relevanter Faktoren näher bestimmt werden. In Hinblick auf die Spezifik dieser Berufspraxis wird in dieser Abhandlung die Frage nach einer angemessenen wissenschaftlichen Anleitung gestellt.

Die Leitthese ist, dass sich auf die Unterrichts- und Erziehungspraxis bezogene Reflexivität mithilfe des noetischen Ansatzes analysieren und anleiten lässt.

Nach dem noetischen Ansatz[4] entspringt jedes Wissen und jede Erkenntnis, auch wissenschaftliche Konzepte und Ergebnisse sozialen Verhältnissen, Beziehungen und Praktiken; und die Wissenschaft ist nicht frei von normativen Implikationen.[5] Folgerichtig wird die grundsätzliche Frage in den Vordergrund noetischer wissenschaftlicher Forschung gestellt, „[...] worin die Bedeutung der [wissenschaftlichen] Erkenntnisse in Hinblick auf virulente epistemische, poietische und praktisch-ethische Problemstellungen besteht"[6]. Es wird also der weit verbreiteten Begrenzung der Wissenschaftsorientierung auf rationale, rein sprachlich verfasste und metrische Erklärungsmodelle ein in Hinblick auf vielfältige Wissensformen und -formate offen angelegtes Denkmodell gegenübergestellt, das auch didaktische Lesarten einschließt.

---

auf andere Aufgabenbereiche im Lehrberuf, etwa auf fachdidaktische Fragestellungen, übertragen werden können, wird hier nur in den Raum gestellt.

4   DIEMER 1964.
5   Vgl. bspw. LONGINO 2001
6   RHEIN 2010, S. 46

Indem der praxis- und wissenschaftsorientierten Lehrer(innen)bildung die Detaillierung der noetischen Perspektive in Hinblick auf die professionelle Praxis im Berufsfeld aufgegeben wird, wird zugleich ein erster Schritt sowohl in die Richtung einer spezifisch pädagogisch ausgerichteten Qualitätsentwicklung der Universitätslehre als auch in die Richtung einer erziehungswissenschaftlichen Wissenschafts-[7] bzw. Universitätsforschung[8] unternommen.

In einer spiralig angelegten Argumentation wird die Hypothese eines noetischen Zugangs zu einer praxis- und wissenschaftsorientierten Lehrer(innen)-bildung Schritt für Schritt entfaltet und vertieft.

Anja Kraus, Växjö im Januar 2015

---

7   Vgl. HUG 1996
8   Vgl. GROPPE 2014

1 Aktuelle Kontroversen zur universitären Lehrer(innen)bildung

1.1 Zielvereinbarungen des Europarats

Die vom Europarat im Jahr 2007 in Brüssel verabschiedeten Zielvereinbarungen für die Lehrer(innen)bildung definieren das Kompetenzprofil von Lehrer(inne)n vornehmlich mit Blick auf sich durch diverse Prozesse der Modernisierung ergebende gesellschaftliche Veränderungen.[9] Im Mittelpunkt der Kontroversen darum, was aus ökonomischer, politischer und sozialer Perspektive für gesellschaftlich relevant befunden wird, steht die Programmatik einer Befähigung zu „lebenslangem Lernen". Ausbuchstabiert wird diese Programmatik anhand der Vorstellung einer kontinuierlichen (Weiter-)Professionalisierung resp. Kompetenzentwicklung. Professionelles Handeln wird in fachliche, methodische, soziale und personale Kompetenzen aufgefächert. Ferner wird in den Zielvereinbarungen des Europarats auf Phänomene interkultureller Diversität hingewiesen. Die Bereitschaft und die Fähigkeit zur Kooperation auf kollegialer Ebene, mit Eltern und mit außerschulischen Organisationen, auf Mobilität gerichtete Kompetenzen und das Aufgabenfeld der Qualitätssicherung sind weitere wichtige Facetten des hier disponierten, im Rahmen einer („lebenslangen") Lehrer(innen)bildung zu entwickelnden professionellen Kompetenzspektrums.[10]

Zur Realisierung dieses europaweit ratifizierten Kontrakts soll eine Verknüpfung der drei Phasen der Lehrer(innen)bildung beitragen: Dem Studium folgt ein sog. „early career support", der in einen sog. „mutual monitoring support" einmündet, welcher u. a. durch Auslandserfahrungen bereichert werden soll. Betont werden in Bezug auf diese zweite Bildungsphase im zükünftigen Berufsfeld wie auch in anderen Berufsfeldern gewonnene Erfahrungen, die etwa nach dem Europäischen Qualifikationsrahmen[11], dem europäischen Referenzrahmen für „lebenslanges Lernen", bereits für die erste Bildungsphase von zentraler Bedeutung sind. Die reguläre Ausübung des Berufs wird als dritte Qualifizierungsphase angesehen.

Dabei spielt nach den Zielvereinbarungen des Europarats für die Lehrer(innen)-bildung die Balance zwischen Theorie und Praxis im Sinne reflektierter Schul-

---

9   Einen Überblick über die verschiedenen politischen Initiativen auf Europaebene gibt bis zum Jahr 2006 Ulf FREDRIKSSON 2006.
10 KOMMISSION DER EUROPÄISCHEN GEMEINSCHAFTEN 2007
11 EUROPÄISCHE KOMMISSION BILDUNG UND KULTUR 2008

und Unterrichtspraxis auf der einen Seite und innovativer Wissensentwicklung im Rahmen der Berufstätigkeit auf der anderen Seite eine zentrale Rolle. Diese Aufgabe schließt die zwischen Schulpraxis und Wissenschaft herzustellende reflexive Beziehung ein. Diese Relation wissenschaftstheoretisch wie auch pädagogisch auszubuchstabieren ist Thema dieser Abhandlung.

Im Folgenden werden zunächst vorfindliche Konzepte zu einer wissenschafts- und praxisorientierten Lehrer(innen)bildung umrissen. Dann wird das eigene Konzept dargelegt.

1.2 Die wissenschaftsorientierte Lehrer(innen)bildung und ihre Geschichte

Im Hinblick auf ihre Bezugswissenschaften ist die Lehrer(innen)bildung eine Art *bunter Hund*. In erster Linie ist sie ein Thema der Erziehungswissenschaft und ihrer Disziplinen, im Besonderen der (etwa curriculums-, organisations- oder professionstheoretischen) Schulpädagogik. Hinzu treten – ohne hier den Anspruch auf Vollständigkeit zu vertreten – die Pädagogische Psychologie, die Allgemeine Didaktik und die Fachdidaktiken. Ferner spielen soziologische, philosophische und kulturwissenschaftliche Ansätze eine wichtige Rolle. Mit ihren im Klassen- und Schulraum angestellten Lehr-Lernanalysen liegen gleichsam quer zu diesen sehr unterschiedlichen Disziplinen die Schul- und die Unterrichtsforschung, die Lehrer(innen)bildungs-, die Lehrer(innen)- und die Schüler(innen)forschung. Diese Forschungsrichtungen gehen mit den zuvor genannten in thematischer und/oder methodischer Hinsicht mehr oder weniger punktuell diverse Verbindungen ein. Ähnlich verhält es sich mit der quantitativ ausgerichteten empirischen Lehr-Lernforschung und mit der Schuleffektivitätsforschung, die mit den Paradigmen „guter Lehrer"/„gute Lehrerin", „guter Unterricht" etc. operieren. Eine zentrale Rolle für die Modellierung der Lehrer(innen)bildung spielen heute auch sozioökonomisch begründete und politisch, etwa steuerungstheoretisch angelegte Modelle.

Grundsätzlich ist die Frage nach dem professionellen Wissen im Lehrberuf an die historisch sich wandelnden Bilder (a) vom Lehrer, von der Lehrerin[12] und die (b) vom Schüler, von der Schülerin geknüpft. Die Bilder von den zentralen schulischen Akteuren und Akteurinnen korrespondieren miteinander in ihrem Verhältnis zu den sich im Wandel befindlichen Vorstellungen von Unterricht (c). Sie grundieren die Lehrpraxis resp. die Planung, Herstellung, Beurteilung und Re-

---

12 Vgl. Mayr & Neuweg 2006

flexion von Lehr-Lernsituationen, wie auch deren wissenschaftliche Erforschung. Daher sind sie auch für eine wissenschaftliche Fundierung der Lehrer(innen) bildung (d) ausschlaggebend.

(a)   Bilder vom Lehrer, von der Lehrerin

Historisch hochbedeutsam, wenn auch nicht unhinterfragt ist die Annahme, dass die Lehrer(in)persönlichkeit ein Ensemble relativ stabiler, für das Handeln und für den Erfolg im Beruf ausschlaggebender, weitenteils angeborener Dispositionen darstellt (das sog. „Persönlichkeitsparadigma").[13] Damit korrespondiert die historische Tatsache, dass die Lehrer(innen)bildung, abgesehen vom (fachlich ausgerichteten) gymnasialen Lehramt, in einigen deutschen Bundesländern erst kürzlich einen Platz in der Universität bekommen hat. Theorien zur Lehrer(innen) bildung indes gingen, zunächst auf einem historischen Seitenweg, schon immer von einer gewissen Formbarkeit der für diesen Beruf notwendigen Fähigkeiten aus. Im Zuge der zunehmenden Verwissenschaftlichung dieses Berufszweigs wurde dem „Persönlichkeitsparadigma" in den 1970er Jahren das sog. „Prozess-Produkt-Paradigma" gegenübergestellt. Mit letzterem werden steuerbare Unterrichtsfertigkeiten in den Mittelpunkt der Forschung und der praktischen Lehrer(innen) bildung gestellt. Als Ausdruck und Folge der sog. „kognitiven Wende" seit den 1980er Jahren steht zunehmend das an psychometrisch modellierten und empirisch nachvollziehbaren Kompetenzen und dabei am messbaren Output[14] orientierte sog. „Expertenparadigma" im Zentrum der öffentlichen Bildungsdebatte und der Fachdiskussionen. Neben anderen am sog. „Output" orientierten Mo-

---

13   Vgl. MAYR & NEUWEG 2006

14   Im Rahmen von Steuerungstheorien wird in Hinblick auf die Qualitätsentwicklung von Schule und Unterricht zwischen einer „Input-Steuerung", bei der die lehrende Person und ihr Anstoßen von Lernprozessen im Vordergrund stehen, und einer „Output- Steuerung" unterschieden. Bei der Output-Steuerung stehen standardisierte Tests durch anonyme externe Evaluation im Mittelpunkt der Qualitätsentwicklung von Unterricht. Die Begriffe Input- und Output-Steuerung fungieren insbesondere als Kriterien für die Unterscheidung nationaler Curricula und deren Umsetzung und werden in der Erziehungswissenschaft kontrovers diskutiert. Hier soll eine Stellungnahme von Wilfried BOS u.a. (2007) stellvertretend für die Argumentationslogik stehen, die in dieser Abhandlung nicht geteilt wird: „Wie die Erfahrungen aus den Ländern, die in internationalen Schulleistungsstudien regelmäßig sehr gut abschneiden (z.B. Kanada, England, Finnland, die Niederlande und Schweden), zeigen, wirkt sich die regelmäßige ‚Outputkontrolle' lang- und mittelfristig ausgesprochen förderlich auf die Kompetenzentwicklung der Schülerschaft aus." (BOS u.a. 2007, S. 1).

dellen ist heute die Tendenz einer Neuauflage des Persönlichkeitsparadigmas im hauptsächlich vor dem Hintergrund psychometrischer Modelle ausbuchstabierten Konzept des sog. „guten Lehrers", der „guten Lehrerin" (s.o.) festzustellen.[15] Johannes MAYR & Georg Hans NEUWEG (2006) machen die Vorzeichen deutlich, unter denen dieses „revival" steht: „Mit dem Ansatz einer *persönlichkeitsreflexiven* [Hervorh. durch J.M. & G.H.N.] Lehrerbildung rückt in den Blick, wie wichtig es zusätzlich zur forschungsorientierten, kognitiv akzentuierten, nach außen gerichteten Reflexion ist, Reflexion gleichsam auch nach innen zu erweitern und sich selbst und das eigene Erleben in konkreten Interaktionssituationen zum Gegenstand der Betrachtung zu machen."[16] Heute dominiert die Auffassung, dass sich eine solche (nicht unbedingt wissenschaftsgestützte) Selbstreflexion, insoweit sie an einem vorgegebenen Berufsethos orientiert ist, an „Standards"[17] messen lässt. Solche Standards werden derzeit en detail entwickelt und kommen auch bereits in allen Phasen der Lehrer(innen)bildung zum Einsatz (bspw. in Orientierungstests, die in manchen deutschen Bundesländern die Voraussetzung für eine Zulassung zum Lehramtsstudium sind). Am „Expertenparadigma" wird unter anderem kritisiert, dass es die nicht bewusstseinsfähigen, nicht verbalisierbaren und nicht metrisierbaren Aspekte des Berufs ausblende. Dieses Desiderat soll in dieser Abhandlung eingeholt werden.

---

15   Vgl. MAYR & NEUWEG 2006, DAHLBERG et al. 2002

16   MAYR & NEUWEG 2006, S. 198

17   Dem Bericht der Arbeitsgruppe „Standards für die Lehrerbildung des Sekretariats der Ständigen Konferenz der Kultusminister der Länder in der Bundesrepublik Deutschland" (2004, S. 7) kann man entnehmen: „Der Begriff ‚Standards' erzeugt in den Kontexten von Bildung und Ausbildung immer wieder Missverständnisse, weil er selbst nicht in einer standardisierten Weise benutzt wird. Von der Wortbedeutung her ist ein Standard eine möglichst präzise Festlegung der Eigenschaften, die ein Objekt oder ein Prozess haben müssen, um definierten Qualitätskriterien zu genügen. Durch die Formulierung eines Standards wird bestimmt, ‚was Standard ist'. Dadurch, dass ein solcher Standard allgemein gilt und sich alle daran halten, entsteht ein hohes Maß an Verlässlichkeit hinsichtlich der Eigenschaften eines Objekts oder Prozesses. Diese Verlässlichkeit ist wiederum eine Voraussetzung dafür, dass die derart ‚standardisierten' Objekte oder Prozesse in sehr unterschiedlichen Kontexten problemlos entsprechend ihrem Zweck eingesetzt und verwendet werden können; alle anderen Elemente des jeweiligen Kontextes können damit rechnen, dass das einzusetzende Element den für es geltenden allgemeinen Standards entspricht." Unten wird noch vertiefend auf Standards eingegangen.

(b) Bilder vom Schüler, von der Schülerin

Mit dem aktiven Rollenverständnis einer ausgeprägten (und angeborenen) Lehrerpersönlichkeit korrespondiert das Bild der Schüler(innen) als äußerlich weitgehend passive, sich rezeptiv verhaltende Educandi. In diesem Sinne werden Kinder und Jugendliche in der Schule in Zusammenhang der Erziehungswissenschaften bis heute vornehmlich als Objekte von Bildungs- und Erziehungsprozessen, und seltener als deren Subjekte erforscht.[18] Dem stehen diverse schulpraktische Ansätze gegenüber, wie bspw. die, die sich vom Prinzip der Schüler(in)orientierung her verstehen. So wurden etwa in den 1920er Jahren kindgemäße reformpädagogische Settings entwickelt. In den 1970er Jahren wurde die Bedeutung der Sozialisation in den Vordergrund des Dispositivs „Schüler(in)" gestellt. Während reformpädagogische Ansätze vom Glauben an das Gute im Kind und von Erziehungsoptimismus getragen waren, steht der Sozialisationsbegriff eher mit einem Steuerungsoptimismus in Verbindung, der im Besonderen der Chancengleichheit und dem Emanzipationsgedanken galt. Den Schüler(inne)n wurden Selbst- und Mitbestimmungsrechte zuerkannt, die durch entsprechende Institutionen und Maßnahmen (eventuell zentral gelenkt) ermöglicht werden sollten. Heute steht im Zusammenhang der international geführten Bildungsdebatte der kompetente Lernende als Subjekt organisierten und lebenslangen Lernens im Vordergrund entsprechender Konzepte. Individuelle Fähigkeiten und Kompetenzen werden psychometrisch modelliert.[19] Seit den 1990er Jahren sind im Besonderen im Zusammenhang mit der an der neueren Kindheitsforschung orientierten Schüler(innen)forschung die Selbst- und Weltsicht(en) von Schüler(inne)n und die von ihnen entwickelten Handlungsperspektiven in den Blickpunkt von Forschungsansätzen gerückt.

---

18 HACKL 2008, S. 78. Bernd HACKL argumentiert, dass die für die Didaktik konstitutive Idee einer präskriptiven Unterrichtstheorie nur durch die Verdeckung der im Alltag tatsächlich stattfindenden Lehr- und Lernprozesse und ihrer Interdependenz aufrechterhalten werden kann. Er weist auf das Desiderat einer Theorie über das Verhältnis von Unterrichten zum sich Aneignen, zum Lernen hin.

19 Vgl. bspw. das zum 19.6.2006 ausgeschriebene und im Jahr 2010 beendete Schwerpunktprogramm (SPP) 1293 der DFG, das wie folgt lautet: „Das SPP befasst sich mit erziehungswissenschaftlichen, fachdidaktischen und kognitionspsychologischen Grundlagen der Kompetenzmodellierung sowie mit psychometrischen Modellen und konkreten Technologien zur Messung von Kompetenzen. Für das SPP sind Kompetenzen definiert als kontextspezifische kognitive Leistungsdispositionen, die sich funktional auf Situationen und Anforderungen in bestimmten Domänen im Sinne von spezifischen Lern- und Handlungsbereichen beziehen. Kompetenzen werden durch Erfahrung und Lernen erworben und können durch institutionalisierte Bildungsprozesse beeinflusst werden."

Im Rahmen der neueren Kindheits- bzw. Schüler(innen)forschung wurde von Georg BREIDENSTEIN & Kerstin JERGUS (2005) bspw. das Ergebnis erbracht, dass Schüler(innen) auf einer Differenz zwischen Schüler(in) und Privatperson bestehen und diese Differenz sogar gegen Widerstände durchzusetzen bereit sind. Dies legt es nahe, den Modi einer Konstituierung der Rolle des Schülers, der Schülerin in ihrer Bedeutung für die Modellierung schulischer Lehr-Lernsituationen verstärkt wissenschaftliche Aufmerksamkeit zu schenken. In dieser Abhandlung wird argumentiert, dass die auf diesem Forschungsfeld gewonnenen Erkenntnisse künftig stärker als bisher in den Ansätzen zur Lehrer(innen)bildung Berücksichtigung finden sollten.

(c)   Vorstellung von Unterricht

Der Beginn von Schulunterricht ist schwer nachweisbar. Die Tatsache von Unterricht ist mit den ersten Zeugnissen einer Schriftkultur (ca. 5300 v.Chr.) wahrscheinlich. In den ersten Unterrichtstheorien von Wolfgang RATKE (1571–1635) und Johann Amos COMENIUS (1592–1670) wird Unterricht begrifflich mit Didaktik und Pädagogik gleichgesetzt und als der Weg zur Menschwerdung überhaupt gesehen. Es geht um die Unterweisung in das christliche Leben, die für ein adäquates Mittel zur Veränderung auch der Gesellschaft erachtet wird. Einen ausgeprägt gesellschaftlichen Auftrag hat der Schulunterricht bis heute. Johann Amos COMENIUS ([1657] 2008) hat der Schule allerdings auch den Vorwurf eines defizitären Alltags- oder Praxisbezugs gemacht, der sich wie ein Grundmotiv durch die gesamte neuere westliche Schulgeschichte zieht. Vor allem die reformpädagogische Bewegung hat sich dieses Vorwurfs angenommen und für den Bereich der Schule Gegenmodelle dazu entwickelt. Die diversen Reformansätze zum Schulunterricht seit der Aufklärung operieren, mit unterschiedlicher Gewichtung, mit (auf die Lernenden bezogenen) pädagogischen und didaktischen Prinzipien. Neben einer individualisierten Sicht auf die Lernenden spielen in dieser Beziehung auch die Handlungs- und die Kontextorientierung eine wichtige Rolle, wobei im letzten Jahrzehnt zunehmend virtuelle Lernumgebungen in den Blick rücken. Der Entwicklung insbesondere reformpädagogischer Modelle wird heute allerdings Stillstand und Konsolidierung attestiert.[20] Wilhelm WITTENBRUCH (2010) führt dies darauf zurück, dass die für die Unterrichtspraxis bestimmende „Ethik der Praktikabilität"[21] die Orientierung an pädagogischen Modellen erschwere. Ferner

---

20   Bspw. PETERSEN 1996, S. 81 ff. oder HERICKS & KUNZE 2004, S. 728.
21   OFENBACH 2006, S. 363 ff.

ist das herkömmliche Leitbild für den Schulunterricht, besonders in Bezug auf die Sekundarstufen I und II, stark an den Strukturen der bestehenden Fachdisziplinen orientiert. In dieser Hinsicht wird Schulunterricht in der Regel als die Weitergabe feststehender, logisch gegliederter und hierarchisch strukturierter Wissensbestände verstanden. Die Vermittlung von Lerninhalten erfolgt analysebasiert und didaktisch reduziert. Der Erfüllungsgrad gesetzter Lern- und Entwicklungsziele wird in der (im Falle Deutschlands föderalistischen, vergleichsweise heterogenen und hoch ausdifferenzierten) Schullandschaft zunehmend durch nationale und internationale Qualitätskontrollen (Quer- und Längsschnittstudien, zentrale Prüfungen etc.) überprüft. Im Großen und Ganzen werde, wie es bspw. Bernd HACKL (2008) herausstellt, Lernen aktuell selbst in Konzepten schüler(innen) orientierten Unterrichts häufig nur als bloßes Komplement zum Lehren aufgefasst.[22] Im Plädoyer für eine stärker an der Perspektive der Schüler(innen)- und der Kindheitsforschung orientierte Lehrer(innen)bildung wird es der Pädagogik und Didaktik aufgegeben, sich weniger an kognitiven und steuerbaren als an impliziten, wie etwa an personal, körperlich, sozial, material und medial vermittelten Prozessen zu orientieren. Zudem greifen zunehmend Konzepte Raum, in denen davon ausgegangen wird, dass es neben dem expliziten, geplanten, kontrollierten Unterrichtsgeschehen noch andere Ebenen pädagogischer Wirksamkeit gibt. Beispiele dafür sind etwa das Konzept des „heimlichen Lehrplans"[23] oder das der „Hinterbühne(n)" des Unterrichts, die zu dem geplanten und kontrollierten Geschehen auf der „Vorderbühne"[24] hinzutritt (hinzutreten). Auf solche Konzepte wird heute vor allem in kritischen, systemischen, poststrukturalistischen und phänomenologischen Analysen pädagogischer Prozesse und Modelle rekurriert. An diese Konzepte und Analysen wird in dieser Abhandlung angeschlossen.

---

22 HACKL 2008

23 ZINNECKER 1975

24 Jürgen ZINNECKER (1978) bezieht sich im Rahmen der Schulforschung auf die von Erving GOFFMAN (2005) zur Beschreibung des Sozialen entwickelte Theatermetaphorik, wenn er die schulischen Sinnkontexte in ein Geschehen auf der „Vorderbühne" des Unterrichts und ein solches auf dessen „Hinterbühnen" aufteilt. Das Klassenzimmer zu Unterrichtszeiten sei die „Vorderbühne", während z. B. die Schülertoilette den Kindern und Jugendlichen als „Hinterbühne" dienen könne. Eine „Hinterbühne" ist ein Ort des Unterlebens der schulischen Institution, wo sich die Subkultur der Schüler(innen) entfalten könne und auch die Vorbereitung und mentale Verarbeitung der Unterrichtssituation stattfände. Auch ein Klassenzimmer könne zur „Hinterbühne" werden, wenn die Lehrperson nicht im Raum ist.

(d)   Vorstellung von Lehrer(innen)bildung

Die Lehrer(innen)bildung hat, wie bereits gesagt, erst kürzlich einen Platz an der Universität gefunden; sie fand zuvor an Akademien etc. statt. Allgemein gesehen sind an den deutschen Universitäten seit ihren Gründungen, und bis heute, das professionelle Selbstverständnis und die Auslegung des Bildungsauftrags in allen universitären Disziplinen sehr weitgehend den Hochschullehrenden überlassen. Die Hochschuldidaktik wurde eher stiefmütterlich behandelt. Die „Freiheit von Forschung und Lehre" ist in Deutschland ein Grundrecht.[25] Eine Wissenschaftsorientierung der Universitätslehre wurde immer schon als schlicht gegeben angenommen und wird bis heute, und das ist erstaunlich, (in Deutschland) kaum hinterfragt.

Der Lehrer(innen)bildung wird (wie dem Schulunterricht) nun in immer neuen Auflagen der Vorwurf eines defizitären Alltags- und Praxisbezugs gemacht. Im Zuge der sog. „Studentenbewegung" in den frühen 1970er Jahren führte eine fundamentale Kritik an Hochschullehre und -studium zu diversen, vornehmlich auf die Organisationsstrukturen der Universität bezogenen Reformen. Im Zuge dieser Neuerungen erfuhr das Lehramtsstudium durch die (völlige oder teilweise) Verlagerung an die Universitäten eine gesellschaftliche Aufwertung. Nach wie vor wird allerdings von den Studierenden moniert, dass etwa die Kernbereiche des Lehramtsstudiums, nämlich die fachlichen, die fachdidaktischen und die sozialwissenschaftlichen Disziplinen nicht ausreichend mit der schulpraktischen Ausbildung und der Berufspraxis verzahnt seien resp. dass diese Lernfelder unvermittelt nebeneinander stünden.[26] Seit den 1980er Jahren liegen dazu auch empirisch abgesicherte Ergebnisse von Meinungsumfragen bei Studierenden vor.[27]

Sehr lange wurde diesem Vorwurf einer Praxisferne des Lehramtsstudiums die Maßgabe gegenübergestellt, dass die Lehrer(innen)bildung nicht darauf reduziert

---

25 Siehe Art.5 des Grundgesetzes der Bundesrepublik Deutschland, der lautet: „(1) Jeder hat das Recht, seine Meinung in Wort, Schrift und Bild frei zu äußern und zu verbreiten und sich aus allgemein zugänglichen Quellen ungehindert zu unterrichten. Die Pressefreiheit und die Freiheit der Berichterstattung durch Rundfunk und Film werden gewährleistet. Eine Zensur findet nicht statt. (2) Diese Rechte finden ihre Schranken in den Vorschriften der allgemeinen Gesetze, den gesetzlichen Bestimmungen zum Schutze der Jugend und in dem Recht der persönlichen Ehre. (3) Kunst und Wissenschaft, Forschung und Lehre sind frei. Die Freiheit der Lehre entbindet nicht von der Treue zur Verfassung."

26 ULICH 1996, S. 87

27 Vgl. STADELMANN 2006, S. 14 f. Zur Problematik dieser Erhebungen vgl. STADELMANN 2006, S. 28 f.

werden sollte, Werkzeuge und Instrumente für eine gelingende Berufspraxis zu vermitteln, wie dies etwa dann der Fall sei, wenn die Lehrer(innen)bildung als theoriearmes Training[28] konzipiert werde.[29] Als eine Reaktion auf die Entwicklungen auf dem globalen Arbeitsmarkt wie auch als Antwort auf die Ergebnisse der erstmals für das Jahr 2000 vorliegenden, in Deutschland öffentlich außerordentlich wirksamen PISA-Studien und auf den daraus für den gesamten Bildungsbereich resultierenden Reformdruck haben Konzepte zu einer Intensivierung des Praxisbezugs der Lehrer(innen)bildung heute neu an Aktualität gewonnen. Diese Frage dominiert derzeit in gewissem Sinne auch die europa- und weltweit geführten bildungstheoretischen und -politischen Debatten.[30] In der Folge wird die formelle „Bildung" mithilfe am Output orientierter Lehrevaluationen und anderer Steuerungsinstrumente zunehmend modularisiert und zu „Bausteinen" zusammengestellt. Auch wird der großflächig angelegte Versuch unternommen, die Hochschullehre über umfangreiche, vorwiegend metrisch angelegte Lehrevaluationen zu steuern. Ungeklärt ist noch, auf welche Weise die akademische Freiheit und die hochschuldidaktischen Optionen im Zuge dieser neueren Entwicklungen neu ausbuchstabiert (oder ob sie durch diese eventuell eher behindert) werden. Zunehmend wird Kritik laut, dass durch das sog. „new public management"[31] eine Auslösung der Hochschullehre aus ihrer Verschränkung mit der wissenschaftlichen Forschung vorangetrieben werde.[32]

Die Wissenschaftsorientierung der Lehrer(innen)bildung wird zumeist im Sinne von wissenschaftlich fundiertem Begründungswissen verstanden. Dabei begründen Lehrer(innen) jedoch nachweislich weniger ihr handlungsrelevantes als ihr Legitimationswissen wissenschaftlich.[33] Erst in jüngerer Zeit ist in der Lehrer(innen)bildung die Einübung wissenschaftlicher Methoden zur Gewin-

---

28 Vgl. Tests und Programme wie „FIT-L – FIT für den Lehrerberuf", FIBEL-Test.

29 Vgl. etwa das Kerncurriculum der Deutschen Gesellschaft für Erziehungswissenschaft für das Hauptfachstudium Erziehungswissenschaft aus dem Jahr 2004. Darauf wird unten nochmals näher eingegangen.

30 Vgl. EQR 2008: http://ec.europa.eu/education/pub/pdf/general/eqf/broch_de.pdf.

31 Das „new public management" ist eine transnationale Gesamtsicht mit national sehr unterschiedlichen Ausprägungen, die auf der Grundlage verschiedener Qualitätsansätze in national sehr unterschiedlicher Gewichtung und basierend auf Public-Choice-Ansätzen im Wesentlichen mehr Wahlrechte, Mitbestimmung und Koproduktion für die als Kunden der öffentlichen Verwaltung verstandenen Bürger(innen) einfordern.

32 Die Auslösung der Hochschullehre aus ihrer Verschränkung mit der wissenschaftlichen Forschung wird bspw. durch die verstärkte Einführung von Hochdeputatsstellen im universitären Bereich noch unterstützt.

33 Problematisiert bspw. von KÖNIG & ZEDLER 2002, S. 2.

nung und kritischen Reflexion von Erkenntnissen und Forschungsergebnissen hinzugetreten. Zunehmend gilt auch die Befähigung zur wissenschaftlich reflektierten Erfahrungsbildung als zentrales Bildungsziel.[34] Nicht zuletzt bringt es der zunehmend in seiner Notwendigkeit erkannte Aufgabenbereich einer Unterrichts- und Schulentwicklung mit sich, dass die praktischen, theoretischen, und die wissenschaftlichen Grundlagen schulpädagogischen Handelns auf zunehmend formalisierte Weise reflektiert und der Prüfung unterzogen werden.[35] Derzeit treten verstärkt Initiativen auf den Plan, die darauf abzielen, die Lehrer(innen) in Hinblick auf eine Qualitätssicherung von Schule und Unterricht verstärkt zur Expertise[36] zu befähigen.

Auffällig ist, dass als Zielvorstellung der Lehrer(innen)bildung heute die Bedeutung des Berufsethos des Lehrers, der Lehrerin gegenüber anderen deutlich hervortritt (vgl. die Diskussion um den „guten Lehrer", die „gute Lehrerin", „good practice" o.ä.).

Sei es im Sinne von Begründungs- und Legitimationswissen, als wissenschaftlich reflektierte Erfahrungsbildung und Expertise oder als „good practice", in operativer Hinsicht werden heute in Hinblick auf die wissenschaftliche Fundierung der Lehrer(innen)bildung im Wesentlichen die folgenden Modelle und Gesichtspunkte diskutiert:

- Die Wissenschaftsorientierung der Lehrer(innen)bildung wird zunehmend durch diverse Steuerungsinstrumente, wie etwa Modulhandbücher oder Listen verbindlicher Grundlagenliteratur für die verschiedenen Studienrichtungen etc., vereinheitlicht.
- Die Lehrer(innen)bildung wird auch als eine spezifische Hochschuldidaktik ausbuchstabiert. So wird im Rahmen von Seminaren etwa auf Methoden zurückgegriffen, die für den Schulunterricht oder für die Erwachsenenbildung entwickelt worden sind.[37] Bspw. werden durch kognitionspsychologische und konstruktivistische Lerntheorien begründete handlungsorientierte und individualisierte Lernsettings[38] erstellt. In den verschiedenen universitären Fachdidaktiken wurden Ansätze für eine Anleitung der Studierenden dazu entwickelt, sich die berufspraktische Perspektive einer Fachlehrerin/

---

34 Vgl. HERZOG 2005, S. 314, er verweist hier auf VON FELTEN 2005 und HERZOG & VON FELTEN 2001.
35 Vgl. GIBBS 2013
36 Vgl. MAYR & NEUWEG 2006
37 Vgl. bspw. STELZER-ROTHE 2005
38 Als Beispiel kann der auf der Bearbeitung von Fallbeispielen basierende Ansatz des „Problem-Based-Learning" angeführt werden (dazu WEBER 2005).

eines Fachlehrers antizipierend und möglichst handlungsnah zu erschließen.[39] In anderen hochschuldidaktischen Modellen wiederum stehen an den
(Lern-)Biographien der Studierenden orientierte Zugangsweisen sowie berufspraktische Problemstellungen im Vordergrund. Theoretische Modelle
werden häufig durch Praxisbeispiele, bisweilen auch anhand von Einzelfallstu-
dien verdeutlicht. Zudem werden die individuellen Zugänge der Studierenden
zu ihrem Studium, zum wissenschaftlichen Arbeiten und zu ihrer zukünftigen
Berufspraxis analysiert und modelliert. Dies erfolgt bspw. unter persönlich-
keitspsychologischen und dabei unter mehr oder weniger auf bestimmte Themen fokussierten Blickwinkeln, wie bspw. anhand solcher Fragestellungen, die
an „gender"-Themen orientiert sind.[40] Ansonsten spielen auch pädagogisch
begründete, wie bspw. an die Erlebnispädagogik angelehnte hochschuldidaktische Ansätze[41] im Rahmen der universitären Lehrer(innen)bildung eine Rolle.
Solche Ansätze fokussieren einzelne Aspekte der Lehrer(in)persönlichkeit und
ihres Kompetenzprofils, sie heben auf schulpädagogische Themen oder auf bestimmte Inhalte der Schulfächer ab.

• Es werden kleinere, meist standortbezogene Reformprojekte initiiert und
  evaluativ erforscht. Dabei handelt es sich bspw. um die Einführung fächer-
  übergreifender Studienangebote, um Ansätze zur Verbesserung der Kooperation verschiedener Partnerinstitutionen der Lehrer(innen)bildung in deren
  verschiedenen Phasen und um eine Reform der Studienordnungen, die bspw.
  zu einer verbesserten Integration schulpraktischer Studien in die universitäre
  Phase beitragen soll.[42]

• Zudem werden in der wissenschaftlichen Begleitung praktizierten Unterrichts,
  etwa im Rahmen von Projekten der Praxisforschung, in Form von Supervisi-
  onen und/oder durch Evaluationsstudien, die teilweise von den Lehramtsstudierenden durchgeführt werden, gangbare Wege zur Befähigung zu wissenschaftlich reflektierter Erfahrungsbildung gesehen. Insbesondere Referendare
  und Referendarinnen im Dienst werden in den letzten Jahren zunehmend an
  der Qualitätsentwicklung ihrer Ausbildungsschule beteiligt.

• In erster Linie werden heute im Rahmen empirischer Lehr-Lernforschung,
  bspw. an Ergebnissen der Schuleffektivitätsforschung orientiert, im großen

---

39 Vgl. etwa MEYER 2003 für die Kunstdidaktik, WESTPHAL (2004) für die Theaterpä-
    dagogik.
40 Vgl. FISCHER, FRIEBERTSHÄUSER & KLEINAU 1999
41 FISCHER 2006
42 STADELMANN 2006, S. 16 f.

Stil Ansätze zur Standardisierung[43] der Lehrer(innen)bildung entwickelt.[44] Diese werden breitflächig durch diverse Evaluationsprojekte vorangetrieben, in denen Lehr- und Lernprozesse bedingende Faktoren auf der einen, und auf der anderen Seite deren Output beurteilt bzw. gemessen werden.[45] Eine solche Standardisierung beruht in der Regel auf einer Operationalisierung des Berufsethos und des festgelegten Kompetenzprofils des „guten Lehrers", der „guten Lehrerin". Insbesondere von bildungspolitischer Seite und im Rahmen der empirischen Bildungsforschung wird die Auffassung vertreten, dass sich die Qualität von Schulunterricht mittels normativer Vorgaben und anhand anderer, etwa steuerungstheoretisch fundierter Konzepte verbessern lasse.[46]

Die Vielfalt dieser Ansätze sollte nicht darüber hinwegtäuschen, dass ein grundsätzliches Problem in Hinblick auf eine Lehrer(innen)bildung, die sich wissenschafts- und praxisorientiert versteht, noch nicht gelöst ist: Die Rolle von Theorie und Wissenschaft in Bezug auf die im Rahmen der Ausübung des Lehrberufs zu

---

43 Vgl. bspw. TERHART 2002. „Standards" sind Wissensbestände, die einem an professionellem Handeln orientierten Gütemaßstab standhalten. Genauer bestimmt sind diese Wissensbestände als Kompetenzen, von denen angenommen wird, dass sie gemessen werden können.

44 Einen Überblick über die bis zum Jahr 2006 veröffentlichten Instrumente zur Diagnose der beruflichen Kompetenzen von Lehrkräften siehe FREY 2006.

45 Unter anderen Klaus-Jürgen TILLMANN (2006) weist darauf hin, dass der Begriff der Bildung, die in der Tradition des Neuhumanismus als ein individueller reflexiver Prozess ausgelegt wird, in dessen Mittelpunkt die Entfaltung selbstständigen Denkens und emanzipatorischen Verantwortungsbewusstseins steht, in der Outputorientierung sog. „Bildungsstandards" unstatthaft verkürzt wird. Er schreibt: „Man kann daher ernsthafte Zweifel anmelden, ob der Begriff Bildungsstandards [Hervorh. durch K.-J.T.] wirklich angemessen ist – ob man nicht richtiger und bescheidener von Leistungsstandards sprechen sollte" (TILLMANN 2006, S. 29 f.).

46 Siehe bspw.: www.bmbf.de/de/6880.php. Weltweit einflussreich ist ein Bildungsgesetz, das der Amerikanische Kongress in der Präsidentschaft von George Bush Ende 2001 verabschiedet hat: der „No Child Left Behind Act", NCLB: Zugriff unter: www2.ed.gov/ nclb/landing.jhtml.), der dem amerikanischen Staat eine Einflussmacht tayloristischer Signatur auf die Schule gibt (vgl. WALDOW 2014). Von Taylorismus wird heute im Zusammenhang von Scientific Management gesprochen. Es meint die Prozesssteuerung von Arbeitsabläufen im Sinne detaillierter Vorgaben von Arbeitsaufgaben und der Arbeitsmethode „one best way", zu Leistungsort und -zeitpunkte, eine Einwegkommunikation mit festgelegten und engen Inhalten, detaillierte Zielvorgaben bei für den Einzelnen nicht erkennbarem Zusammenhang zum Unternehmungsziel sowie eine externe (Qualitäts-)Kontrolle.

erbringenden Leistungen ist nicht geklärt.[47] Zudem ist die Komplexität unterrichtlicher Praktiken bislang kaum modelliert oder erforscht, geschweige denn gibt es ein Skript für die dem Lehrer(innen)beruf durch ein akademisches Studium quasi verordneten Übersetzungsleistungen theoretischer in praktische Zusammenhänge. Die große Herausforderung eines Theorie-Praxis-Transfers wird in der Regel vielmehr „wild" vor allem den berufspraktisch Tätigen überantwortet, die sich darin, spätestens nach Abschluss ihres akademischen Studiums, schlicht zu bewähren haben.

Auf dieses Desiderat kann in dieser Abhandlung zwar keine umfassende Antwort gegeben werden. Um Optionen für eine zugleich wissenschafts- und praxisorientierte Lehrer(innen)bildung herausarbeiten zu können, bedarf es aber einer Analyse der möglichen Gründe für diese Auslassung:

- Erstens könnte besagtes Desiderat der Vorherrschaft des quantitativen Forschungsparadigmas geschuldet sein, das die Weiterentwicklung von didaktischen und prozessorientierten pädagogischen Ansätzen gar nicht zum Thema hat.[48] Die Prinzipien der Objektivität, Wertfreiheit und Gültigkeit des wissenschaftlichen Wissens arbeiten der Ausblendung dieses für die Schulpädagogik zentralen Forschungsgegenstands noch zu.
- Zweitens könnte die Lücke damit zusammenhängen, dass eine Verzahnung von erziehungstheoretischen und -praktischen Ansätzen im Rahmen der Lehrer(innen)bildung, wie bereits oben erwähnt, nur in einer Vermittlung „[…] einfacher Instrumente für das Lehrerhandeln"[49], und damit in einer nicht erwünschten technologischen Verkürzung der Theorie-Praxis-Beziehung gesehen wird; so steht etwa im Kerncurriculum[50] der Deutschen Gesellschaft für Erziehungswissenschaft für das Hauptfachstudium Erziehungswissenschaft aus dem Jahr 2004: „Die Differenz zwischen wissenschaftlicher Erkenntnis und berufspraktischem Handlungswissen darf nicht verwischt werden. Diese Differenz ist deutlich zu markieren, um technologisch verkürzte Vorstellungen der Theorie-Praxis-Beziehung zu vermeiden."[51]

---

47 Grundlegend zu dieser Thematik hat sich Kron (1999) geäußert, vgl. auch Blömeke 2002.
48 Dies wird im Zusammenhang der Darstellung des noematischen Wissenschaftsparadigmas unten noch begründet.
49 Blömeke 1998, S. 15
50 So lange kein eigenes Kerncurriculum für die Lehrerbildung vorliegt, wird die Geltung dieses Kerncurriculums auf die Lehramtsstudiengänge ausgedehnt (siehe DGfE 2001).
51 DGfE 2004

- Drittens wird die Ablehnung einer (berufs-)praktischen Orientierung des Lehramtsstudiums damit begründet, dass das den Lehramtsstudierenden an den Hochschulen vermittelte Reflexionswissen[52] an die Entlastung von berufspraktischen Entscheidungen und Handlungszwängen geknüpft sein sollte. Argumentiert wird, dass im Rahmen von Seminaren an der Hochschule nicht – oder wenn, so nur nebenbei – zur *richtigen* pädagogischen Praxis *erzogen* werde. An der Hochschule würden Aspekte des zukünftigen Arbeitsfelds vielmehr theoretisch abgehandelt, und es würden Studien zum Thema Erziehung durchgeführt.[53] Den Herausforderungen einer erzieherischen und einer didaktischen Praxis indes hätten sich allein die Praktiker(innen) in der Schule zu stellen. Sie verantworteten deren Resultate und letztlich obliege ihnen die Ermittlung der mit der Unterrichtspraxis verbundenen Entwicklungsperspektiven.

- Viertens wird die These einer Stabilität professionellen Handelns als Argument dafür ins Feld geführt, dass das praktische Handeln im Lehrberuf nicht mittels wissenschaftlich generierten Wissens weiterentwickelt werden könne.[54] Die Qualität der Arbeit einer Lehrkraft wird dann hauptsächlich als von der Persönlichkeit und normativen Orientierungen, von Routinen etc. bestimmt angesehen (s.o.). Diese Kennzeichen einer Persönlichkeit will etwa Heinz-Elmar TENORTH (2006) als „professionelle Schemata", jedoch nicht als „Wissen" verstanden wissen. Der zum Lehrberuf befähigende Erfahrungsschatz wird dann tendenziell im Sinne von Talent/Tauglichkeit ausgelegt, und es wird angenommen, dass er in einer Art Meisterlehre und durch Lernen am Modell erworben werden kann. Die Performanz praktischen Handelns im Lehrberuf könne durch Wissenschaftswissen sogar gehemmt werden.[55] Argumentiert wird dann vor allem mit der Unüberbrückbarkeit der Differenz zwischen

---

52 Diese These wird bspw. in der seit den 1980er Jahren bestehenden erziehungswissenschaftlichen Verwendungsforschung vertreten. Diese vollzieht, nach gewissen historischen Vorläufererscheinungen, eine Trendwende des Selbstverständnisses der Sozialwissenschaften: Einerseits werden die sozialwissenschaftlichen Forschungssubjekte oder -settings gewissermaßen zu Adressat(inn)en, die mit wissenschaftlich gesichertem Wissen zu „versorgen" sind (Wissenschaft als Dienstleistung und Auftragsforschung). Andererseits wird erkannt, dass in der sozialen Welt neben den wissenschaftlichen auch andere Wissensformen kursieren, die jeweils eine Eigendynamik entfalten können. Diese Wissensformen werden wiederum als ein wichtiger Gegenstand der Forschung erkannt.

53 DEWE 1997, S. 230

54 Vgl. NEUWEG 2010

55 Vgl. NEUWEG 2005

dem expliziten Wissenschaftswissen und dem für die Ausübung des Lehrberufs erforderlichen impliziten Handlungswissen.[56] Die verschiedenen (Aus-) Bildungsaufgaben, die in der Regel als der Aufbau kognitiver Strukturen aufgefasst werden und eine qualitative Reorganisation und Erweiterung des Erfahrungsschatzes herbeiführen sollen,[57] werden den verschiedenen Phasen der Lehrer(innen)bildung und damit auch verschiedenen Institutionen zugeordnet. Wie einleitend bereits herausgestellt soll auf das akademisch-theoretische Studium im Referendariat eine sukzessive Ausformung berufsmäßiger Handlungsschemata folgen; erst im Rahmen der regulären Berufstätigkeit soll es zum Erwerb des professionellen und flexiblen impliziten Handlungswissens kommen.[58] Die Generierung wissenschaftlichen Wissens wird en gros als von einer solchen Professionalisierung unabhängig erachtet; allenfalls werden pädagogisch-praktische Erfahrungen für die Vita eines/r erziehungswissenschaftlich Tätigen für günstig erachtet.

- Fünftens wird aus der Tatsache, dass in nicht wenigen Ansätzen vornehmlich implizite Transformationsleistungen von Theorie in Praxis für eine Ausformung von Orientierungs- und Praxiswissen im Lehrberuf für notwendig erachtet werden,[59] geschlossen, dass die Reflexivität im Berufsfeld in ihren Details überhaupt nur schwer rekonstruierbar oder auch nur rudimentär vorhanden sei (bzw. auf die Unterrichtsplanung und -reflexion reduziert wird). Im Besonderen ist die Beobachtung vielfach belegt, dass die Lehrer(innen) zur Legitimation ihres eigenen Handelns zwar vereinzelt wissenschaftliche Ergebnisse heranzögen, wissenschaftliche Ergebnisse zum Lehrberuf aber doch nachweislich, anders als in anderen Berufsfeldern, die ebenfalls über die Möglichkeit wissenschaftlicher Backups und Innovation verfügten, bisher nur eher schleppend in deren Neuorientierungen eingingen.[60] Mögliche Gründe dafür werden im weiteren Verlauf noch vertiefend argumentativ dargestellt:

- In praktischer Hinsicht behindere der alltägliche Entscheidungs- und Handlungsdruck, der den Lehrberuf auszeichnet, die Orientierung an wissenschaftlichen Erkenntnissen. Der „Ethik der Praktikabilität" (s.o.) entsprechend würden praktische Lösungen und *einfache Erklärungen* für komplexe Unter-

---

56 Vgl. Neuweg 2010
57 Bromme (1992) wird hier als Beispiel genannt.
58 Dreyfus & Dreyfus (1987) werden hier als Beispiel genannt.
59 Vgl. etwa Combe & Kolbe 2004 oder Ofenbach 2006.
60 Darum wird der alltäglichen Berufsleistung der Lehrer(innen) Semiprofessionalität unterstellt (Vgl. Meyer 2000).

richtssituationen zumeist solchen Theorien und Überlegungen vorgezogen, die auf Analyse, Reflexion und Kritik setzten.

- Argumentiert wird auch, dass sich das menschliche Denken auf verschiedenen Wegen entwickelt habe, von denen „der wissenschaftliche" (sofern man hier von „einem Weg" sprechen kann) nur einer sei.[61] Die wissenschaftlichen Disziplinen definierten für sie jeweils typische Thematiken und Handlungsräume, Zugangsweisen und Bearbeitungsmodi von Wirklichkeit, die sich von anderen Rationalitäten unterschieden, so bspw. von der Reflexivität von Schulpraxis. Wissenschaftlich ermittelbares instrumentell-strategisches und/oder berechenbar-regelhaftes Handeln und regulierte Verfahren etwa spielen im Lehrberuf bei Weitem nicht dieselbe Rolle wie in anderen Professionen, bspw. solchen in den sog. „Wachstumsbranchen". Werde im Rahmen von Wissenschaft allein auf Rationalität, Steuerung und Regulation fokussiert, so erfasse dies die ganz eigene Dignität[62] der pädagogischen Praxis nicht adäquat.

- Es kann sich zeigen, dass das berufliche Handeln von Lehrer(inne)n gar keiner wissenschaftlich gestützten Reflexivität bedarf, um die ihm gesetzten Ziele zu erreichen. Es spielt vielmehr prozedurales und konditionales Wissen bei den Einzelentscheidungen von Lehrer(inne)n eine zentrale Rolle, anhand welcher ad hoc und ständig austariert wird, wann ein bestimmtes Agieren kontextadäquat ist und worin dessen normative Legitimation besteht.[63] Jedenfalls steht der kontraintuitive Charakter wissenschaftlicher Erkenntnisse der zu einem großen Teil von Intuitionen bestimmten Handlungsgrammatik von Lehrer(inne)n tendenziell fern.

- Treten in der Schulpraxis theoretisches (Vor-)Wissen und praktisch erforderliches Wissen und Handeln zugleich auf, so kommt es doch nicht immer zur Passung. Häufig wird dies auf Unkenntnis oder Unfähigkeit und fehlende Kompetenz der Lehrperson zurückgeführt. Eine Lücke zwischen theoretischem Wissen und Handlungswissen oder -vermögen tut sich aber häufig aufgrund schwer zu überwindender Schwierigkeiten bei der Versprachlichung von Erfahrungswissen auf. Das liegt u. a. an den unterschiedlichen Reflexivitätsgraden der verschiedenen Wissensformen.

---

61 Vgl. BACHELARD 1974
62 „Die Dignität der Praxis ist unabhängig von der Theorie; die Praxis wird nur mit der Theorie eine bewußtere" (SCHLEIERMACHER 1966, S. 11).
63 Vgl. WULF & ZIRFAS 2007, S. 12. Das prozedurale oder auch Verfahrenswissen (Wissen, *wie*) umfasst die implizite Kenntnis regelgeleiteter Abläufe von Handlungen und das Handlungswissen selbst. Das konditionale Begriffswissen (Wissen, *wenn*) bezieht sich auf die jeweiligen Anwendungsbedingungen sowie auf die situative Relevanz bestimmter Fertigkeiten (vgl. BLOOM u. a. 1973 und s. o.).

- Die Kompetenz von Lehrer(inne)n, wissenschaftlich generiertes, *neues* Wissen aufzugreifen, mag nicht so dringlich erscheinen wie in anderen Berufsfeldern, weil ihr Handeln und Entscheiden keine (sichtbaren) großen Risiken, Krisen oder außerordentlichen Störungen mit eventuell katastrophalen Folgen mit sich bringt, wie dies in anderen Berufsfeldern der Fall ist.
- Jede Unterrichtspraxis ist von vielfältigen normativen Vorgaben, auch etwa von bildungspolitischen und -ökonomischen Maßgaben bestimmt, die den Praktiker(inne)n als Orientierungsrahmen vorgegeben sind.

Deutlich wird, dass die Lehrer(innen) mit hoher Wahrscheinlichkeit damit fortfahren werden, sich überwiegend alltäglicher Vorstellungen zur Reflexion ihres unterrichtlichen Handelns und Urteilens zu bedienen, bis die Transformationsleistungen von Theorie in Praxis und vice versa in diesem Zusammenhang wissenschaftlich näher erforscht sind und im Rahmen der Lehrer(innen)bildung auch vermittelt werden. Es zeichnet sich allerdings recht deutlich ab, dass eine Bearbeitung des Desiderats einer wissenschafts- und zugleich praxisorientierten Lehrer(innen)bildung unter Umständen die Neubestimmung dafür grundlegender erziehungstheoretischer und -wissenschaftlicher Ansätze einschließt.[64]

Vergleichsweise häufig ist die Auffassung anzutreffen, nach der wissenschaftliche Theorien und Resultate in diesem Berufsfeld generell für wenig zielführend erachtet werden. Diese Auffassung wird unterschiedlich ausgeführt und begründet.

Dona M. KAGAN (1992) hat etwa empirisch nachgewiesen, dass Grundauffassungen und Handlungsformen von Lehrer(inne)n auf typisierenden Wahrnehmungs-, Interpretations- und Handlungsmustern beruhen, die nur nachträglich mit eigenen Theorien verknüpft werden. In Anbetracht dieses Befunds stellt sie die Relevanz einer theoretischen Ausbildung für Lehrer(innen) grundsätzlich in Frage.[65] TERHART et al. (1994) haben das empirische Forschungsergebnis vorgelegt, dass sich die Aneignung eines professionellen Erfahrungsreliefs durch Lehrer(innen) gänzlich ohne eine bewusste, verbalisierbare und somit abrufbare Kenntnis von Handlungsgrammatiken vollziehe. Karin NÖLLE (2004) zeigt, dass nur 7% der von ihr befragten voll ausgebildeten Lehrkräfte auf ein gesichertes

---

64   Hier lassen sich durchaus weitere Gegenbeispiele anführen. Bspw. befasst sich auch die „work process analysis" (WPA), bei der „typical professional tasks" (TPTs) herausgearbeitet werden, mit der Erforschung dieser Frage in Hinblick auf verschiedene Berufsprofile (vgl. MEYER 2000), sie geht aber nicht in wissenschaftstheoretischer Hinsicht in die Tiefe. Im Rahmen der Verwendungsforschung wird in der Hauptsache auf die Frage nach den Aufklärungsmöglichkeiten durch Wissenschaft fokussiert.

65   KAGAN 1992, S. 163

theoretisches Wissen Bezug nähmen. Aus diesem Ergebnis schließt sie, dass im Rahmen der Lehrer(innen)bildung Laien examiniert würden.

Zwar gehen diese Autor(inn)en alle von einer gewissen Theoriehaltigkeit der Praxis im Lehrberuf aus, sie schätzen diese aber als eher gering ein.

Mit dieser Einschätzung korrespondiert nicht nur ein nach wie vor eher untergeordnetes gesellschaftliches Renommee der Lehrer(innen)bildung.[66] Die Option einer wissenschafts- und theoriegeleiteten Propädeutik professionellen Handelns von Lehrer(inne)n ist unter der dargelegten Perspektive auch streng genommen ausgeschlossen.

Ganz anders argumentieren etwa Sharon FEIMAN-NEMSER & Margret BUCH-MANN (1986), die der Lehrer(innen)bildung die Grundsatzbestimmung geben: „[…] to help prospective teachers make a complex conceptual shift from commonsense to professional views of teaching."[67] Das Bildungsziel einer wissenschaftlich reflektierten Erfahrungsbildung bestehe im systematischen Hinterfragen und Umstrukturieren von Alltagswissen.[68] Diese Aufgabe fächern sie in die Reflexion von Lernvoraussetzungen und -prozessen und die Reflexion von Unterrichtsgegenständen und didaktisch-methodischen Settings auf. Ihr Vorschlag wird unter etwas anderen Vorzeichen aufgegriffen.

Zwischen diesen beiden einander gegenüberstehenden Auffassungen fächert sich eine ganze Reihe weiterer Auslegungen des in Frage stehenden Theorie-Praxis-Verhältnisses auf. Das zeigt, dass die Auffassung eines disparaten Verhältnisses von Praxis- und Theoriewissen[69] keine unausweichliche Tatsache darstellt, son-

---

66 Vgl. die oben dargestellten historischen Linien. Zum Tragen kommt hier auch der sog. „teacher deficit viewpoint" bzw. die „accountability perspective". Diese werden von Richard INGERSOLL (2003, S. 100) wie folgt kritisiert: It „[…] offers only a partial, one-sided explanation and as a result the reforms it has spawned often do not work and can even make the things worse." Anstattdessen wird auf die Öffentlichkeit und die „soziologische Imagination" verwiesen, die Probleme der Lehrer(innen) seien eine Herausforderung an die Allgemeinheit.

67 FEIMAN-NEMSER & BUCHMANN 1986, S. 240

68 Vgl. HERZOG & VON FELTEN 2001

69 Vgl. die Hypothese vom „Praxisschock"; dieser von MÜLLER-FOHRBRODT et al. 1978 geprägte Begriff wird heute von einigen Autor(inn)en für übertrieben und unzutreffend gehalten. Offenbar wird die Phase der Überforderung einer Lehrperson bei Berufseintritt nicht von allen Neueinsteiger(inne)n durchlitten und wo dies der Fall ist, werde sie in sehr unterschiedlicher Intensität erfahren. Durch diese Feststellung ist die besagte Forschungslücke aber noch nicht geschlossen.

dern auf diskursiv generierten, also argumentativ strukturierten Konstruktionen beruht.[70]

Durch Skepsis charakterisierte Ansätze zur universitären Lehrer(innen)-bildung sind auch bereits widerlegt worden. So zeigt bspw. Bernd DEWE (1997) anhand von Berichten und Unterrichtsvorbereitungen, die im Rahmen von Schulpraktika angefertigt wurden, dass die Studierenden (erlernte) wissenschaftliche Theorien auf die von ihnen im Rahmen ihrer Hospitationen im Unterricht gemachten Beobachtungen und Erfahrungen anwendeten und damit ihr praktisches Handeln theoretisch begründeten. Er beschreibt die Verbindung von Theorie und Praxis als eine zentrale Herausforderung an die Praxis im Lehrberuf, bspw. an Unterrichtspraktika während des Studiums.[71] Robert FAUX (2000) weist für den Bereich der Pädagogischen Psychologie nach, dass Studierende in der Lage sind, ihr theoretisches Wissen in der Praxis auf Einzelfälle anzuwenden.[72]

Es ließen sich sicher noch viele weitere Beispiele für wissenschaftliche Nachweise solcher gleichsam „wilder", da in Hinblick auf ihre Prozessstruktur nicht präzise ausgewiesener und in praxi (mehr oder auch weniger) erfolgreicher Übersetzungs- oder Transformationsleistungen von Theorie in Praxis und vice versa finden.

Oben war bereits herausgestellt worden, dass unter der Voraussetzung, dass diese Übersetzungsleistungen auch weiterhin nicht hinreichend wissenschaftlich reflektiert, modelliert und während des Studiums kaum thematisiert werden, die problematische Annahme fortgetragen wird, dass die Studierenden im Praktikum bzw. die Lehrer(innen) im Beruf von sich aus über die notwendigen fachlichen, didaktischen, pädagogischen und situationsspezifischen operationalen Schemata verfügten bzw. dass sie sich diese im Laufe ihrer praktischen Tätigkeit quasi automatisch aneigneten.

Im Falle einer wissenschaftsgestützten Aneignung an der Universität führt der Weg allerdings über die theoretische und empirisch-wissenschaftliche Modellierung solcher Übersetzungsleistungen.

Nun gelten generalisierbare Handlungsgrammatiken schulpädagogischer Tätigkeiten aber als nicht nachweisbar.[73] Daher erscheint es als unwahrscheinlich, dass sich die Fähigkeit der Studierenden, wissenschaftlich-theoretische Erkenntnisse auf das praktische Berufsfeld anzuwenden, systematisch trainieren lässt. Als

---

70 Auf den Begriff des Diskurses und auf die Diskursanalyse wird weiter unten näher eingegangen.

71 Vgl. DEWE 1997, S. 227

72 FAUX 2000

73 Dies ist bspw. auch nach einer Studie von Ewald TERHART et al. (1994) nicht der Fall.

eine besondere Schwierigkeit im Lehrer(innen)beruf gilt, dass das eigene professionelle Handeln und Entscheiden weitenteils auf den Akteur, die Akteurin im Feld *zukommt* und sehr viel eher begleitend oder im Nachhinein denn antizipierend reflektiert werden kann. Das Ergebnis der Studien bspw. von KAGAN (1992), TERHART et al. (1994) und NÖLLE (2004), dass kategoriales Wissen nur einen kleinen Teil des Orientierungs- und Praxiswissens von Lehrer(inne)n ausmacht, ist also nicht einfach von der Hand zu weisen.

Dem soll in dieser Abhandlung dadurch Genüge getan werden, dass auf die Wissensformen und -formate besonderes Augenmerk gelegt wird, von denen angenommen werden kann, dass sie im Lehrer(innen)beruf eine ausschlaggebende Rolle spielen. Dabei steht die Frage im Vordergrund, inwiefern diese Wissensformen und -formate wissenschaftsorientiert antizipiert, eingeübt und/oder reflektiert werden können.

Unter einem Wissensformat wird die grundsätzliche Abhängigkeit des Wissens über einen Gegenstand davon verstanden, *wie* dieser gewusst wird. Bei Wissensformaten[74] stehen also nicht die konkreten Wissensinhalte als vielmehr Definitionen, Anwendungsfelder und Interpretationen im Vordergrund. Wissen erhält sein Format darüber, dass es in einem bestimmten Zusammenhang steht und Kontextualisierungen unterworfen ist, es wird ausgehandelt und vermittelt etc.

Ein Beispiel dafür ist das Wissen über die sozialen Implikationen von Hausmüll oder das ökologische Wissen dazu: Das, was aus der einen Perspektive besehen als sozial unverträglich erscheint, wird aus der anderen als Wertstoff angesehen. Wissensformate werden divers indiziert. So lässt sich etwa das erstgenannte Wissensformat an einer zu Ekel verzerrten Grimasse ablesen, und das Wertstoffzeichen steht für das andere. Bei Wissensformaten spielen nicht nur explizite, sondern auch implizite Wissensformen eine Rolle. Während das Wertstoffzeichen eine gesetzlich geregelte, also explizite Konvention ist, sind die sozialen Implikationen von Hausmüll in der Hauptsache Ergebnis von impliziten Sozialisationsprozessen.

Bisweilen konfligieren verschiedene Wissensformen und -formate auch miteinander.[75]

---

74 In Schweden gibt es in den Steuerungsdokumenten zur Bildung und in den Curriculum Studies als Äquivalent etwa der deutschen Schulpädagogik eine lange und bis dato noch ungebrochene Tradition, Wissensformen und -formate und nicht Schulwissen und Kompetenzen zu fokussieren. Siehe z. B. ENGLUND, FORSBERG & SUNDBERG 2012, hier z. B. CARLGREN 2011.

75 Im Rahmen postmoderner und poststrukturalistischer Theoriebildung ist im Zuge des sog. „linguistic turn", nach dem sich das Selbst- und Weltverhältnis eines Subjekts über Sprache konstituiert, und einer Verabschiedung von den „großen Erzählungen"

Wenn nun eine schulpraktische Professionalisierung durch eine praxis- und zugleich wissenschaftsorientierte Erfahrungsbildung vorangebracht werden soll, so fallen in dieser Beziehung zuallererst die Parallelen und Differenzen der Wissensformate von Lehrer(inne)n und solcher Wissensformate ins Gewicht, die für die wissenschaftliche Tätigkeit relevant sind.

1.3 Theorie und Praxis im Lehrberuf im Verhältnis zu wissenschaftlichen Ansätzen

„Theorie" und „Praxis" sind, wie es auch bspw. Walter HERZOG (2007) herausstellt, keine grundsätzlich voneinander verschiedenen Größen. Ihr Auseinandertreten hat vielmehr denk- wie kulturgeschichtliche, diskursive wie konzeptuelle Gründe.

Während nun der Lehrer(innen)bildung nicht selten, bspw. von Paul TROWLER & Roni BAMBER (2005), Ignoranz gegenüber fachdisziplinären Grenzen und ein fehlender Konsens darüber attestiert wird, was überhaupt unter Reflexivität im Lehrberuf zu verstehen ist,[76] stellt Georg H. NEUWEG (2010, erstmals 2005) die in den verschiedenen Konzepten zur Lehrer(innen)bildung kursierenden Auslegungen des Theorie-Praxis-Verhältnisses systematisch dar. Aufs Ganze gesehen gehen diese mehr oder weniger wissenschaftlich begründeten Konzepte alle davon aus, dass Pädagog(inn)en ihre eigenen entscheidungs- und handlungsleitenden Auslegungen pädagogischer Situationen verantworteten und in einem bestimmten Sinne *wüssten, was sie täten.* Sie könnten jedoch in praxi nicht in jeder Beziehung darüber reflektieren, *wie* sie es täten.

In Hinblick auf die Relation von Wissen und Können im hier in Frage stehenden Berufsfeld unterscheidet NEUWEG (2010) sog. „Differenz-" von „Integrationskonzepten".

Während die „Integrationskonzepte" von der Kongruenz von Können und Wissen im Lehrberuf ausgingen, stellten die „Differenzkonzepte" die Eigenlogik professionellen Könnens und Wissens in pädagogischen Berufsfeldern heraus und billigten pädagogischen Theorien wenig bis keinerlei Praxisrelevanz zu. NEUWEG (2010) veranschlagt auf der imaginären Linie zwischen einer größtmöglichen „Integration" bzw. Kongruenz und einer größtmöglichen „Differenz" von Theorie und Praxis im Lehrberuf zwölf Standpunkte. In Hinblick auf die Fragestellung

---

die These eines „Widerstreits differenter Wissensformen" aufgebracht worden. (Vgl. LYOTARD [1979] 1986) Nach dieser These ist das Eigenrecht differenter Wissensformen, Sprachspiele und Diskursarten, nicht zuletzt auch als konflikthaftes, anzuerkennen. (Vgl. MEDER 1996)

76 TROWLER & BAMBER 2005 S. 84

dieser Abhandlung werden drei der folgenden sechs „Integrationskonzepte" fokussiert:

(1) Am stärksten „integrativ" im o.g. Sinne werde argumentiert, wenn Hochschullehrer(inne)n zugetraut werde, dass sie ohne Weiteres praktizierten, was sie theoretisch wüssten; professionelle Mentor(inn)en im Feld kommentierten und erfassten theoretisch, was sie kompetent darstellten.

(2) Eine systematische Auseinandersetzung mit wissenschaftlichen Theorien nehme in sog. „subjektiven Theorien"[77] zu Schule und Unterricht resp. im Professionswissen ihren Ausgang. Zur Einübung derartigen Professionswissens würden praktische Studienanteile theoretisch reflektiert.

(3) Sog. „trägem" Wissen könne durch eine systematische Wissensvermittlung und durch gezieltes Wahrnehmungs- und Verhaltenstraining vorgebeugt werden;

(4) Nach Konzepten zur Überbrückung der Lücke zwischen abstraktem Wissen und konkreten Situationen, bspw. verhandelt als „pädagogischer Takt"[78], „pädagogische Urteilskraft" und „Anwendungskompetenz", bestehe die zentrale Herausforderung an eine Lehrperson darin, unterschiedliche Vollzüge des Wahrnehmens und Entscheidens miteinander in Einklang zu bringen. Dies werde im Rahmen der Lehrer(innen)bildung etwa anhand von Fallstudien eingeübt;

(5) Wahrnehmungstheoretisch fundiert lasse sich eine Professionalisierung im Lehrberuf dadurch erwirken, dass dem professionellen Handeln zugrunde liegende Deutungsschemata und Denkstile unter Rückgriff auf theoretisches Wissen bearbeitet würden;[79]

(6) Nach dem Technologiemodell[80] würden empirisch abgesicherte Handlungsregeln in Distanz zu situativen Kontexten und zum Alltagswissen er- und vermittelt. Erfolgreich werde dann unterrichtet, wenn diese Regeln befolgt würden. Erlernt würden die Handlungsregeln in einer theoretischen Ausbildung, die als eine distinkte Phase derjenigen der beruflichen Praxis vorgeschaltet sei.

---

77 Angeführt werden hier GROEBEN & SCHEELE (1982); vgl. auch SCHEIRING 1998. Subjektive Theorien, vor allem die der Forschenden, sind generell ein wichtiger Forschungsgegenstand qualitativer Forschung (insbes. nach der Grounded Theory).

78 Den Begriff „pädagogischer Takt" bringt NEUWEG mit NOHL (1997) in Verbindung.

79 VAN MANEN (1995) wird als Beispiel genannt.

80 Das Technologiekonzept wird in der Fachliteratur in Bezug auf beide Begründungskontexte, also sowohl als Integrations- als auch als Differenzkonzept profiliert.

In dieser Abhandlung wird die in den „Integrationskonzepten" vertretene Auffassung geteilt, dass die Übersetzung oder Transformation speziell erziehungs- und humanwissenschaftlicher Theorien in die Berufspraxis nicht nur möglich, sondern überhaupt Usus ist. Argumentiert wird im Folgenden im Dreieck derjenigen Modelle für die Lehrer(innen)bildung, die entweder mit der Vorstellung eines „trägen" Wissens operieren oder die Überbrückung der Lücke zwischen abstraktem Wissen und konkreten Situationen oder die Arbeit an berufsrelevanten Deutungsschemata und Denkstilen vorstrukturieren.

1.3.1 Das Praxis- und Orientierungswissen von Lehrer(inne)n im Unterschied zum wissenschaftlichen Denken und Forschen

Beide Arbeitsfelder, Wissenschaft und Schulpraxis bzw. Lehrer(innen)bildung, tendieren zur Selbstbezüglichkeit. Sie gewinnen also ihr Profil, ihre Stabilität und ihre Beständigkeit vornehmlich dadurch, sich selbst zu legitimieren. Im Falle von Lehrer(innen)bildung und Schulpraxis kann dies ein Moment der „Dignität der Praxis" (s.o.) sein. Die Kritik daran, auch die Selbstkritik von Schulpraxis, wird ansonsten (derzeit noch) an die wissenschaftlich gestützte, zumeist auf „Evidenz"[81] ausgerichtete Unterrichts- und Schulentwicklung und an die sich daran anschließende Lehrer(innen)bildung zurückgebunden.

Die Wissenschaft indes versteht sich per se als „kritisch".[82] Wenn Kritik an ihrer Selbstbezüglichkeit geübt wird, so erfolgt dies in der Regel von der Wissenschaftstheorie oder auch von forschungsethischen Maßgaben her; im Falle

---

81 Ursprünglich im Zusammenhang der Medizin aufgekommen, beschreibt der Begriff „Evidenz" professionelle Entscheidungen vor dem Hintergrund eines gewissenhaften, ausdrücklichen und umsichtigen Gebrauchs empirisch belegter Forschungsergebnisse. Im Zusammenhang der Schulpraxis wird der im anglo-amerikanischen Sprachraum aufgebrachte Begriff des evidence-based-learning (EBL) akzentuiert, der mit Evidenz die Überprüfung/Überprüfbarkeit von (Lern-)Effekten versteht, d.h. von pädagogischen Professionellen wird eine kontinuierliche Kontrolle der jeweils (zumeist extern) erwarteten Lerneffekte und in diesem Zusammenhang – falls notwendig – eine Korrektur des methodischen Vorgehens – entlang passender ‚evidenzbasierter' Forschungsergebnisse – gefordert. Praktisch meint dies den durch Dokumentation und im Rahmen von Evaluationsverfahren erbrachten Beweis, dass die einzelne Lehrperson, die Schulleitung oder die gesamte Schule etc. an vorab festgelegten und/ oder selbst gesetzten Unterrichts- und Schulentwicklungsaufgaben arbeitet. Auch die Lehrer(innen)bildung soll in diesem Sinne evidenzbasiert sein und mit dem Ziel der Generierung neuer Evidenzen forschend begleitet werden.
82 Vgl. DERRIDA 2001

der institutionalisierten Wissenschaft fungiert seit etwa zehn Jahren zudem die Qualitätsentwicklung an Universitäten als kritische Instanz.

Es ist also im Großen und Ganzen davon auszugehen, dass die Reflexivität in beiden Arbeitsfeldern – in einer jeweils noch nicht systematisierten Weise – auf „Wissenschaft" bezogen ist.

In dieser Beziehung fällt das Desiderat einer erziehungswissenschaftlichen Wissenschaftsforschung empfindlich ins Gewicht. Die Wissenschaftsforschung ist heute vorwiegend mit den philosophischen, historischen und sozialen Kontexten der Naturwissenschaften befasst. Eine bspw. im Jahr 1996 von Theo Hug geforderte erziehungswissenschaftliche Wissenschaftsforschung hingegen wird im Jahr 2014 von Carola Groppe, sie spricht von Universitätsforschung, weiterhin als ein Desiderat angemahnt. Konzepte zur Lehrer(innen)bildung sind eines der möglichen Arbeitsfelder einer solchen Disziplin; die Qualitätsentwicklung der Lehre an den Universitäten allgemein wäre ein anderes.

Bekannt ist jedenfalls, wie bereits oben herausgestellt, dass die Wissenschaft und die Schulpraxis bzw. die Lehrer(innen)bildung prinzipiell unterschiedlichen Gesetzen und Regeln folgen. Sie erfordern nicht dieselben Kompetenzen und unterscheiden sich in Bezug auf ihre impliziten Bezüge und ihre expliziten Bezugnahmen auf ihre verschiedenen Kontexte. Den Praktiken in den beiden Berufsfeldern liegen nicht nur differente Wissensformate zugrunde, sie haben auch unterschiedliche Ziele und Effekte. Ferner haben sich für die beiden Berufsfelder historisch gesehen jeweils andere Instanzen der Reglementierung und Kritik herausgebildet. Im Folgenden werden beide Arbeitsfelder anhand ihrer verschiedenen Handlungsgrammatiken und deren Rahmung näher bestimmt.

Eine pädagogische Institution hat zunächst die Aufgabe, funktionale Beiträge für andere Gesellschaftsbereiche zu liefern.[83] Zudem ordnet sie im Sinne von „Sozialregulationen" in verbindlicher Weise kollektive Interaktionen in der Gesellschaft und festigt so auf symbolische Weise gesellschaftliche Normen und Werte.[84] Gegenüber den sozialen Gruppen, die ihr angehören, reformuliert eine pädagogische Institution die diversen normativen Erwartungskontexte, in denen sie selbst steht. Das Reflexions- und Orientierungswissen von Lehrer(inne)n wird als in erster Linie auf die konkrete zielorientierte (zumeist eigene) Schulpraxis und deren Begründung und Legitimierung hin ausgerichtet angesehen. Im Mittelpunkt stehen dabei heute die messbaren Lerneffekte, der sog. Output.

Die Sinnhaftigkeit von Schulunterricht entsteht indes in erster Linie durch die Teilnahme und Mitwirkung der Akteure und Akteurinnen an den Lehr-Lernge-

---

83 Vgl. Senge 2006, S. 37
84 Vgl. Rehberg 1994, S. 56.

schehen als der eigentlichen *Sache* des Unterrichts. Bedeutung und Sinn von und im Schulunterricht wird also von den verschiedenen Akteur(inn)en gemeinsam und auf vielfältige Weise generiert. Der gesellschaftliche Auftrag von Schule wird so im Detail und stark individualisiert umgedeutet, modifiziert und neu beschrieben.

Die wissenschaftliche Forschung ist grundsätzlich in dem Sinne frei, dass sie ihren Sinn und Zweck prinzipiell gesehen in sich selbst hat.[85] Eine (kritische) Grundlagenforschung wie auch eine gewisse Bandbreite wissenschaftlicher Forschungsthemen und -zugänge sind (zumindest heute und unter der Perspektive sich demokratisch verstehender gesellschaftlicher Verhältnisse) selbstverständlich, legitim und/oder sie werden eingeräumt.

Wissenschaft ist auf einen Forschungsgegenstand gerichtet, durch den ihre Methode, ihr Verlauf etc. mitbestimmt wird, und vice versa. Allerdings stellt dieser Gegenstand nicht zugleich ihre Legitimation dar. So kann etwa in unserem Fall die Schul- und Unterrichtswirklichkeit nicht als die einzige Legitimation für wissenschaftliche Theorien und Forschungsergebnisse fungieren.

Während nun in wissenschaftlichen Studien zur Schulpädagogik hauptsächlich die Planungen und Nacharbeitungen von Unterricht in den Blick genommen werden, so ist man sich doch einig, dass die für professionelles Handeln im Lehrer(innen)beruf ausschlaggebende Reflexivität nicht nur rational und geplant, sondern auch kundig intuitiv, situativ und prozessbegleitend ist.[86]

Eine systematische und rational bestimmte Unterrichtsplanung gibt die Rahmung für den ordentlichen Unterricht ab. In einer solchen Unterrichtsplanung

---

85 Die auftragsgebundene anwendungsorientierte Forschung, in die Forschung eingelagerte Werte und Normen und auch eine politische Assimilation von Wissenschaft stehen auf der Tagesordnung. Ein Beispiel dafür ist das „Rahmenprogramm des BMBF zur Förderung der empirischen Bildungsforschung", zu lesen ist hier: „Bildungs- und Wissenschaftssysteme werden zunehmend zu zentralen Faktoren im internationalen Wettbewerb. Die neue Steuerung im Bildungssystem, die datenbasiert und ergebnisorientiert ist, braucht eine leistungsfähige empirische Bildungsforschung. Das Rahmenprogramm des BMBF soll dazu beitragen, empirische Bildungsforschung in Deutschland strukturell zu stärken, qualitativ zu entwickeln und stärker international zu vernetzen, Wissen für die Reform des Bildungs- und Wissenschaftssystems bereitzustellen, zentrale Instrumente einer output- und evidenzbasierten Politik (Bildungsstandards; Leistungsvergleiche; externe Evaluation von Schulen; Bildungsberichterstattung) wissenschaftlich zu fundieren." Quelle: http://www.empirische-bildungsforschung-bmbf.de/ [Zugriff am 8.7.2012; später nur mehr zitiert auf: www.schulweb.de/de/seiten/drucken.html?seite=6106, Zugriff am 2.6.2014].

86 Bspw. NEUWEG 2005

werden jeweils angestrebte wissenschaftlich begründete Lern-, Bildungs- und Kompetenzziele[87] mit didaktischen und pädagogischen Überlegungen verknüpft. Grundlegend dafür ist eine Sachanalyse. In einer solchen wird eine Struktur herausgearbeitet, anhand derer das Unterrichtsthema erfasst wird. Vor dem Hintergrund allgemeiner, spezieller und individualisierter didaktischer und pädagogischer Überlegungen wird diese Struktur in von den Schüler(inne)n vermutlich durchführbare Aktivitäten sowie gangbare Lern- und Arbeitsschritte aufgegliedert. Deren inhaltliche Formulierungen gelten zugleich als Kriterien für die Erreichung der gesetzten Lern- und Kompetenzziele.

Eine bedeutsame Rolle spielt in der Schule die sog. „Schwellenpädagogik" resp. die Konzeption einer Unterrichtsstunde durch die Lehrperson beim Betreten des Klassenzimmers. Für die sehr weit verbreitete situative, reflexiv nicht so einfach einholbare „Schwellenpädagogik" gibt es bezeichnenderweise keinen wissenschaftlichen Fachbegriff, sie wurde von den Wissenschaften weitgehend ignoriert. Dem situativen Charakter von Pädagogik ist generell kaum wissenschaftlich Aufmerksamkeit geschenkt worden.

Den Lehrer(inne)n obliegt es, formell gerahmt eine pädagogische Situation herzustellen. Dazu muss sie auf die jeweils erkannten situativen Lernausgangsbedingungen der Schüler(innen) in Hinblick auf jeweils angestrebte Lern- und Bildungsziele professionell Einfluss nehmen. Ihre zentrale Aufgabe besteht also darin, Lernmöglichkeiten herzustellen und vorzustrukturieren, die fachlich-inhaltliche, regulativ-soziale und weltanschauliche wie auch auf die Individuen bezogene Ziele und Werte (bspw. ihre Entscheidungsrechte) einschließen. In der Regel wird Unterricht von der Lehrperson geplant und gehalten. Von den Schüler(inne)n wird erwartet, dass sie die geplanten Lernprozesse vollziehen. Im Mittelpunkt von Unterricht steht so gesehen die Aufgabe der Lehrperson, die Fachinhalte in vielerlei Hinsicht sowohl an die diversen Vorerfahrungen der Individuen als auch an deren jeweils aktuelle Lernsituationen anschlussfähig zu machen.

Um diesem Anspruch gerecht zu werden, muss der/die Professionelle die Entwicklungsstände ihrer Schüler(innen) wie auch das in der Lerngruppe bestehende Vorwissen eruieren. Sie muss zugleich auftretende Aktivitätsstrukturen erkennen, diese aufeinander abstimmen und sie auf ein gemeinsames Ziel, das

---

87 Während „Lernziele" in der Regel den angestrebten Lerngewinn eines Lernenden bezogen auf einen bestimmten Inhalt beschreiben, sind „Kompetenzziele" auf die Ausbildung von Fähigkeiten, Fertigkeiten, Orientierungs- und Anwendungswissen gerichtet. Durch „Bildungsziele" sollen die Selbstständigkeit und die Selbsttätigkeit, die Problemlösungsfähigkeit und die soziale Verantwortung einer Person gefördert bzw. überhaupt erst ermöglicht werden.

Unterrichtsthema, hin dynamisieren. Das Thema sollte sich jede Schülerin und jeder Schüler in möglichst vielen Details erschließen können bzw. das Erreichen des gemeinsamen Zieles sollte für jede/n möglich sein. Darum sollte die von den Schüler(inne)n geteilte Bedeutung des behandelten Unterrichtsthemas im Mittelpunkt stehen. Lehrer(innen) müssen die Didaktisierung des zu vermittelnden Fachwissens und die damit verbundene Koordination, nicht zuletzt auch die für das Gelingen notwendige Logistik, also stets mit den Ergebnissen ihrer die eigene Unterrichtspraxis begleitenden Entwicklungs-, Lern-, Persönlichkeits- und Verhaltensdiagnostik in Verbindung bringen können. Ihre Didaktik und Diagnostik muss die Lehrperson auch mit der Konstitution eines Sinns vereinbaren, der die aktuelle Situation übergreift, und überprüfen, ob, wie und inwieweit die von ihr grundsätzlich verfolgten gesellschaftlichen, zwischenmenschlich-sozialen, pädagogischen, fachlichen wie didaktischen Ziele jeweils eingelöst werden. Die Aufgabe, Lehr-Lernprozesse zu initiieren, zu begutachten und zu bewerten erfordert ein auf die jeweiligen Unterrichts- und die allgemeinen Erziehungsziele zugleich ausgerichtetes Wahrnehmen wie auch die Fähigkeit, vorgebrachte Äußerungen auf eine mit allen Akteur(inn)en möglichst geteilte Bedeutung hin zu reflektieren und auszurichten. Eine solche Bedeutung, im besten Fall das Unterrichtsthema wie auch allgemeine Bildungsziele, kann von der Lehrperson allerdings nur bedingt antizipiert werden. Dennoch kann sie ihre didaktischen und pädagogischen Überlegungen nur aus solchen Antizipationen ableiten.[88] Sie analysiert also das unterrichtliche Kommunikationsgeschehen stets begleitend mit dem Ziel, die Akzente zu setzen, die eine Einlösung der angestrebten Lern-, Kompetenz- und Bildungsziele am ehesten wahrscheinlich machen. Dies setzt die Fähigkeit voraus, jeweils angewandte oder auch auftretende Wissensformate (s.o.) auf ihre Sachrelevanz hin reflektieren zu können. Eine Lehrperson muss also über vielfältige Wissensformate (nicht nur kognitiv-rationale) verfügen und dazu in der Lage sein, diese in Hinblick auf ihre Potenziale für Lern- und Erziehungssituationen auszulegen und entsprechend anzuwenden. Dabei sind vor allem die Bewältigung eines synchronen Auftretens verschiedener Wissensformen und -formate wie auch Transformationsleistungen von der einen Wissensform in die andere verlangt. Diese Abstimmungs, Sinnstiftungs- und Bewältigungsprozesse sind der zentrale Gegenstand „lebenslangen Lernens" im Lehrberuf.

Wissensformen und -formate gelten indes in der Wissenschaft vornehmlich als Gegenstände und Methoden der Forschung. Sie werden nicht im Sin-

---

88 Vgl. Publikationen zu Richtlinien zur Unterrichtsplanung (bspw. ESSLINGER-HINZ et al. 2007).

ne einer Kompetenzentwicklung oder etwa eines „lebenslangen Lernens" der Wissenschaftler(innen) ausgelegt.[89]

Generell versteht sich wissenschaftliches Wissen als rational, und die Qualität wissenschaftlicher Arbeit bemisst sich am Grad ihrer rationalen Nachvollziehbarkeit (und nicht an anderen Wissensformen). Forschung wird in der Regel dadurch definiert, dass rational verfasste, wissenschaftliche Wissensbestände auf ihre Lücken hin untersucht werden, die systematisch, thematisch und methodisch gelenkt, häufig auch kontraintuitiv bearbeitet werden. Wissenschaftliche Zugänge zeichnen sich dadurch aus, begriffssprachlich-diskursiv und/oder methodisch-empirisch belegt zu werden. Wissenschaftliches Wissen ist also, im Unterschied zum professionellen Wissen von Lehrer(inne)n, in Hinblick auf seine Generierung ausgewiesen. Wissenschaftliche Zugänge beanspruchen in Abhängigkeit von ihrem jeweiligen theoretischen, methodischen und methodologischen Referenzrahmen – in dieser Hinsicht selbstreferentiell – Verallgemeinerbarkeit. Die Wissenschaft ist also in erster Linie mit der rational verfassten Legitimation von Forschungsansätzen, Theorien, Auffassungen und empirischen Ergebnissen (etwa zur pädagogischen Praxis) befasst. Sie ist in der Regel hochspezialisiert und zugleich ausschnitthaft.

Auch, wenn die Wissenschaftstheorie genuin mit den Voraussetzungen, Methoden und Zielen von Wissenschaft und deren Formen der Erkenntnisgewinnung befasst ist, so legitimiert sich Wissenschaft heute doch in der Regel weniger wissenschaftstheoretisch oder -philosophisch, auch weniger durch Wissenschaftsforschung. Ihre Legitimierung gewinnt sie heute vielmehr durch das wissenschaftliche (d. h. methodische) Vorgehen und dessen Rahmung. Diesbezüglich wird die Wissenschaft auch gegenüber der „scientific community" in diskursiver Weise und noch unterstützt durch diverse Formen der Begutachtung wissenschaftlicher Leistungen (peer review, akademische Qualifikationen, Metrisierung akademischer Performanz etc.) auf den Prüfstand gestellt.

Den Lehrer(inne)n indes obliegt die Definitions-, Interpretations- und Legitimationsmacht über das eigene Arbeits- und Wirkungsfeld, wie oben bereits herausgestellt, nicht selbst. Ihre Berufsgruppe ist vielmehr Teil einer mehr oder weniger unspezifischen Sozialität und steht ethisch, moralisch, fachlich, pä-

---

89 In englischsprachigen und skandinavischen Ländern sind in den vergangenen etwa 20 Jahren umfangreiche Programme zu einer verpflichtenden Aus- und Fortbildung für an der Universität wissenschaftlich Tätige in verschiedenen Tätigkeitsbereichen wie etwa die Anleitung von Studierenden, die Hochschuldidaktik, Möglichkeiten der Publikation, Reviewing, Rechte und Pflichten als Hochschullehrer(in) etc. eingerichtet worden. In Deutschland ist die Teilnahm an solchen Angeboten bisher freiwillig.

dagogisch und bisweilen auch materiell unter großem polymorphem Rechtfertigungsdruck. – Dieser Rechtfertigungsdruck ist darauf zurückzuführen, dass die unterrichtlich-didaktische und pädagogische Freiheit von Lehrer(inne)n immer mit Wertigkeiten verbunden ist; Dieter-Jürgen LÖWISCH (2000) fasst Kompetenzen überhaupt als „[…] sachlich korrektes, als wertig[90] zu gestaltendes und an die personale Haltung gebundenes Tätigwerden und Tätigsein"[91]. Pädagogisches und unterrichtliches Handeln ist darauf ausgerichtet, den daran beteiligten Personen, der verhandelten Sache und anderen die Schulpraxis normativ beeinflussenden Faktoren[92] möglichst gerecht zu werden. Etwa kommen in diesem Arbeitsfeld maßgeblich distinkte wie auch diffuse, dauerhafte wie auch temporäre, gesamtgesellschaftliche und soziale Entscheidungs-, Macht-, auch Verteilungskämpfe ins Spiel, die unter normativen Vorzeichen geführt werden und in der Schulpraxis Wirkung zeigen. Die Notwendigkeit, sich zu rechtfertigen, stellt sich dabei stets sowohl ex ante, in duratio als auch ex post professionellen Handelns, zudem explizit wie implizit. Die (teilweise für die Lehrperson imponderablen) normativen Rahmungen schulpädagogischen Handelns lassen sich wie folgt auffächern:

- Erstens gehen in die Auslegung einer Situation durch eine Lehrerin oder einen Lehrer unreflektiert ihre oder seine individuellen Dispositionen, Erfahrungen, Vorstellungen und von ihr oder ihm bewusst vertretene ethische und moralische Grundsätze, genauso wie spontane Orientierungsgrößen ein.
- Zweitens stellen die situativen Dispositionen der Schüler(innen), ihre Praktiken, Auffassungen und Einstellungen genauso wie ihre Entwicklungsperspektiven normative Vorgaben für den Schulunterricht dar. Auf diese einzugehen steht überhaupt im Mittelpunkt des professionellen Handelns von Lehrer(inne)n.
- Drittens sind Kolleg(inn)en, Eltern, Schulleitung oder Schulaufsicht etc. in verschiedener Weise autorisiert, den Unterricht einer Lehrperson zu beurteilen. Deren Bildungs-, Erziehungs-, Lern- und Sozialisationsbegriffe konfligieren unter Umständen stark miteinander. Solche Konflikte können in sozialen Situationen tatsächlich ausgetragen, sie können verdrängt werden, oder als su-

---

90 Die Wertigkeit des Handelns wird u. a. durch das Kriterium der Handlungsrelevanz von Information näher bestimmt. Vgl. Definition des Informationswissenschaftlers KUHLEN (1991, S. 338) „Information ist Wissen in Aktion".

91 LÖWISCH 2000, S. 129

92 Zu solchen nicht direkt unterrichtlichen Faktoren gehören bspw. das Schulgesetz, das gegliederte Schulsystem, der Arbeitsmarkt, die Erwartungen der Eltern, die räumlichen Voraussetzungen des Schulunterrichts etc.

blime soziale oder auch als innere Konflikte wie bspw. moralische Dilemmata oder Loyalitätskonflikte auftreten.

• Das, was als Schulwissen gilt, ist viertens durch Bildungspläne, Schulbücher etc. im Sinne von in sich schlüssigen und vollständig dargestellten Fachthemen bestimmt. Durch die Bildungspläne und andere Steuerungspapiere ist auch vorgegeben, dass im Unterricht unter Hinzuziehung vielfältiger Wissensformate individuelle Lernzugänge zu Unterrichtsthemen und deren Reflexion ermöglicht werden.

• Fünftens stellen formale Arbeitsbedingungen normative Rahmungen dar. Zu denken ist bspw. an Arbeitsverträge, Erlasse, Bestimmungen und Ausschreibungen, an die Organisation und Kultur einer Schule, an formaldirigistische Maßnahmen (wie bspw. fachfremder Unterrichtseinsatz), überlokale Maßgaben und deren Effekte etc.

• Sechstens spielen vielfältige gesellschaftliche, diskursiv erzeugte, bspw. massenmedial vermittelte Orientierungsmodelle für das professionelle Handeln von Lehrer(inne)n eine gewisse Rolle. So sind etwa bestimmte Deutungsmuster für Verhalten gesellschaftlich oder kulturell bedingt. Mit solchen Vorgaben, die insbesondere in einer sich inklusiv verstehenden Einwanderungsgesellschaft wie der deutschen breit gestreut sind und nicht selten in Widerspruch zueinander stehen, muss im Unterricht konstruktiv umgegangen werden.

• Siebtens geben wissenschaftliche Ergebnisse und Ansätze Orientierungs- und Argumentationsfolien für die Schule ab. Etwa stehen die Analyse des Unterrichtsgegenstands (Sachanalyse) und die daraus resultierenden Lernschritte wie auch die didaktischen Überlegungen unter der Maßgabe wissenschaftlicher Korrektheit.

• Achtens ist der Schulalltag zunehmend durch unterrichtsextern aufgesetzte Evaluationen bestimmt, die in unterschiedlicher Ausprägung auch bereits über den Ruf und eventuell sogar über den Bestand einer Schule entscheiden.[93] Hier wäre ein an pädagogischen und didaktischen Überlegungen orientiertes Konzept zur Evaluation von Schulunterricht erforderlich.

• Neuntens wird das Praxis- und Orientierungswissen von Lehrer(inne)n in der täglichen Unterrichts- und Erziehungspraxis stets neu dazu herausgefordert, sich an der geltenden demokratischen Rechtsordnung (auch Schulrecht) und an den Grundrechten zu orientieren, die in einer zugleich werte-, normen- und kulturpluralistischen Gesellschaft der Interpretation bedürfen. Von der Lehrkraft ist in dieser Beziehung unablässig eine eigenständige, praxisnahe Auslegungstätigkeit gefordert.

---

93 Vgl. den „No Child Left Behind Act" (siehe Fußnote 46).

Die besondere Dignität pädagogischer Praxis besteht in der *situationsadäquaten* Bewältigung einer demnach von diversen Akteur(inn)en und Instanzen (mit-)bestimmten, vielgestalten, mutablen und von diversen Unwägbarkeiten durchzogenen Normativität. Die Abstimmungsprozesse mit den unterschiedlichen Instanzen werden häufig simultan vollzogen und sind nur ansatzweise rekonstruierbar. Dies gilt vor allem darum, weil pädagogisches Handeln nicht immer explizit auf die verschiedenen Instanzen bezogen ist, durch die es normativ bestimmt wird. Eine Lehrperson verhält sich dann professionell, wenn sie möglichst viele der normativen Rahmungen ihres eigenen Handelns erkennt und diesen eigenverantwortlich und in möglichst diplomatischer Weise gerecht wird. Pädagogisches Handeln ist dem entsprechend hochkomplex.

Zugleich stehen Lehrer(innen) prinzipiell unter Handlungs- und Zeitdruck.[94] Dieser unterscheidet sich von dem in anderen Berufsfeldern dadurch, dass ein Nicht-Einhalten zeitlicher Vorgaben im Lehrberuf in den meisten Fällen weniger leicht objektiv nachvollziehbar ist als dort. Dieser Druck macht es den Lehrer(inne)n aber oft unmöglich, die an ein Unterrichtsgeschehen herangetragenen Normen alle wahrzunehmen, geschweige denn, diesen allen gerecht zu werden. Bisweilen wird Handlungs- und Zeitdruck im Unterricht auch, oft durch die Schüler(innen), kurzfristig hergestellt. Die Lehrperson ist dann gefordert, die Prioritäten anders als geplant oder auch als gewohnt zu setzen. Sogar Handlungsmaximen können ad hoc in Frage gestellt und anders disponiert werden. Solche wie auch andere Herausforderungen im Unterricht werden von den verschiedenen Lehrpersonen sehr unterschiedlich gehandhabt. Häufig ist mit einem Handeln unter Zeitdruck ein Urteilen im Verzug verbunden. Denn in der sich unter Zeitdruck vollziehenden Unterrichts- und Erziehungspraxis überlagern sich nicht selten diverse Handlungsstränge und Entscheidungen in unter Umständen äußerst komplexer, auch rasanter, nachträglich oft nicht vollständig reflektierter bzw. gar nicht reflektierbarer Weise. Zudem sieht sich eine Lehrperson unter Umständen mit diversen Kalamitäten konfrontiert. An einer pädagogischen Situation Beteiligte müssen in der Lage sein, immer wieder Kompromisse einzugehen und/oder Prioritäten anders zu setzen als jeweils zuvor. Das Unterrichtshandeln lässt sich dann eventuell nur stark verkürzt, bspw. rein pragmatisch begründen. Unter Zeitdruck werden auch häufig – temporär oder dauerhaft – nicht immer sachdienliche machtförmige Asymmetrien in Kauf genommen. Einige (unter Umständen durchaus bedeutsame) Phänomene werden bisweilen übersehen. Es können

---

94 Vgl. Wahl 1991. Auch insbesondere Georg H. Neuweg (2005, 2010) stellt diesen Aspekt des Lehrberufs in seinen Publikationen in den Vordergrund. Seine Auffassung, die hier nur bedingt geteilt wird, wird unten weiter ausgeführt.

in Hinblick auf die Auslegung von Entwicklungsaufgaben zudem ambivalente oder anderswie in sich widersprüchliche Bewertungslogiken ins Spiel kommen.[95] Bisweilen werden Exklusionen und Verkürzungen vorgenommen. Teilweise blind und habituell gesteuert und teilweise bewusst setzt eine Lehrperson Prioritäten, entwickelt „Handlungsstrategien" und eine „Überlebenstaktik".[96] Solche und andere Kalküle können temporär oder dauerhaft zum Einsatz kommen. Ihr Erfolg ist aber letztlich vom spezifischen Unterrichtsgeschehen als deren Kontext abhängig. Eventuell führt die Lehrperson situativ erforderliche Interessenausgleiche auch nicht in der erwünschten Weise herbei, es kommt zu (partieller) Ignoranz, sie erkennt eigene Schwächen oder die anderer nicht etc.

Im Feld wissenschaftlicher Tätigkeit besteht ebenfalls ein polymorpher Handlungs- und Zeitdruck, der von vielfältigen Umständen abhängig ist. Die akademische Freiheit steht aber zumindest dem Prinzip nach wissenschaftsferner Normativität entgegen. In Hinblick auf die tatsächlichen Einflussgrößen auf Wissenschaft, wie etwa Praktiken und Machtverhältnisse, eröffnet sich der Wissenschaftsforschung ein wichtiges Forschungsgebiet. Jedenfalls ist das wissenschaftliche Arbeiten im Vergleich zum Unterrichten in der Schule, trotz diverser Auflagen (wie etwa Verfahrensregeln, Verordnungen, befristete und inhaltlich bestimmte Arbeitsverhältnisse und Stipendien, Abgabetermine für Berichte etc.), in der Regel eher langfristig angelegt.[97]

Neben der komplexen Normativität, durch die Erziehung und Unterricht bestimmt wird, spielen auf diesem Arbeitsfeld auch noch diverse andere, ebenfalls rational nicht einfach auflösbare Spannungsfelder[98] eine wichtige Rolle.[99] Den eigenen Gegenstand im Sinne von Spannungsfeldern zu erschließen, hat in der Geschichte der Pädagogik bereits eine lange Tradition.[100] So ist etwa die Tatsache augenfällig, dass Pädagogik an der Orientierung am Kind oder Jugend-

---

95 Lamprecht 2012, S. 120

96 Vgl. Wulf & Zirfas 2007

97 Die Tatsache, dass sich diese Auffassung heute angesichts diverser Verschulungstendenzen der Universität nicht mehr in jeder Beziehung halten lässt, hat Carola Groppe (2014) zur These einer Pädagogisierung der Universität veranlasst.

98 Bspw. Esslinger-Hinz et al. 2007, Winkel 1988, Gruntz-Stoll 1999

99 Vgl. Esslinger-Hinz et al. 2007. Rainer Winkel (1988, S. 17) schreibt: „Dass man Grenzen, Bindungen, Schranken ebenso erfahren muss wie Selbstbestimmung, Freiheit und Autonomie, wird nur der diese Widersprüche durchhaltende Lehrer und Erzieher akzeptieren können – dem Ungeduldigen, dem Atemlosen und dem Puristen ist diese Antinomie ein Greuel."

100 Zur langen pädagogischen Tradition des Denkens in Widersprüchen gehören für Rainer Winkel (1988) Johann A. Comenius (1592–1670), Friedrich Schleiermacher

lichen einerseits in seinem Hier und Jetzt, andererseits an seiner Zukunft, also an seinen bereits entwickelten individuellen Fähigkeiten, Interessen, Eigenarten und Dispositionen wie auch an Entwicklungspotentialen orientiert ist bzw. sein muss. Ein anderes Spannungsfeld wird durch die lebenspraktische (etwa arbeitsmarktgerechte) Nützlichkeit schulischer Inhalte auf der einen Seite und das Ziel der individuellen Lernentwicklung auf der anderen gebildet. Auch die Bewertung (allein) der geforderten Leistungen oder das Zulassen von Fehlern, Nähe und Distanz, Fremd- und Selbstbestimmung oder Partizipation, Freiheit und Bindung, Freigeben und sich Sorgen, Kritik und Nachsicht, Nachlässig-Sein und Überbehüten sind Widersprüche, die in einer pädagogischen Beziehung unausweichlich bestehen und in ständig veränderter Form ausgetragen und ausbalanciert werden. Ferner können die semantisch-symbolische und die praktische Bewältigung von Herausforderungen in Widerspruch zueinander geraten etc. Walter HERZOG (2005) beschreibt das Entscheidungs- und Handlungsfeld von Lehrer(inne)n als „antinomisch, paradox oder dilemmatisch"[101].

Krassimir STOJANOV (2004) gibt es folgerichtig der Erziehungswissenschaft (und damit auch der wissenschaftsgestützten Reflexivität der Schulpraxis) auf, die Begriffe Antinomie[102], Paradox und Dilemma etc. trennschärfer semantisch voneinander abzugrenzen, als dies bisher in pädagogischen Fachtexten der Fall ist; er schreibt: „Mit diesem konzeptuellen Defizit hängt [...] das Fehlen einer normativen Differenzierung zwischen unterschiedlichen Typen von Paradoxien bzw. Widersprüchen zusammen: also etwa zwischen solchen, die als Blockaden für pädagogisches Handeln und Bildungsprozesse insgesamt zu betrachten wären und deshalb womöglich aufgehoben werden müssen, und solchen, die möglicherweise dialektische Entwicklungspotentiale enthalten und daher [...] ausgehalten [Hervorh. durch K.S.] werden sollten."[103] Daraus folgt im Umkehrschluss, dass die Schulpraxis am ehesten durch eine Erziehungswissenschaft adäquat reflektiert werde, die soziale Wirklichkeiten im Sinne von Spannungen und diversen Unvereinbarkeiten erfasse.

Dies widerspricht ganz grundsätzlich der in der Wissenschaft heute vorherrschenden Auffassung sozialer Wirklichkeiten als „Text", also als durch die

---

(1768–1834) und Theodor LITTS (1880–1962) Schrift ‚Führen oder Wachsenlassen' aus dem Jahr 1927.

101 HERZOG 1995, S. 40

102 „Antinomie", griechisch ἀντί: gegen, νόμος: Gesetz; sinngemäß „Unvereinbarkeit von Gesetzen".

103 STOJANOV 2004, S. 80

Kennzeichen der Vollständigkeit, Geschlossenheit, Eindeutigkeit und Linearität bestimmt.[104]

Einige der pädagogischen Spannungsfelder lassen sich auf interpersonale Differenzen zurückführen:[105] Die Schüler(innen) unterscheiden sich etwa in Hinblick auf ihr Geschlecht bzw. ihre Geschlechtsidentität, in Bezug auf die Spezifika ihrer Sozialisation, in Hinblick auf ihre sozioökonomischen und ethnischen Hintergründe (in manchen Fällen kaum merklich, in anderen Fällen offensichtlich) voneinander und von der Lehrperson. Hinzu treten Unterschiede ihrer Fähigkeitsprofile und solche ihres jeweiligen (moralisch-ethischen, körperlichen, mentalen etc.) Entwicklungsstands. Sie differieren auch in Bezug auf ihre Motivations- und Interessenlagen und hinsichtlich ihrer Möglichkeiten wie auch ihrer Bereitschaft, sich auf soziale, etwa schulische Geschehen einzulassen, um nur einige interpersonale Differenzen zu erwähnen.

Anhand einer näheren Bestimmung der in das Verhältnis zwischen Kindern/ Jugendlichen und Erwachsenen im Rahmen von Schule hineinspielenden Differenzen lassen sich eine Vielzahl von Spannungen und Konflikten erklären, die zwischen verschiedenen Schulangehörigen aufkommen. Im Feld der Didaktik wird die sog. „innere Differenzierung"[106] als der opportune Modus eines produktiven Umgangs mit den heterogenen Lernausgangslagen der Schüler(innen) angesehen. Häufig wird allerdings in Bezug auf die Herausforderung der Inklusion an den Lehrberuf nur der Erfüllungsgrad eines bestimmten professionellen Kompetenzprofils in Anschlag gebracht.

Weniger im Zusammenhang von Forschung und Evaluation in Betracht gezogen werden andere pädagogisch relevante Valenzen wie etwa die Tatsache, dass sich auch die Lehrer(innen) in Hinblick darauf voneinander unterscheiden, inwiefern sie bestimmte Unterscheidungsmerkmale mit ihren Schüler(inne)n teilen oder nicht. Lehrer(innen) differieren in Bezug darauf, ob sie überhaupt und inwiefern sie interpersonale Differenzen erkennen und inwieweit sie diese nachvollziehen können. Sie gewichten solche Differenzen jeweils unterschiedlich und reagieren darauf pädagogisch, diagnostisch und didaktisch verschieden. Auch in

104 Vgl. WULF & ZIRFAS 2007, S. 8

105 Vgl. die erziehungswissenschaftlichen Konzepte zu „Heterogenität", „Differenz", „Vielfalt" etc.

106 Die „innere Differenzierung" (auch „Binnendifferenzierung") bezeichnet in der Pädagogik eine im Gegensatz zur „äußeren Differenzierung" individuelle Förderung einzelner Lernender innerhalb der bestehenden Lerngruppe. Die Vielfalt der Lernvoraussetzungen, Begabungen und Interessen innerhalb einer Lerngruppe wird im Sinne eines wünschenswerten lernförderlichen gegenseitigen Austausches als Chance aufgefasst (vgl. HINZ 1995).

Hinblick auf die Frage, ob und, wenn ja, wie die von ihnen wahrgenommenen Differenzen in ihre Leistungsbewertung einfließen etc., vertreten Lehrer(innen) jeweils eigene Ansätze. Kurz, die Heterogenität der Professionellen ist ein nicht minder unhintergehbarer Faktor auf dem Feld der Pädagogik als die der Lernenden. Die prägnanteste Differenz ist die Altersdifferenz.

Erlaubt man sich nun doch eine philosophische Sichtweise auf *das Kind* (die wir oben in Bezug auf „den Schüler" in bestimmter Hinsicht verworfen hatten), so lässt sich mit Maurice MERLEAU-PONTY (1966) herausstellen, dass es in der Beziehung zu Erwachsenen stets in gewisser Weise Recht behalten sollte. Denn „[…] soll es für den Erwachsenen auch eine einzige intersubjektive Welt geben, das barbarische Denken des frühen Kindesalters wird als unentbehrlicher Erwerb auch dem des Erwachsenen zugrunde liegen bleiben."[107] Diesem Anspruch will insbesondere die auf die Sicht der minderjährigen Akteure und Akteurinnen ausgerichtete Kindheits- und Schüler(innen)forschung Folge leisten und nachgehen, indem sie die Frage, wie Kinder oder Jugendliche eine Situation wahrnehmen und bewerten, an diese selbst stellt. Ähnliches erfolgt, bspw. im Sinne einer „Kultur der (verbalen) Rückmeldung", auch im Rahmen unterrichtlicher und didaktischer Settings. In diesen Zusammenhängen wurde erkannt, dass vieles, wie etwa die eigenen Lernerfahrungen, von den Heranwachsenden nicht in adäquater Weise verbalisiert werden kann. Zur Ermittlung ihrer Perspektiven sind daher noch andere als rein auf eine Versprachlichung gemachte Erfahrungen und auf kategoriales Wissen hinzielende Erhebungsformate erforderlich. Nicht zuletzt dient jedes Lernsetting als ein solches Erhebungsformat.[108]

Allerdings unterscheiden sich die tatsächlichen Konstruktionen und Lernwege der Schüler(innen) häufig von denen, die ihnen von Lehrer(inne)n unterstellt werden. Zudem würden von den Schüler(inne)n neben dem offiziellen Unterrichtsgeschehen diverse Nebenschauplätze ins Spiel gebracht; so zeigt etwa Georg BREIDENSTEIN (2008), dass Kinder und Jugendliche am Schulunterricht sowohl in ihrer Rolle als Peers wie auch in der als Schüler(innen) teilnähmen. Das Unterrichtsgeschehen profilierten sie im Sinne eines „Schülerjobs" stets zu diesen beiden Seiten hin. Der sog. „Schülerjob" ist als ein instrumentell-strategisches Verhältnis zur Schule näher bestimmt, das im Rahmen von Schule von den Schüler(inne)n wie auch, im Großen und Ganzen, von den Lehrer(inne)n für opportun befunden werde. Er ermögliche es den Schüler(inne)n, sowohl als solche zu *funktionieren* als auch die in Bezug auf die schulischen Leistungen der Peers zwangsläufig bestehende Konkurrenzsituation zu entschärfen. Die Lehrer(innen) rechneten in der

---

107 MERLEAU-PONTY 1966, S. 407
108 Vgl. HEINZEL 2000

Regel mit den für den „Schülerjob" charakteristischen Verhaltensmustern. Zum „Schülerjob" gehörten im Besonderen die Signalisierung von Langeweile wie auch unterrichtsferne Haltungen, mit denen ein Lehrer oder eine Lehrerin in bisweilen provokativer Weise konfrontiert werde; der „Schülerjob" sei jedenfalls nicht mit der allgemein erwünschten und, insbesondere in Steuerungspapieren, häufig unterstellten Schüler(innen)rolle identisch.

Der „Schülerjob" ist nicht zuletzt ein Zeichen dafür, dass Schule in ausgeprägter Weise durch Formen der Homogenisierung bestimmt ist, auf die die Schüler(innen) in gewisser Hinsicht offenbar kollektiv reagieren.

Im Folgenden soll die für die Pädagogik in der Schule geltende von der Lehrperson unter Zeitdruck auszutragende polymorphe Normativität vor dem Hintergrund der stets von Neuem auszutarierenden Balance zwischen dem, was (vermeintlich oder tatsächlich) allgemeingültig ist, und dem pädagogischen Anspruch auf Individualisierung weiter ausbuchstabiert werden. In Hinblick auf die plurivalente Normativität und die Spannungsfelder und Differenzgeschehen in der Pädagogik hatte sich die Notwendigkeit einer ständigen Ausbalancierung individueller Berücksichtigung und dem Anlegen genereller Normen abgezeichnet.

Die Schule folgt per se der Idee einer äußeren Homogenisierung (Alterskohorten, Schulklassen, Menschenrecht auf Bildung etc.). Mit der Rahmung pädagogischen Handelns und Entscheidens durch allgemeine Verbindlichkeiten und durch allgemein zugängliches Wissen, also durch Ordnungen, Maßgaben, Erlasse, explizit gemachte Vorstellungen und Notwendigkeiten etc., sollen individuelles Handeln wie auch pädagogische Prozesse und Verfahren berechenbar, planbar, nachvollziehbar und transparent gemacht werden. Die Herstellung einer pädagogischen Beziehung zu jedem einzelnen Schüler, zu jeder einzelnen Schülerin findet also unter den Vorzeichen allgemeiner (Rechts-)Gültigkeit statt. Auf der einen Seite ermöglichen die durch allgemeine Vorgaben geschaffenen Rahmen- und Ausgangsbedingungen eine Einlösung des Bildungsanspruchs jedes Einzelnen wie auch seines/ihres Anspruchs auf eine Lernbegleitung überhaupt erst. Zu solchen Vorgaben gehören bspw. die Organisation der Schulfächer, die Zusammensetzung einer Schulklasse (altershomogen oder -gemischt, inklusiv oder segregativ etc.), räumliche Gegebenheiten und vorgegebene Zeitstrukturen, der schulische Leistungsdruck oder Ähnliches.

Auf der anderen Seite geraten die Einmaligkeit der Erziehungs- und/oder Unterrichtssituation, wie etwa die Individualität der daran Beteiligten, und allgemeine gesellschaftliche Anforderungen und Erwartungen im Rahmen der Erziehungs- und Unterrichtspraxis aber auch in vielfältiger Weise in Widerspruch zueinander.[109] Zu dem Recht eines jeden Schülers und einer jeden Schülerin auf Integrität, Individualität und Persönlichkeitsentwicklung treten die gesellschaftlichen Funktionen der Schule bisweilen in einen teilweise sogar harschen Gegensatz: Der Schule kommt die gesellschaftliche Aufgabe zu, die Schüler(innen) auf nachprüfbare Weise für bestimmte, gesellschaftlich, (in gewissem Sinne) also allgemein vorgegebene Tätigkeitsprofile zu qualifizieren (Qualifikationsfunktion). Sie hat eine Allokationsfunktion, indem sie den Schüler(inne)n weiterführende Bildungswege eröffnet oder ihnen diese verschließt,[110] und sie hat die Schüler(innen) in Bezug auf ihre Leistungsfähigkeit zu selegieren (Selektionsfunktion). Letzterem entsprechend besteht ein zentrales Merkmal von Schule etwa darin, dass jede Äußerung wie auch jedes sich Nicht-Äußern im Unterricht unter dem Gesichtspunkt von Leistung potenziell der Beurteilung unterzogen wird. Das Erreichen bestimmter Lernziele wird in der Regel jeweils individuell wie auch verallgemeinernd metrisch erhoben. Individuelle schulische Leistungen werden in den meisten Fällen auf die Erwartungen an die gesamte Lerngruppe zurückgebrochen und daran bemessen. Das Ziel besteht in der Zuweisung hierarchisch gegliederter sozialer Positionen (Allokation). Zugleich ist in Hinblick auf die elementare pädagogische Maßgabe, die Andersheit (bspw. die Kindlichkeit) eines konkreten anderen zu respektieren, mit Jörg ZIRFAS (2010) ganz grundsätzlich zu erwägen: „Nur dort, wo wir von einer radikalen Unentscheidbarkeit ausgehen können, kann man für den Anderen die Verantwortung übernehmen, die ihm gerecht wird."[111] Die dieser Erwägung zugrunde liegende Vorstellung einer jeweils zu gestaltenden einmaligen pädagogischen Beziehung habe, so die kontrovers diskutierte These von Philippe ARIÈS (1998), erst mit der „Entdeckung der Kindheit" im 17./18.Jahrhundert das pädagogische Denken und Handeln bestimmt. In der damit verbundenen, stark normativ geprägten pädagogischen Gefühlskultur spiele in der Folge der sog.

---

109 Die Einmaligkeit einer Erziehungs- und Unterrichtssituation gerät bspw. dann in Widerspruch zu allgemeinen gesellschaftlichen Anforderungen, wenn Individuen oder Gruppen gegenüber dem offiziellen Unterrichts- und Schulgeschehen Widerstand leisten, und dieser Protest zugleich als integrales und wichtiges Moment individueller Bildungsprozesse und der Übernahme sozialer Verantwortung anzuerkennen ist. In einem anderen Fall kann bspw. dem Anspruch eines Kindes auf individuelle Förderung unter Umständen aufgrund gegebener Rahmenbedingungen nicht in der Weise Genüge getan werden kann, wie es aus Sicht der verschiedenen, davon betroffenen oder sich aktiv beteiligenden Individuen und anderer Maßstäbe als optimal oder sogar als geboten erscheinen mag.

110 Zu den Funktionen der Schule siehe Helmut FEND (1974).

111 ZIRFAS 2010, S. 59

„besorgte Blick"[112] eine wichtige Rolle. Pädagogisches Handeln obliegt daher der unterbestimmten Maßgabe, am „Wohl" und damit an der optimalen geistigen, körperlichen und seelischen Entwicklung der Educandi in Gegenwart und Zukunft orientiert zu sein.[113]

Gefordert ist hier ein hohes pädagogisches Engagement, dessen Verhältnis zu gesellschaftlichen Bestimmungen und Entscheidungen nicht geklärt ist.

Auch die Wissenschaft kann als „engagiert"[114] verstanden werden. Wir kommen unten darauf zurück.

Unter dem Gesichtspunkt der pädagogischen Beziehung, aber auch in nicht pädagogisch ausgerichteten Ansätzen gelten die Pädagog(inn)en, wie mehrfach herausgestellt, als Spezialist(inn)en für die Herstellung von Lernsituationen. Überhaupt stellen, wie oben bereits erwähnt, die meisten Unterrichtstheorien, wie etwa solche, die an das Paradigma der „Dignität der Praxis" (s.o.), an das der „subjektiven Theorien", oder auch an das des „guten Lehrers", der „guten Lehrerin" anschließen, die Lehrperson in ihren Mittelpunkt. Dabei wird in der Regel davon ausgegangen, dass die Lehrperson Lerninhalte und -prozesse wie auch soziale Interaktionsgeschehen bspw. durch voraussagbare Handlungsfolgen nach festgesetzten sozialen, materiellen und raumzeitlichen Maßgaben strukturiert. Didaktische Planungen – oben als Unterrichtsplanung (im Voraus wie auch prozessbegleitend, und als „Schwellenpädagogik") beschrieben – werden mit pädagogischen Vorkehrungen verknüpft. Dies erfolgt in der Regel als ein pädagogisch motivierter Rekurs auf habitualisierte Denk- und Handlungsmuster.

Diese werden auch unter dem Gesichtspunkt von Ritualen und Regeln verhandelt: Rituale, Regeln und Reviere, also Handlungsroutinen, regeltreue Habitus und eine regelhafte Raumnutzung, gäben, so Hartmut von HENTIG (1993), in bestimmten Situationen nicht nur ein bestimmtes Handeln vor. Sie ermöglichten auch die pädagogische Handlungsfähigkeit erst, indem sie die Komplexität einer

---

112 Vgl. OELKERS 1991

113 Dieser in erster Linie juristische Begriff ist unterbestimmt. Der Studie des Ministeriums für Generationen, Familie, Frauen und Integration des Landes Nordrhein-Westfalen aus dem Jahr 2008 ist zu entnehmen: „Der Begriff des Kindeswohls ist nicht eindeutig eingrenzbar und Interpretationszielen und -zusammenhängen unterworfen. Nach wie vor gibt es keinen umfassenden und für alle gesellschaftlichen Gruppen eindeutigen Konsens darüber, was als ‚geeignet‘ oder ‚am besten‘ für das Aufwachsen von Kindern und Jugendlichen angesehen wird. Eine positive Bestimmung des Kindeswohls hängt immer von kulturell, historisch-zeitlich oder ethnisch geprägten Menschenbildern ab." [Zugriff unter: www.akjstat.tu-dortmund.de/fileadmin/analysen/Kita/kinder_in_not.pdf]

114 Vgl. BOURDIEU 2002

Situation reduzierten und die Vorhersagbarkeit von (Unterrichts-)Ereignissen erhöhten.[115] Rituale, Regeln und Reviere unterstützten nicht nur die Zielbewusstheit und das konsequente Agieren einer Lehrperson in einer Unterrichtssituation. Sie rahmten und signalisierten Unterrichtssituationen auch unabhängig vom Agieren der Lehrperson. Durch eine zuverlässige (pädagogische) Rahmung unterrichtlichen Handelns durch solche und andere habitualisierte Orientierungs- und Handlungsmuster und verlässliche Strukturen werde dieses entlastet, so dass, auch unter Zeitdruck, unerwarteten Ereignissen Aufmerksamkeit geschenkt werden könne.

Walter HERZOG & Regula VON FELTEN (2001) werten diesen Umstand allgemeiner und individueller Routinisierung, Regulierung und Habitualisierung für die Seite der Lehrer(innen) nicht ganz so positiv, wenn sie zu bedenken geben: „Evolutionsbedingt verfügen wir über Erkenntnisse, die uns nicht nur erlauben, intuitives mathematisches und physikalisches Wissen zu generieren, sondern auch über eine intuitive Didaktik."[116] Unter einer „intuitiven Didaktik" verstehen sie routinemäßig aufgerufene (in der eigenen Schulbiographie oder in Vorurteilen über Schule gründende) und zumeist nicht auf ihre Angemessenheit befragte Vorerfahrungen, Vorurteile und Vorkenntnisse in Bezug auf Schule, Unterricht und deren Akteure, die ein (lebenslanges) Lernen in diesem Bereich sehr viel eher erschwerten denn erleichterten, wenn sie es nicht sogar verunmöglichten.[117] Auch in anderen Stellungnahmen zur Lehrer(innen)bildung wird herausgestellt, dass ein ausgeprägtes (Vor-)Wissen zu Kindern, Schule und Unterricht ein Hemmnis für die Professionalisierung im Lehrberuf darstellen kann. HERZOG & VON FELTEN (2001) bezeichnen solche von den Lehrer(inne)n bevorzugte typisierende Wahrnehmungs-, Interpretations- und Handlungsmuster als „Vertrautheitsfallen"[118]. Mit einer „Vertrautheitsfalle" wird der Umstand bezeichnet, dass eine Lehrperson bestimmte Normen und Werte auf der Grundlage der von ihr gemachten Vorerfahrungen einseitig auslegt. Für den Unterricht wichtige, bspw. auf soziokulturelle, gender- und altersabhängige Faktoren zurückführbare Differenzgeschehen könnten damit ins Hintertreffen geraten. Bei den Schüler(inne)n werde unter Umständen ein Leiden hervorgerufen, das sie vom Lernen abhalte. Dann komme die Lehrperson ihrer Verantwortung gegenüber den Schüler(inne)n nicht zuver-

---

115 Vgl. auch die neueren Publikationen zur „Wiederentdeckung" der Rituale in der Schule (WAGNER-WILLI 2004, WULF et al. 2004, PETERSEN 2001).

116 HERZOG & VON FELTEN 2001, S. 20

117 HERZOG & VON FELTEN 2001, S. 20

118 „Vertrautheitsfallen" finden sich, in anderer Ausformung, nicht zuletzt auch im Feld der verschiedenen wissenschaftlichen Ansätze.

lässig nach, deren Lernen optimal zu fördern. Dies kann der Fall sein, ganz ohne dass die Lehrperson es intendiert hätte und/oder es reflektieren könnte. Bei den „Vertrautheitsfallen" handelt es sich um „schweigende"[119] Dimensionen der Pädagogik.

Unter „schweigende" Dimensionen der Pädagogik werden nichtdiskursive Praktiken und Formen der sozialen Verständigung wie auch Einflüsse situativer Kontexte verstanden. So zeitigen bspw. interpersonale Differenzen (s.o.) häufig nicht explizit Wirkung bzw. sie werden nicht planmäßig erkannt und gesteuert, sondern habituell, intuitiv, findig etc. ausgetragen. Auch die Diversität der Lernprozesse und -aktivitäten – wie Mimesis, Adapt(at)ion, Modellernen, Formen der Aufmerksamkeit, die Integration von (Vor-)Erfahrungen, Formen der Ver- und Einkörperung etc. – sind nicht immer reguliert. Modi der Authorität und der persönlichen Integrität sind im Unterricht häufig genauso eher latent wirksam wie unbewusste didaktische Techniken und „subjektive Theorien", der „heimliche Lehrplan"[120] und die Interaktion und Relation von intendierten mit nichtintendierten Aktionen. Etwa spielen körperliche Dispositionen, Habitus (habitude, hexis, doxa) und versteckte Methodologien und nicht ausgesprochene, interpretative Zugänge im Unterricht eine wichtige Rolle. Hinzu treten Formen der Befremdung wie Entfremdung, Fremdheit, Andersheit, „gendering" oder interkulturelle Perspektiven, auch hybride kulturelle Formen und Praktiken, Prozesse sozialer In-/ Exklusion, Formen der Repression und der Erziehung der Gefühle, Dispositive der Macht, „Gouvernementalität", Techniken des Selbst, „Zwischentöne" und sich zueinander konträr verhaltende Diskurse. In verdeckter, „schweigender" Weise zeitigen auch institutionelle/organisationale Bedingungen, symbolische Räume, die Architektur, Raumorganisation wie auch Materialien und Technologien etc. Wirkung im Unterricht. Sozioökonomische Bedingungen und Faktoren sowie formelle in ihrem Verhältnis zu informellen Lernsettings, soziale Ungleichheit, das Virtuelle und das Reale als verschiedene Lebenskontexte, diverse Zeitkonzepte, Einflüsse von Vergangenem/Geschichte oder Antizipationen von Zukunft, Performativität, ästhetische Faktoren, soziale Dramen, Rituale wie auch Szenerien und (Lebens-)Stile wirken latent und unerkannt auf Schulunterricht ein. Ferner spielen diverse Ereignisse, körperliche Aktivitäten (wie etwa die Modulation der Stimme), die visuelle und die sensomotorische Integration, die Konstitution und Perzeption von Bildern, metaaktionales und -reflexives Verhalten, aktionale Potenziale von Metaphern, die Modi einer linguistischen (Re-)Strukturierung von

---

119 Vgl. die von der Autorin organisierten Aktivitäten des wissenschaftlichen Netzwerks zu „Tacit Dimensions of Pedagogy": tacitdimensions.wordpress.com.

120 Vgl. JACKSON 1968

Repräsentationen, diskursive Praktiken, diverse Nebenschauplätze etc. in den planmäßigen Unterricht hinein.[121] „Schweigende" Dimensionen des Unterrichtsgeschehens sind häufig für dieses maßgeblich.

Anders gesagt: Die Lehr- und Erziehungsmethoden und -zielsetzungen formeller Bildung sind zwar durch Institutionen auf Dauer gestellt, sie sind aber zugleich von den jeweils gegebenen Voraussetzungen anhängig. Neben dem geplanten, an den etablierten Fachdisziplinen und der mehrheitlich vertretenen Hochkultur ausgerichteten Unterrichtsgeschehen zeitigen unterschiedliche individuelle wie sozio- und populärkulturelle Erscheinungen, etwa Alternativ-, Protestkulturen und unterschiedliche Interpretationen von Handeln Wirkung.

Solche materiellen und immateriellen Aspekte von Kultur sind das Thema der Kulturwissenschaften, die demnach eine wichtige Referenzwissenschaft der Schulpädagogik und der Lehrer(innen)bildung sind.

Zwar auf Luzidität ausgerichtet ist auch die Wissenschaft nicht frei von Verdunkelungen und Abschattungen. Die Aufgabe, diese zu erforschen, stellt sich, wie es weiter unten weiter ausgeführt wird, insbesondere nach dem noetischen Ansatz.

In Hinblick auf die „schweigenden" Dimensionen oder auch „Abschattungen" im Feld der Pädagogik und des Schulunterrichts tritt noch ein weiterer, ganz zentraler Aspekt hinzu: Die Leistungen, die von Schüler(inne)n zu erbringen sind, sind in der Regel Lernleistungen; Lernen als solches jedoch „[…] bleibt unsichtbar, etwa der Beginn des Lernens, sein Verlauf, seine Dramaturgie."[122] Lernprozesse lassen sich nicht, wie etwa Arbeitsabläufe, objektivieren. Nach leibphänomenologischer Auffassung etwa ist Lernen ein vielfältig responsiver Prozess, in dem auf Eigenes und auf Fremdes (im Eigenen) geantwortet werde; Lernerfolge seien eine Begleiterscheinung gerichteter Such- und Explorationsprozesse. Lernen sei also nicht, abgesehen von seinen Ergebnissen, im Sinne von „Evidenzen" nachvollziehbar.[123] Insofern lasse sich das Erreichen bestimmter Lernziele auch streng genommen nicht als Stufen konzipieren, von denen die eine auf die andere folge und an deren Ende das Erreichen eines angestrebten Lernziels wie etwa das Verfügen über einen bestimmten Wissensfundus stehe.[124] Die Didaktisierung von

---

121 Siehe auch tacitdimensions.wordpress.com.

122 MEYER-DRAWE 2008, S. 77

123 MEYER-DRAWE 2008, S. 193

124 Vgl. bspw. die theoretische Rahmung der sog. Bücheraktion im Rahmen des „Bildungsgipfels der Praxis", organisiert von der INSM (Initiative Neue Soziale Marktwirtschaft) in Dresden, 21–22.10.2008. Quelle: http://www.presseportal.de /pm/39474/1286820/ initiative_neue_soziale_marktwirtschaft.insm [Zugriff am 8.1.2010]. Mit dieser impliziten Kritik an Lew S. WYGOTSKYS Lerntheorie soll die Orientierung der Didaktik an

Lerninhalten, etwa im Sinne von Lernschritten, ist folglich lediglich eine Lernprozesse rahmende, sie aber nicht sicherstellende Strategie. Versteht man das Lernen zudem als ein Durchdringen von thematischen Zusammenhängen, so ist es dadurch bestimmt, dass Wissen sich in unterschiedlichen Kontexten bewährt und gegebenenfalls diesen entsprechend modifiziert wird. Lernen sei ein prinzipiell unabschließbarer Prozess, in dessen Vordergrund weniger das wissende und autonome, also das vom eigenen Willen gelenkte Subjekt als vielmehr ein gekonntes Umgehen mit Neuem, Anderem und Unwägbarem stehe.[125] Jean LAVE (1998) und Martin WEINGARDT (2004) stellen das „(Aus-)Probieren" als primäre Eigenschaft von Lernen heraus: Da ein Lernender gerade *nicht* wisse, was er dann wisse, wenn er ein gesetztes Lernziel erreicht habe, sei Lernen durch Plurivalenz und Offenheit charakterisiert. Die (zumeist nicht reflektierte, spontane) Einsicht in diesen Umstand ermögliche Lernen sogar überhaupt erst.

Die Tatsache, dass weder der Weg noch das Erreichen des Ziels vorher bekannt sind, macht das Sich-Einlassen auf Lernprozesse zur großen Herausforderung.

Dietrich BENNER & Andrea ENGLISCH (2005) zeigen mit ihrem Konzept zur „Negativität von Bildung", in wie vielen Nuancen in einem Lern- und Bildungsprozess (teleologische, szientifische, historisch-hermeneutische etc.) Erfahrungen von Negativität gemacht werden.[126] Eine Vergegenwärtigung und Verarbeitung solcher Negativität(en) erfolge nur sehr reduziert über das Bewusstsein und kognitiv, vielmehr greife hier das Vergessen.[127] Lernende müssten etwa von zuvor Gekonntem absehen und Erlerntes wieder „verlernen"[128].

Wenn nun Enttäuschungen von Erwartungen und (etwa Versagens-)Ängste eine zentrale Rolle in der Schule spielen, so ist eine Lehrperson stets mit der Herausforderung konfrontiert, die mit Lernerfahrungen für die Schüler(innen) verbundenen Frustrationen zu reduzieren, sie abzufedern und sie bearbeiten zu helfen. Wenn Jörg ZIRFAS (2001, S. 59) schreibt, dass, „[…] wenn es die Gabe der Erziehung gibt, dann nur so, dass der Erzieher für den Zögling radikal verantwortlich ist", und Jürgen OELKERS (2007, S. 127) es den Pädagog(inn)en aufgibt, den Kindern „jede Sorge ab[zunehmen]", so lässt sich das bspw. dahingehend auslegen, dass die Lehrer(innen) für die Schüler(innen) stellvertretend und beispielhaft das an Lernprozessen Unverfügbare ohne Desaster durchstehen. Dasselbe

---

einzelnen, aufeinander aufbauenden Lernschritten auf keinen Fall verworfen werden. Das ist hier aber nicht Thema.

125 Vgl. MEYER-DRAWE 2000
126 Vgl. BENNER 2005
127 BENNER 2005, S. 13
128 WALDENFELS 2000, S. 178

kann in Bezug auf die vielen pädagogischen Spannungs- und Konfliktfelder gesagt werden. Der Part der Lehrer(innen) ist dann in gewissem Sinne das Vergessen-Lassen von Lernen (etwa durch eine Lernanleitung) bei gleichzeitiger Insistenz auf dessen Notwendigkeit.

Allerdings zieht sich auch das Professionelle am Lehrer(innen)handeln weitenteils *ins Dunkle zurück*[129]. Das heißt Dispositionen, Habitus, Spontanreaktionen und normative Vorlagen etc., die dieses Handeln grundieren, lassen sich nicht vollständig erfassen. Während die Typiken der Sozialbeziehungen und die Formen der Leistungserbringung etc. unter Erwachsenen in anderen Berufsfeldern im Allgemeinen durchaus und teilweise sogar in hohem Grade formalisier- und verallgemeinerbar sind, so gilt dies für pädagogische Leistungen, wie etwa für die Herstellung eines pädagogischen Verhältnisses oder das Anstoßen von Lernprozessen, sehr viel weniger. Eine sich selbst ganz und gar transparente Intentionalität erzieherischen Handelns kann nicht vorausgesetzt werden, wie dies bspw. dann angenommen wird, wenn die Professionalisierung im Lehrberuf anhand von Standards vorangetrieben werden soll. Im Mittelpunkt des Lehrberufs stehen vielmehr das gekonnte Agieren im Praxisfeld und damit neben der Unterrichtsplanung ein Rechnen mit sich in einer Lehr-Lernsituation unvorhersehbar auftuenden Dilemmata, mit Irritationen und unberechenbar auftretenden Ereignissen etc. Zu vergegenwärtigen sind immer auch die Lerngegenstände und die Relativität einer (etwa didaktischen) Darstellung, das Gewahrsein von Geschehnissen auf den „Hinterbühnen"[130] des Unterrichts, die Konfrontation mit eigenen Vorurteilen etc.

Mit Bezug auf Hans Joas (1996) und Walter Herzog (2005) lassen sich die Selbstbescheidung und der Umgang mit dem Unwägbaren als wichtige Gelingensfaktoren von Unterricht systematisieren.

Joas (1996) bringt die folgenden drei grundsätzlichen philosophisch-ethischen Argumente gegen eine Hypostasierung der Rationalität zur „omnipotenten Direktionsinstanz"[131]. Sie spielen, wie wir noch sehen werden, auch im Zusammenhang der noetischen Wissenschaftstheorie eine zentrale Rolle, werden an dieser Stelle aber mit Herzog (2005) auf Schulunterricht übertragen.

(1) Menschliches Handeln sei nur in Sonderfällen Resultat zielgerichteter Planung. Herzog (2005) schreibt zum Stichwort der Planbarkeit: „Es ist unmöglich, ohne Eingeständnis [eines für pädagogisches Wissen …] kons-

---

129 Damit wird auf die Aussage von Käte Meyer-Drawe (2008, S. 90), „das Wie des Lernens zieht sich in die Dunkelheit zurück", angespielt.

130 Zinnecker 1978

131 Joas 1996, S. 218 ff.

titutiven Nichtwissens pädagogisch zu handeln!"[132] Dieses Nichtwissen wäre als Unvermögen[133], Akrasie[134], gar als Infantia oder sogar Begriffsstutzigkeit fehlinterpretiert.[135] Mit Nichtwissen ist hier vielmehr eine konziliante Unvoreingenommenheit im Sinne einer grundlegenden Einsichtigkeit gemeint, nämlich: „Lehrkräfte müssen fähig sein, die Vielfalt, Heterogenität und Variabilität unterrichtlicher Ereignisse so zu analysieren, dass sie die wesentlichen Bedingungen einer konkreten Situation rasch erkennen können"[136].

(2) Die Möglichkeiten allein durch kognitive Denkprozesse Kontrolle über das pädagogische Praxisfeld zu erlangen seien begrenzt. Wie auch oben herausgestellt, machten Schüler(innen) wie Lehrer(innen) vielmehr täglich und unausweichlich die Erfahrung in sich widersprüchlicher Entscheidungssituationen, temporärer Dilemmata etc., die sie nur im besten Fall kompetent auflösten, manchmal aber nur modifizierten oder sogar schlicht hinnähmen. In Ausnahmefällen auf „Kontrolle" zu verzichten und Antinomien, Paradoxien und Dilemmata durchzustehen, ohne sie (etwa in beschönigender Weise) aufzulösen, wurde als eine wichtige pädagogische Fähigkeit herausgestellt.[137]

(3) Autonomie sei, so JOAS (1996), ontogenetisch gesehen kein ursprünglicher Zustand, sondern ein sozialisatorisches und kulturell bedingtes Differenzierungsprodukt[138], das seinen Ursprung in der Eltern-Kind-Symbiose habe. Pädagogik sei grundsätzlich auf *andere* ausgerichtet, durch die *Eigenes* auf die Probe gestellt wird. HERZOG (2005) stellt heraus, dass der erfolgreiche Umgang mit Kalamitäten in den pädagogischen Feldern das Eingeständnis von Nichtwissen voraussetze. Oben war von der Negativität von Bildungs- und Lernprozessen die Rede.

---

132 HERZOG 2005, S. 314
133 Vgl. auch SETTON 2006. SETTON (2006) entwickelt ein Verständnis von einem vernünftigen Handeln-Können, das die Möglichkeit des Scheiterns, des nicht Handeln-Könnens und den kreativen Vollzug als die Korrelate der unserer Vermögen begreifbar macht.
134 Akrasie, griech. Ἀκρασία: Willensschwäche, Unbeherrschtheit, Handeln wider besseren Wissens. Der philosophische Begriff ist von ARISTOTELES geprägt.
135 Akrasie und Infantia sind als Zustände der Stagnation nicht oder nur schwerlich unter performativem Gesichtspunkt zu beschreiben (vgl. SETTON 2006).
136 HERZOG & VON FELTEN 2001, S. 23
137 Vgl. den Hinweis von STOJANOV 2004
138 Auch andere Ansätze wie strukturalistische, systemische, psychoanalytische etc. führen das menschliche Denken auf Prozesse und Gegebenheiten zurück, die diesem vorgängig sind und es grundlegend beeinflussen.

Das explizite diagnostische, pädagogische und didaktische Wissen und Können lässt sich demnach auf die Antinomien und Unwägbarkeiten im Feld beziehen und so weiter ausdifferenzieren. Lern- und Lehrprozesse beruhen daher nicht allein auf zielgerichteter und -sicherer kognitiver Steuerung und Kontrolle, sondern auf einem speziellen Vermögen und besonderen Wissen.

Der Philosoph Bernhard WALDENFELS (2004) beschreibt die sog. „Findigkeit" als ein wesentliches Element unseres Handelns, auch des Denk- und Sprechhandelns. „Findigkeit" meint im Alltagsgebrauch Schlauheit, Raffinesse, Gewitztheit, Gerissenheit, Klugheit, Scharfsinn. WALDENFELS (2004) fasst den Begriff weiter und versteht die „Findigkeit" als ein sich uns primär leiblich vermittelndes Vermögen und als ein Körperwissen, auf dem unsere Erfindungsgabe wie auch rationale Konstruktionen und Erkenntnisse beruhen. Die „Findigkeit" befähige uns dazu, eine Situation unserem Praxis-, Orientierungs- und Erfahrungswissen entsprechend zu erfassen, und auf sie zu reagieren und sie zu gestalten.[139] Obgleich kein rationales Vermögen, führe die „Findigkeit" doch zu funktional und anschaulich schlüssigen Ergebnissen.[140] Als Beispiel dafür kann unser Schritt gelten, der sich etwa an für uns ungewohnte Stufenabstände einer Treppe „findig" anpasst, ohne dass dabei das Bewusstsein ins Spiel käme. Derart erweitert tritt das Konzept der „Findigkeit" in die Nähe der „phronesis"[141]. Hans-Georg GADAMER (1986) beschreibt das von ARISTOTELES aufgebrachte Konzept der „phronesis" wie folgt: Grundsätzlich sei unser „in-der-Welt-Sein" theoretischen Zugangsweisen vorgängig und die „phronesis" sei eine auf konkrete Situationen ausgerichtete Einsichtsfähigkeit. Die auf die Praxis und auf einen konkreten Fall ausgerichtete

---

139 Bernhard WALDENFELS schreibt zu „Findigkeit" (2004b, S. 49): Es „[…] verbindet sich die Wahrnehmung mit der leiblichen Bewegung. Der ältere Begriff der Kinästhese gewinnt eine neue Bedeutung, wenn man – wie es abermals Husserl nahelegt – darunter keine bloße Wahrnehmung der Bewegung versteht, sondern eine Wahrnehmung in Bewegung. Ein solches Sichbewegen, das nicht bloß Orte wechselt, sondern Orte generiert, ist geeignet, Positionen und Konstellationen auszuprobieren und sie nicht nur per Feedback zu verstärken. Entdeckungen sind dort angesiedelt, wo der Regelkreis sich nicht völlig schließt."

140 Vgl. VAN HAAREN, KLEINER & SCHUBERT in WALDENFELS 2004b, S. 7

141 „Phronesis" (altgriechisch φρόνησις) wird von ARISTOTELES in Buch VI der Nikomachischen Ethik von anderen Begriffen für Weisheit abgegrenzt. Sie kann als die Klugheit näher bestimmt werden, in einem konkreten Fall so zu urteilen und zu handeln, dass ethische Ziele wie das Gute, Zuträgliche und Angemessene eingelöst werden. Es geht weder nur um das auf das Allgemeine gerichtete Wissen (griech. epistéme) noch allein um den praktischen Nutzen oder persönlichen Vorteil.

„phronesis" oder Einsicht habe eine eigene Rationalität, die weder auf Regeln reduziert noch direkt vermittelt werden könne.

„Findigkeit" wie „phronesis" kommen situativ und ad hoc zur Anwendung, sind also weder das Ergebnis von Planung noch von Argumentation. Günstige Bedingungen[142], in unserem Fall solche für eine erwünschte Lernentwicklung, im Sinne einer zeitlichen, räumlichen, sächlichen und personalen Konstellation bezeichneten die alten Griechen als sog. „Kairos"[143]. Als „Kairos" wird ein (unvorhergesehenes) Geschehnis bezeichnet, das Verwunderung, Betroffenheit oder Bestürzung auslöst; es tritt etwas auf, das uns betrifft, berührt und uns in Anspruch nimmt;[144] zugleich erschließt der „Kairos" uns Handlungsoptionen. „Kairoi" sind als Lerngelegenheiten für Schüler(innen) für „guten Unterricht" ursächlich. Dabei sind die für bestimmte pädagogische und unterrichtliche Maßnahmen durch eine Lehrperson günstigen Momente von zentraler Bedeutung.

Kurz, in einem „günstigen Moment" („kairos") wird ein auf Orientierungswissen beruhendes, weitgehend implizites, sog. „findiges" Anwendungswissen mit der „phronesis" als der Fähigkeit kombiniert, im konkreten Einzelfall unter Berücksichtigung der für die Situation relevanten Faktoren, individueller Handlungsziele und sittlicher Einsichten angemessen zu handeln.

Einer schulbezogenen Forschung stellt sich also genauso wie der im Rahmen der Lehrer(innen)bildung stattfindenden wissenschaftsorientierten Erfahrungsbildung die Aufgabe, sich verstärkt mit den in den sozialen, insbesondere pädagogischen Feldern auftretenden Widersprüchen und deren Rahmenbedingungen zu befassen.[145] Das Ziel besteht insbesondere darin, mögliche „Vertrautheitsfallen" umgehende, das Lernen vorstrukturierende und im Unterricht wirksame, die

---

142 Joseph WALTERS & Howard GARDNER (1986) beschreiben die „crystallizing experience" als die Bereitschaft, die Talente und Potenziale einer anderen Person zu entdecken. Diese Bereitschaft sei Kindern prinzipiell entgegenzubringen.

143 „Kairos", griech.: Καιρός, rechter Zeitpunkt, günstige Gelegenheit, Chance, rechtes Maß, günstiger Ort, Vorteil, Nutzen. „Der Kairos ist der griechischste aller griechischen Zeitbegriffe, sofern in ihm Zeit sich am wenigsten von ihren Inhalten abscheiden lässt. […] Der Kairosbegriff ist nämlich nicht auf gleichgültige Inhalte zugeschnitten. Von einem Kairos sprechen wir vernünftigerweise nur in Bezug auf Situationen, in denen es gilt, einem objektiven Vorgegebenen von größtem Interesse gerecht zu werden" (THEUNISSEN 2000, S. 804).

144 MERSCH 2002, S. 13–30; vgl. auch das Responsivitätskonzept von Bernhard WALDENFELS und das performative Paradigma (beides s.u.).

145 In systemtheoretischen, auch in diskursanalytischen (s.u.) Ansätzen bspw. werden solche Ausgangsbedingungen besonders akzentuiert.

Lehrperson entlastende Faktoren zu ermitteln, durch die auch in komplexen Situationen und unter Zeitdruck zielführende Entscheidungen möglich werden.

Die damit verbundenen wissenschaftstheoretischen Herausforderungen lassen sich in einem ersten Schritt an der näheren Bestimmung der Relationierung von Allgemeinem und Besonderem in der Wissenschaft festmachen. Diese wird in einem zweiten Schritt auf die wissenschaftsorientierte Lehrer(innen)bildung bezogen. Zunächst wird der im Rahmen der empirisch angelegten Kindheits- und der Schüler(innen)forschung (zumeist noch eher indirekt) generierte, gegenüber anderen Forschungsrichtungen deutlich erweiterte Wissensbegriff in den Blick genommen. Danach werden allgemein Formen des logischen Schließens verhandelt und mit dem Wissenserwerb im Rahmen der Lehrer(innen)bildung in Verbindung gebracht.

2 Die Herausforderung einer Relationierung von Allgemeinem und Besonderem in Wissenschaft und Lehrer(innen)bildung

Das Verständnis von „Wissenschaft" wird in wissenschaftstheoretischen, -ge-schichtlichen und -kritischen, philosophisch-erkenntniskritischen, epistemologischen und methodologischen Ansätzen unterschiedlich disponiert. Eine nähere Bestimmung des Theorie-Praxis-Verhältnisses wird in der Regel in den verschiedenen Metatheorien resp. Epistemologien vorgenommen.[146] In den (wissenschaftlichen) Konzepten zur Theorie-Praxis-Relation im Lehrberuf steht nicht zuletzt die Frage nach der Rolle der berufsbezogenen Wissenschaft für die Lehrer(innen)bildung jeweils anders zur Disposition.

Auf die besondere Bedeutung der Kindheits- und der Schüler(innen)for-schung für die Schulpraxis wurde oben bereits hingewiesen. Helga KELLE & Georg BREIDENSTEIN (1999) arbeiten diese Bedeutung in Hinblick auf die von der Kindheitsforschung entwickelten Methoden, Verfahren und Methodologien weiter aus.[147] Dabei haben sie qualitative empirische Ansätze der Kindheits- und der Schüler(innen)forschung im Blick. Deren argumentativer Ausgangspunkt bestehe darin, dass im Zusammenhang der vorherrschenden Sorge- und Herrschaftsverhältnisse sowie innerhalb des traditionsgemäß asymmetrischen Verhältnisses zwischen Kindern und Erwachsenen erwachsene Verhaltens- und Kommunikationsmuster zumeist als rational und kompetent, kindliche hingegen als irrational, unwissend und unmündig definiert würden. Die Kindheitsforschung sieht ihre vordringliche Aufgabe demzufolge in der Ermittlung und Rekonstruktion von Alltagskonstrukten wie etwa dem einer „idealisierten Erwachsenenkommunikation"[148]. Diesen entsprechend beanspruchten alltägliche, ungeschriebene Regeln der Kommunikation zwischen Erwachsenen in Hinblick auf die (sozial-)wissenschaftliche Forschungslogik, -ethik und -methodik alleinige Geltung. Etwa setzten, so stellt es HÜLST (2000) heraus, die „Prinzipien des Alltagsgesprächs"[149] zwischen Erwachsenen eine rationalistische Weltsicht voraus.

---

146 Dies hat sich auch in Hans-Georg NEUWEGS (2010) Systematik angedeutet, insofern er epistemologisch-methodologische Ansätze (vgl. Kognitivismus, Konstruktivismus, Wahrnehmungstheorie) als Unterscheidungsmerkmale in Bezug auf die verschiedenen Ansätze zur Lehrer(innen)bildung heranzieht.

147 BREIDENSTEIN & KELLE 1999, S. 111

148 HÜLST 2000, S. 47

149 LAMNEK 1995, S. 64

Es werde mit festgelegten Bedeutungssystemen operiert, die bestimmten Basisregeln folgten und auf eine feststehende Werteordnung referierten. Die Sozialwissenschaft sei generell von einer Nichtakzeptanz primärprozesshafter, also durch Verschiebung und Verdichtung hervorgebrachter Gestaltbildungen wie narrativ hergestellte Bilder, metaphorische Sprache oder auch Slang geprägt.[150] Diese stellten ein integrales Moment der Erzählweisen von Kindern dar. Oftmals werde Kinderaussagen indes kurzerhand ein zu den Aussagen von Erwachsenen analoger Informationscharakter unterstellt oder schlicht abverlangt.[151] Damit würden kindliche Äußerungen im Rahmen der Sozialforschung der Tendenz nach als defizient, fehlerhaft und als in sich inkongruent erscheinen. Im Rahmen einer Forschung *(zusammen) mit* Kindern würden dadurch wichtige Perspektiven verstellt, ja, es konterkariere eine solche. Virginia MORROW & Martin RICHARDS wiesen im Jahr 1996 darauf hin, dass mit dem sozialwissenschaftlichen Forschungsparadigma kindliche wie auch viele andere mögliche Ausdrucks- und Existenzformen aus rein formalen Gründen ausgeblendet und ausgeschlossen würden.[152] Das Postulat einer allein dem rationalen Paradigma folgenden Wissenschaft impliziere symbolische Gewalt. Diese trete im Zusammenhang der Forschung mit Kindern nur deutlicher zutage als in anderen Forschungsfeldern.

Es ist anzunehmen, dass die schulbezogenen Wissenschaften von einer solchen symbolischen Gewalt nicht frei sind. Eventuell sind sie aufgrund ihres ausgeprägt normativen gesellschaftlichen Auftrags dafür sogar besonders anfällig.

Eine solche Wissenschaftskritik lässt, so FRIEBERTSHÄUSER & PRENGEL (2003), viele im Rahmen von wissenschaftlicher Forschung für selbstverständlich gehaltene Praktiken als fragwürdig erscheinen. Nicht zuletzt werde auch der die qualitative prinzipiell gegenüber der quantitativen Forschung auszeichnende Anspruch, der Einzigartigkeit jeder Person und jeden Untersuchungsfeldes gerecht zu werden, im Rahmen einer Beforschung von Kindern auf eine harte Probe gestellt.[153] Das Forschungsfeld bzw. die Forschungsrichtung der Kindheitsforschung impliziere aber auch die Möglichkeit, so BREIDENSTEIN & KELLE (1999), eine Methodologie zu entwickeln, die gerade diesem zentralen Anspruch qualitativ empirischer Sozialwissenschaft in ständig weiter verbesserter Weise gerecht werde. Das heißt, vor dem Hintergrund der dargelegten Argumentation werde deutlich, dass die herkömmlichen „Instrumente" und Ansätze wissenschaftlicher

---

150 HÜLST 2000, S. 47

151 HAUSENDORF 2001, S. 28

152 Vgl. auch ADORNO & HORKHEIMER ([1944] 1988); die Konsequenzen können hier nicht ausgelotet werden.

153 FRIEBERTSHÄUSER & PRENGEL 2003, S. 11

Forschung in der Regel nicht ausreichten und neue entwickelt werden müssten. Die beiden Erziehungswissenschaftler(innen) überantworten diese Aufgabe vor allem den ethnographisch und den phänomenologisch orientierten empirischen Ansätzen der Kindheitsforschung. Diese Auffassung wird geteilt und insbesondere in Hinblick auf eine Modellierung wissenschafts- und zugleich praxisorientierter Lehrer(innen)bildung für zielführend erachtet.

Ferner könnte die Erforschung des besonderen Wissens und der Ausdrucksmöglichkeiten von Heranwachsenden zu einer wissenschaftlichen Modellierung der Transformationsprozesse von Theorie in Praxis und vice versa im Rahmen von Schule und Unterricht beitragen.

Zu erwarten ist also, dass die wissenschaftsorientierte Lehrer(innen)bildung durch die an den Perspektiven der kindlichen Akteure und Akteurinnen interessierte Kindheits- und Schüler(innen)forschung neu auf Kurs gebracht werden kann. Die kritische Perspektive dieser Forschungsrichtung ist insofern ein wichtiger Bezugspunkt, wenn nicht sogar eine der zentralen Referenzen für eine praxis- und zugleich wissenschaftsorientierte Lehrer(innen)bildung, als sie dazu beitragen kann, eine Generalisierung von erwachsen-rationalen gegenüber der Singularisierung und Abwertung anderer Wahrnehmungs- und Deutungsmuster, wie etwa der von Kindern, zu vermeiden.

Die Relationierung von Allgemeinem und Besonderem wurde oben bereits als ein Strukturmoment der Schulpraxis herausgestellt und damit der Modellierung einer praxis- und zugleich wissenschaftsorientierten Lehrer(innen)bildung zugrunde gelegt.

Zudem stellt sich diese Herausforderung auch im Rahmen von Wissenschaft grundsätzlich und in unabsehbar vielen Facetten. Zu einer breit angelegten näheren Bestimmung der Relationierung von Allgemeinem und Besonderem in den Wissenschaften lässt sich die gängige methodologische Unterscheidung in eine deduktive (1), induktive (2) und abduktive (3) Herangehensweise an einen Gegenstand, sowie das „Tertium Datur" (4) anführen. Diese Formen logischen Schließens spielen auch für die wissenschaftliche Sicht von Schulwirklichkeit eine wichtige Rolle:

(1) Eine Induktion ist der abstrahierende Schluss aus beobachteten Phänomenen auf eine allgemeinere Hypothese, etwa auf einen allgemeinen Begriff. Induktiv wird von einem speziellen Fall auf eine generelle Aussage geschlossen. Die Interpretationen werden aus Beobachtungen und Erfahrungen im Feld bzw. aus der Empirie heraus gewonnen. Insbesondere theoriegenerierende empirische Ansätze erlangen ihre Erkenntnisse auf induktive Weise.

Derzeit etabliert sich, wie bspw. Hans Georg NEUWEG (2010) zeigt, eine „praktizistische Lehrer(innen)bildung", nach der verstärkt praxiserfahrene und induktiv argumentierende (sog. „gute") Lehrer(innen) an den (ansonsten eher an deduktiven Erkenntnissen orientierten) wissenschaftlich ausgerichteten Ausbildungsphasen des Lehramtsstudiums mitbeteiligt werden. Durch theoriegenerierende induktive Verfahren soll der oben für die Schulpädagogik festgestellte Hiatus zwischen Wissenschaft und Berufspraxis überbrückt werden.

Allerdings ist eine induktiv konstruierte Empirie immer ausschnitthaft und sie beruht auf Konstruktionen,[154] die nur selten frei von deduktiven Schlüssen sind. Induktiven Ableitungen ist vorzuwerfen, rein für sich gesehen über kein Instrumentarium zu verfügen, das es erlaubt, die Relativität und die Grenzen ihrer Schlüsse, wie etwa Fehlschlüsse etc., kritisch zu reflektieren.

(2) Eine Deduktion ist eine Schlussfolgerung vom Allgemeinen auf das Besondere und von gegebenen Prämissen auf logisch zwingende Konsequenzen.

Für die deduktiven Auslegungen des Theorie-Praxis-Verhältnisses in der Pädagogik ist die Erwartung charakteristisch, dass sich von einer mit einem mehr oder weniger starken Anspruch auf Allgemeingültigkeit auftretenden pädagogischen Theorie normative Maßgaben für die pädagogische Praxis ableiten lassen. Diesem Denkmodell entsprechend wird die Pädagogik bspw. als „praktische Wissenschaft"[155] oder „Berufswissenschaft"[156] ausgelegt. Dies stellt sich historisch gesehen wie folgt dar: Zunächst ist die Pädagogik und damit auch die Lehrer(innen)bildung in Deutschland als eine sog. „verspätete Disziplin"[157] den Natur- und Humanwissenschaften nicht gefolgt, die ihren Status als evidenzbasierte Wissenschaften zu Beginn des 20. Jahrhunderts in Abgrenzung zur Philosophie gewonnen haben. Einen Grund dafür kann man darin sehen, dass sich pädagogische Diskurse aufgrund ihrer normativen Ausrichtung generell nicht von weltanschaulichen Paradigmen trennen lassen. Von solchen Paradigmen wurden und werden bis heute deduktiv Maßgaben für die erzieherische Praxis abgeleitet. Vereinzelt bereits seit Beginn des 20. Jahrhunderts[158] und verstärkt seit den 1960er Jahren werden weltanschaulich begründete pädagogische Entwürfe durch Formen einer an der Empirie orientierten wissenschaftlichen Beweisführung und Prüfung ergänzt und durch diese abgelöst. Der Grundgedanke wissenschaftlicher Empirie ist zwar die induktive Ergebnissicherung. Empirische Ansätze, die metrisch und/ oder experimentell, bspw. durch bestimmte Test- oder Auswertungsverfahren etc. gesicherte und/oder auch konsensgestützte Erkenntnisse erlangen wollen, präfe-

---

154 Herzog & von Felten 2001, S. 22

155 Vgl. Baumert & Roeder 1994, S. 41

156 Herzog 2005

157 Tenorth 1989, S. 118 ff.

158 Vgl. die historische Einführung der Erziehungswissenschaft als universitäre Disziplin.

rieren aber in der Regel eine hypothesenprüfende, also deduktive Beweisführung. Strenge Auflagen an wissenschaftliche Vorgehen wie bspw. die Erhebung sog. repräsentativer Stichproben und die hypothesen- und methodengestützte quantitative Auswertung der erhobenen Daten mit Objektivitätsanspruch sollen es ermöglichen, aus Forschungsergebnissen valide, objektive, reliable und repräsentative deduktive Schlüsse zu ziehen. So gehen etwa kybernetische, steuerungs- oder systemtheoretische wie auch technologisch orientierte Ansätze von der Möglichkeit einer hypothesengestützten, also wissenschaftlich-deduktiven Bestimmung der Ausgangsbedingungen von Schulunterricht aus. Ferner sind theoretische Fundierungen praktischen Handelns, wie sie bspw. Robert FAUX (2000) nachweist, häufig deduktiv angelegt. Konkrete, eine Situation bestimmende Gesichtspunkte werden dabei bisweilen übergangen.

(3) Die Abduktion sei, so Charles S. PEIRCE (1903, 5.171), die „[…] einzige logische Operation, die irgendeine neue Idee einführt".[159] Erkenntniserweiternde Einsichten und synthetische Urteile seien nur durch ein abduktives Vorgehen, nämlich durch ein sog. „originäres Argument" möglich. Der springende Punkt des PEIRCEschen Konzepts ist, dass im abduktiven Urteil ein instinktives, vortheoretisches Einsichtsmoment mit dem prozessualen methodisch-rationalen Aufstellen von Hypothesen verbunden wird. Eine abduktive Vermutung wird als ein „Akt der Einsicht" beschrieben, der „[…] blitzartig die neue Vermutung in unserer Kontemplation aufleuchten" lässt.[160] Initiiert werde abduktives Folgern durch eine in den Erfahrungs- und Erwartungshorizont des Interpreten, der Interpretin unvorhergesehen eintretende erklärungsbedürftige Tatsache. Im Sinne einer demonstrativen Logik („wenn A, dann C") werde das fehlende Element so lange spielerisch und versuchsweise eingesetzt, bis eine plausible Lösung gefunden sei.

---

159 Ähnlich argumentiert Johann Friedrich HERBART (1837, S. 19): „Die Logik giebt die allgemeinsten Vorschriften, Begriffe zu sondern, zu ordnen, und zu verbinden. Sie ist die nothwendige Vorschule für sämtliche […] Wissenschaften […] Die Logik setzt die Begriffe als bekannt voraus; und bekümmert sich nicht um den eigenthümlichen Inhalt eines jeden derselben. Daher ist sie nicht eigentlich ein Werkzeug der Untersuchung, wo etwas Neues gefunden werden soll, sondern eine Anleitung zum Vortrage dessen, was man schon weiß."

160 PEIRCE 1958, 5.181. Der weiter unten ebenfalls angeführte Karl R. POPPER (1934, S. 7) hingegen ist der Auffassung, dass es „[…] eine logische, rational nachkonstruierbare Methode, etwas Neues zu entdecken, nicht gibt" Er geht von einer „schöpferischen Intuition" (vgl. Henri BERGSON) aus, die er als irrational und methodisch nicht fassbar beschreibt. Deshalb ist POPPER mit Albert EINSTEIN der Meinung: „Zu diesen [scil. physikalischen] elementaren Gesetzen führt kein logischer Weg, sondern nur die auf Einfühlung in die Erfahrung sich stützende Intuition" (zitiert nach POPPER 1934, S. 7).

Das in einem solchen „Spiel der Urteilskraft" erfahrene „Eureka" könne eine neue (Denk-)Gewohnheit initiieren.[161] Ein abduktiver Schluss sei keineswegs beliebig, wie PEIRCE (1958) herausstellt, sondern er gebe eine plausible Erklärung für das zu Erklärende ab: „Die überraschende Tatsache C wird beobachtet; aber wenn A wahr wäre, würde C eine Selbstverständlichkeit sein; folglich besteht Grund zu vermuten, daß A wahr ist"[162]. Das abduktive Schließen sei eine pragmatische Strategie mit dem Ziel (oder eine subbewusste Entscheidung mit dem Effekt) einer Minimierung des immer weiter fortbestehenden Fehlerrisikos. Nach Uwe WIRTH (2001) ist es überhaupt ein menschliches Vermögen, zu „synthetischen Urteilen" nach PEIRCE (1958) zu kommen, indem „originäre Argumente" gefunden würden. Damit werde Forschenden wie den Subjekten der Forschung Zugang zu neuem Wissen eröffnet. Im Rahmen der universitären Wissensgenerierung würde an soziale Praktiken der genetisch-abduktiven Analyseeinstellung entsprechend (Perzeptionsprozesse, spezifische Denk-, Wahrnehmungs- und Handlungsschemata etc.) die Frage nach ihrem *Wie* gestellt.[163]

Die logische Operation einer Abduktion spielt bspw. in an pädagogischen Prozessen und Praktiken orientierten Ansätzen der Unterrichtsanalyse, wie unten noch deutlicher herausgestellt wird, eine zentrale Rolle.

(3) Klaus HEINRICH (1981) hinterfragt mit seinem Begriff des „tertium datur" die in den hiesigen Kulturkreis gut eingeführte binäre Logik. Er legt dieser gegenüber das „tertium datur" als „tertium comparationis" überhaupt jedem Geschehen zugrunde; er schreibt: „[…] niemals verschwindet das Gegenüber und niemals das In"[164]. „Zwar muß ich trennen, ich habe sonst keinen Gegenstand. Aber um des Gegenstandes willen widerrufe ich die Trennung in dem Urteil, das ihn zugleich fixiert und ihn mit dem Urteilenden vereinigt"[165]. Mit dem „tertium datur" werde also weder die Folgerichtigkeit noch die Schlüssigkeit einer Sache in Frage gestellt; es benenne lediglich ein Nichtvorhandensein zugleich mit einem Vorhandensein. Negativitäten würden dabei nicht als das logische Gegenteil, sondern als Modifikationen eines „positiv" Gegebenen angesehen. Ein „tertium datur" liege auch bspw. dann vor, wenn Antinomien, also zueinander in Widerspruch stehende Aussagen oder Sachverhalte, als gleichermaßen gut begründet oder (im Fall formaler Systeme) bewiesen gälten.

---

161 PEIRCE 1958, 8.270
162 PEIRCE 1958, 5.189
163 Vgl. REICHERTZ 2003
164 HEINRICH 1985, S. 16
165 HEINRICH, 1985, S. 15 f.

Das „tertium datur" kann in erkenntnistheoretischer, methodologischer wie auch in existentieller und in praxeologischer Hinsicht ausgelegt werden. Mit diesem Konzept wird es möglich, das am Unterrichtshandeln als unbestimmt, nicht planbar, spontan etc. Auftretende als eine Qualität und zugleich erkenntnistheoretisch näher zu bestimmen.[166]

Ein epistemologisches Wissenschaftsverständnis bedient sich prinzipiell aller Formen des logischen Schließens als sein analytisches Instrumentarium.

Im Folgenden ist die „noetische" in Abgrenzung von der, als gängig erachteten sog. „noematischen" Wissenschaftsauffassung Thema. Dabei ist zu beachten, dass die Unterscheidung dieser beiden Wissenschaftsauffassungen grundsätzlich idealtypischer Art ist. Die beiden Perspektivierungen von Wissenschaft können in unterschiedlicher Gewichtung auch in ein und demselben Setting zugleich auftreten. Die folgende Darstellung geht davon aus, dass, und sie zeigt, inwiefern sich die zwischen beiden wissenschaftstheoretischen Ansätzen bestehenden epistemologischen Differenzen in die pädagogische Praxis hinein fortsetzen.

2.1 Die noematische und die noetische Wissenschaftsauffassung als Basis für eine Modellierung der Lehrer(innen)bildung

Die erkenntnistheoretische Unterscheidung zwischen sog. „Noesen" und „Noemata" geht auf Edmund HUSSERL (1968) zurück. „Noesen" sind sinnverleihende thetische Akte, durch die „Noemata" als das „Gegebene" konstituiert würden. Das heißt, das jeweils (für uns) Gegebene wird als das Ergebnis Sinn verleihender, thetischer Akte angesehen – nach HUSSERL (1968) sind dies „Intentionen"; „Noesen"[167] konstituierten einen Gegenstand in seinen Seinsmodalitäten als sinnhaftes Sosein, also als ein veränderliches Ding der äußeren Welt („Noema"). HUSSERL (1968) hebt darauf ab, dass in der Wissenschaft mit dem Ziel, neue Erkenntnisse zu gewinnen, grundsätzlich der (vermeintlich) reelle Gehalt von Gegebenem in Klammern zu setzen sei. Durch diesen methodischen Schritt (Epoché, s.u.) werde der Blick auf die „Noesen" eröffnet.

Alwin DIEMER (1964) unterscheidet unter Rückgriff auf diese Unterscheidung die noetische von der noematischen Wissenschaftsauffassung. Die noematische Wissenschaftsauffassung ziele auf Gegebenes („Noemata"). Die noetische hingegen gehe davon aus, dass allein die Akte der Sinnstiftung („Noesen") nachweisbar seien. Während sich also die noematische Wissenschaftsauffassung (wie sie etwa

---

166 Vgl. KRAUS 2002
167 Vgl. HUSSERL 1968, S. 74 f.; S. 385

einer „Tatsachenforschung" zugrunde liegt) auf das (für uns) Gegebene („Noema"), das Faktische bzw. „Positive" als ihre Quelle und zugleich als ihre Legitimation beziehe, untersuche die noetische Wissenschaftsauffassung die Gesetze der Konstituierung von Wirklichkeit.

Dieser Impuls soll hier weiterverfolgt und ausgearbeitet werden.

Das Unternehmen ist von anderen wissenschaftskritischen Positionen flankiert und korrespondiert mit ihnen.[168] So wird in der Regel idealtypisch eine hypothesen*testende*, auch metrisierende quantitative (Sozial-)Forschung von der hypothesen*generierenden*, auch rekonstruktiven qualitativen (Sozial-)Forschung unterschieden. Allerdings gelten einige Ansätze, die der qualitativen Forschung zugerechnet werden, nach unserem Modell als eher noematische, wenn auch deren Großteil als noetische (eventuell mit noematischen Anteilen) gefasst werden. Geläufig ist auch die Unterscheidung in eine „positivistische" und eine „epistemologische" Wissenschaft nach Gaston BACHELARD (1974).[169] Während nach der ersten Auffassung wissenschaftliche Erkenntnisse die objektive Wahrheit erfassten, reflektiere die Epistemologie den wissenschaftlichen Zugriff auf Wirklichkeit als einen je spezifischen. Wie die Unterscheidung in eine qualitative und quantitative Forschung wird auch die Unterscheidung in eine „positivistische" und eine „epistemologische" Wissenschaft hier mitbedacht; sie wird aber nicht als grundlegend für die weiteren Überlegungen erachtet.[170]

---

168 Man kann hier unter vielen anderen Vordenker(inne)n, jede(r) Wissenschaftler(in) hat seinen/ihren wissenschaftskritischen Standpunkt, Friedrich NIETZSCHE (1844–1900), Edmund HUSSERL (1859–1938), Theodor W. ADORNO (1903–1969), Paul FEYERABEND (1924–1994) anführen. Aktivistische Bewegungen wie in den 1960er Jahren das „Radical Science Movement" und die Studentenbewegung, die 2. Frauen- und die Ökologiebewegung und die postkoloniale Wissenschaftskritik haben wissenschaftskritische Positionen ausgebildet.

169 Die „Epistemologie", griech.: ἐπιστήμη Wissen, Wissenschaft, wahre Erkenntnis und λόγος *lógos* Wort, Rede, Lehre; ist ein Teilgebiet der Philosophie, das sich mit der Lehre des Wissens bzw. der Wissenschaft befasst. In den 1930er Jahren führte Gaston BACHELARD (1974) die Unterscheidung zwischen Epistemologie und Erkenntnistheorie ein, um die Probleme der Wissenschaften unter ausdrücklichem Ausschluss „traditioneller" philosophisch-weltanschaulicher Grundannahmen untersuchen zu können. Epistemologie gilt als „ein neuer Typ der Philosophie" und als das „Selbstbewusstsein" der Wissenschaften, die BACHELARD dem logischen Neopositivismus seiner Zeit entgegensetzte.

170 BACHELARD vertritt einen für unseren Kontext wenig zielführenden exklusiven Wissens- und Wissenschaftsbegriff. Er schreibt: „Eine *wissenschaftliche Erfahrung* ist also eine Erfahrung, die der *gewohnten* Erfahrung *widerspricht*." (BACHELARD [1938] 1987, S. 44 [Hervorh. im Original]) Seine Konzeption des epistemologischen Bruches (*cou-*

Im Folgenden wird zunächst die Unterscheidung in eine noetische und eine noematische Wissenschaftsauffassung dargelegt. Anschließend werden Differenzen und Ähnlichkeiten zwischen den beiden wissenschaftlichen Ansätzen in ihrem Verhältnis zum Orientierungs- und Praxiswissen von Lehrer(inne)n aufgefächert. Ein wichtiger Bezugspunkt ist dabei das für den Lehrberuf geltende Herausforderungsprofil, und im Besonderen der oben gewählte Ausschnitt daraus, nämlich das Anstoßen und Begleiten von Lernprozessen und die dafür für relevant erachtete Wissenstypik.

2.2 Zur noematischen Wissenschaftsauffassung

Nach der heute weithin anerkannten ergebnisorientierten „noematischen" Wissenschaftsauffassung werden allgemeingültige Aussagen über (bspw. soziale) Wirklichkeiten angestrebt; normative Aussagen sind zu vermeiden.[171] Die Wissenschaft wird als (die einzige) Garantin für verallgemeinerbare, das heißt in der Regel wertneutrale, repräsentative, reliable, valide und objektive Aussagen

pure épistémologique) behauptet nicht nur die strikte Trennung zwischen alltäglicher bzw. natürlicher und wissenschaftlicher Erfahrung. Er geht auch von der Notwendigkeit einer Art Initiation zur Teilhabe an der Wissenschaft aus; ein *„wissenschaftlicher Geist"* könne sich, so der französische Erkenntnistheoretiker, erst dann vollends ausbilden, wenn sich kraft einer „kognitiv-affektive[n] Regulation" des Psychischen (BACHELARD [1938] 1987, S. 54) eine *„Rationalisierung* der Erfahrung" (ebd., S. 83 [Hervorh. im Original]) eingestellt habe: „[D]er Geist unternimmt hier Erkundungen, die sich der Anschauung des realen Raumes eigenwillig entziehen, die sich eigenwillig von der unmittelbaren Erfahrung lösen und sogar in offenem Widerspruch zur stets unsauberen, immer gestaltlosen primären Realität stehen" (ebd., S. 42). Wenn in der *Bildung des wissenschaftlichen Geistes* unablässig von „vorwissenschaftlichen Träumereien" (ebd., S. 147 [Hervorh. im Original]), den „zurückgebliebenen Wissenschaften" (ebd., S. 178) oder „subjektiven Wucherungen" (ebd., S. 340) die Rede ist, so macht dies deutlich, dass BACHELARD zwar nicht mehr von einem *kontinuierlichen* Fortschritt der Wissenschaftsentwicklung ausgeht, der von ihm anvisierten Wissenschaftlichkeit aber dennoch ein optimal hohes Maß an Objektivität zubilligt. Immer wieder werden die in seinem Buch zitierten Forscher des 18. Jahrhunderts von BACHELARD infantilisiert (vgl. insbes. ebd. S. 79) – entsprechend wird der „konkreten Stufe" innerhalb des von ihm aufgestellten „Dreistufengesetzes für den wissenschaftlichen Geist" das „kindliche oder mondäne Gemüt" zugeordnet, welches „von naiver Neugier beherrscht" (ebd. S. 42) sei. Neben der zweifelhaften und unwissenschaftlichen Metaphorik (bspw. „zurückgebliebene Wissenschaften") ist auch die Abwertung des „Kindlichen" in unserem Kontext nicht statthaft.

171 Vgl. den sog. „Werturteilsstreit" (siehe unten).

befunden. Eine Ergebnissicherung bzw. die Bestätigung, dass eine Theorie für verallgemeinerbar befunden wird, wird als durch wissenschaftlich korrekt ausgewiesenes, nämlich streng kontrolliertes, methodisches Vorgehen gewährleistet angesehen. Die Vorstellung von Empirie ist in der Regel am der Experimentalwissenschaft entlehnten Erfahrungsbegriff orientiert und folgt bisweilen metrischen Gesetzen. Nach noematischer Auffassung gilt wissenschaftlich generiertes theoretisches Wissen für wissenschaftlich definierte Sachverhalte grundsätzlich und allgemein, also unabhängig von jeweils praktisch-konkreten Entscheidungen und deren Bedingungen.[172] Die Wissenschaftsentwicklung wird als ein immanentes Fortschreiten aufgefasst. Im Falle der Pädagogik wird die universelle Gültigkeit wissenschaftlicher, empirisch belegter sowie theoretischer Aussagen von der Situationsbezogenheit der Erziehungs- und Unterrichtspraxis, der Flüchtigkeit eines jeweiligen Bedingungsfelds pädagogischen Urteilens und Handelns und von den subjektiven Herangehensweisen der Akteure und Akteurinnen abgegrenzt.[173] Die Begriffe Einmaligkeit und Allgemeingültigkeit markieren nach noematischer Auffassung also die Scheidelinie zwischen Wissenschaft(-lichkeit) und Alltags- resp. Erziehungs- und Unterrichtspraxis.

Auch sog. qualitative, bspw. objektiv hermeneutische Forschungsansätze[174] oder die Qualitative Inhaltsanalyse[175], in denen Allgemeingültigkeit im Sinne einer zu einem endgültigen Abschluss gekommenen Konsensfindung über einen Forschungsgegenstand angestrebt wird, sehen ihre wissenschaftlichen Interpretationen als „positiv" oder „gesichert", also als „objektiv", an bzw. sie halten eine solche Objektivität für möglich.

Die verschiedenen wissenschaftlichen Ansätze gehen allerdings in Hinblick auf die Ansprüche, die hier als noematische beschrieben werden, sehr unterschiedlich weit. Insbesondere die sog. qualitativen noematischen Forschungsansätze ziehen aus der Allgemeingültigkeit, die sie beanspruchen, grundsätzlich nicht dieselben Schlüsse wie quantitativ angelegte. Die jeweilige Methodik und Methodologie bestimmt den Anspruch auf Allgemeingültigkeit.

Historisch gesehen wenden sich die Natur- und Sozialwissenschaften bis heute mit einem noematischen Anspruch von philosophischen (und damit auch von noetischen, s.u.) Ansätzen, Theorien und Ergebnissen ab, denen sie Spekulation, Subjektivismus und Normativität vorwerfen. Empirische Forschungsergebnisse

---

172 Vgl. Ryle 1969, S. 35
173 Vgl. die von Neuweg (2010) systematisierten Differenzkonzepte.
174 Oevermann 2000
175 Mayring 2003

werden indes als wissenschaftlich *gesichertes Wissen* bzw. als evidenzbasiert angesehen.

Genau so, nämlich als ein noematischer, wurde eingangs der Modus beschrieben, wie derzeit bildungspolitisch und in vielen Projekten der Qualitätssicherung
und -entwicklung im Bildungsbereich auf wissenschaftliche Ergebnisse rekurriert
wird. Eine noematisch ausgerichtete Wissenschaft stellt also in erster Linie Daten
bereit, die in einer durch bildungspolitischen, schulorganisatorischen oder pädagogischen Handlungsbedarf bestimmten Situation als Grundlage für strukturelle
Entscheidungen fungieren können. In Hinblick auf den Schulunterricht werden
heute bspw. das Expertenhandeln[176] und das schulisch gerahmte Lernen (insbesondere die Lernergebnisse) breitflächig noematisch erforscht.

Die Frage, inwiefern unter wissenschaftlichen Maßgaben generiertes, verall-
gemeinertes und insbesondere numerisch abgefasstes Wissen dazu herangezogen
werden kann, planmäßig Einfluss auf die pädagogische Praxis zu nehmen, wird
im Rahmen der noematischen Wissenschaftsauffassung kontrovers diskutiert.[177]
Neben diesbezüglich sehr kritischen Positionen wird wissenschaftlichen Theorien
und Ergebnissen bisweilen auch eine große Praxisrelevanz im pädagogischen Feld
zugesprochen.

Letztes trifft etwa auf kybernetische, steuerungstheoretische und systemische
Theoriezusammenhänge wie auch auf die aus diesen abgeleiteten, makro- wie
mikrosystemischen Steuerungsmodelle[178] zu. In einer „Steuerungstheorie"[179] soll
die Aufbau- und die Ablauforganisation einer öffentlichen oder politisch-gesell-
schaftlichen Einrichtung nach den Prinzipien der Rechenschaftspflicht (accountability), Verantwortlichkeit (responsibility) und der Transparenz von Strukturen
bzw. Prozessen (transparency) erfasst werden. „Dem normativen Gebrauch von
Governance [scil. engl. „Steuerungstheorie"] liegt die Annahme zugrunde, dass
durch den vermehrten Einsatz neuer Steuerungsformen Effizienz und Effektivi-

---

176 Die Novizen-Expertenforschung befasst sich mit der Evaluation der Organisation bestimmter Arbeitsformen etc., die sie auf deren Effektivität hin überprüft.

177 Fritz Oser (1997b, S. 226), der federführend an der Aufstellung der Standards für die
Lehrer(innen)bildung mitgewirkt hat, weist auf die Schwierigkeit hin, die Zuverlässig-
keit standardisierter Leistungserhebung vorauszusagen, und warnt vor einem „Zweck-
Mittel-Aberglauben". Allerdings kann auch von der pädagogischen Praxis gesagt werden, dass sie der „Forderung des individuellen Falles" nicht zureichend nachkommen
kann, da die Handlungsspielräume eingeschränkt sind. (Vgl. bereits Herbart [1802]
1969, S. 285)

178 von Saldern 2010, S. 61 f.

179 „Steuerungstheorie", engl. „governmental theory" und „governance" lat. gubernare,
gleichbedeutend mit griech. κυβερνάω: das Steuerruder führen; vgl. „Kybernetik".

tät erhöht und generell staatliche Handlungsfähigkeit wiedergewonnen werden kann."[180]

2.2.1 Noematische Modelle zur Lehrer(innen)bildung

Es ist unverkennbar, dass der sehr stark rationalistisch ausgerichtete noematische Wissenschaftsansatz wohl kaum mit dem der Kindheitsforschung kompatibel ist, wie es oben skizziert wurde.

Der im Rahmen der noematischen Forschungsrichtung bisweilen vertretene Anspruch, (zwar keine Praktiken vorzustrukturieren, aber) Rahmenrichtlinien und Vorgaben (bspw. Leistungserwartungen) für die pädagogische Praxis zu formulieren, wird schon aus den eigenen Reihen in Frage gestellt. So kommen noematisch angelegte Studien, wie bspw. solche, die unter dem Vorzeichen „Teachers matter!"[181] durchgeführt wurden, zu Resümees wie dem folgenden: „[...] angesichts des komplizierten Geflechts der Wirkfaktoren, die zu Lernzuwächsen beitragen, zu einer belastbaren Aussage zu kommen, ist methodisch ungeheuer schwierig."[182]

Im Folgenden werden zunächst die im Feld der Lehrer(innen)bildung maßgeblichen Argumentationslinien der gängigen, als noematisch zu bezeichnenden Konzepte Kompetenzentwicklung, Standardisierung und „subjektive Theorien" dargestellt.[183] Diesen Konzepten gemeinsam ist, dass sie die Entwicklung der Reflexionskompetenz als „[...] Schlüsselkomponente und Leitvorstellung von Professionalität"[184] anzielen. Die Konzepte lassen sich jedoch, entgegen der folgenden notwendig linearen Darstellung, weder als in sich einheitlich begreifen noch sind sie scharf voneinander abgrenzbar.

2.2.1.1 „Kompetenzen"

Pädagogische Normen werden heute vornehmlich im handlungs- und anwendungsorientierten Kompetenzbegriff sowie im Konzept einer kompetenzbasierten

---

180 VON BLUMENTHAL 2005, S. 1163. Vgl. auch den „new public management"-Ansatz
181 Dt. „Auf die Lehrer(in) kommt es an!" (vgl. bspw. www.oecd.org/education/school/ attractingdevelopingandretaining effectiveteachers-finalreportteachersmatter.htm)
182 TERHART 2007, S. 215
183 Damit geraten die Potenziale der hier als noematisch beschriebenen Konzepte zur Lehrer(innen)bildung ins Hintertreffen.
184 STEINER 2004, S. 239

Professionalität gefasst, denen in Schule und Lehrer(innen)bildung eine Schlüsselstellung zugewiesen wird. Maßgebend ist hier die kognitivistische Auffassung, nach der Kompetenzen als Kognitionen näher bestimmt sind. Genauer wird die Kompetenzentwicklung nach dem kognitionspsychologischen Ansatz als der Aufbau komplexer personbezogener, sozialer, fachlicher – im Fall der Lehrer(innen) bildung auch didaktisch-pädagogischer – und dabei situationsspezifischer operationaler Schemata verstanden, in denen Situationsinterpretationen und Handlungsmöglichkeiten unter der Vermittlung kognitiver Konzepte zueinander in Beziehung gesetzt werden. Nach WEINERT (2001) basieren Kompetenzen auf Fertigkeiten, die durch verantwortungsvolles Handeln (Üben, Transfer, Anwendung etc.) zu Fähigkeiten weiter- und zu Kompetenzen hochentwickelt werden. Als für den Kompetenzaufbau zentral gilt die Orientierung an jeweils gegebenen Anforderungen.

Andreas FREY (2006) stellt die aktional angelegte Kompetenzentwicklung in einem Schema dar, in dem Tätigkeiten durch Reflexionsschlaufen (im Schema als Pfeile) erfasst werden:

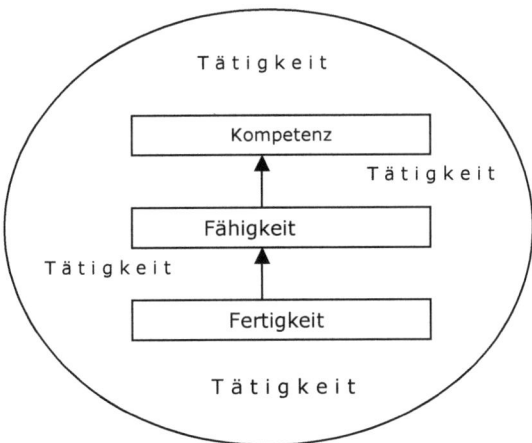

Abbildung 1   Aufbau von Handlungskompetenz, Quelle: FREY 2006, S. 32

Die Kompetenzentwicklung wird also an die Übernahme von Verantwortung geknüpft, die selbstverständlich an Anwendungssituationen und an eine Zuschreibung von Zuständigkeiten gebunden ist.

Im deutschsprachigen Raum ist die folgende Begriffsdefinition für Kompetenzen von Franz E. WEINERT (2001) gängig: Kompetenzen sind die „[…] bei Individuen verfügbaren oder durch sie erlernbaren kognitiven Fähigkeiten und Fertigkeiten, um bestimmte Probleme zu lösen, sowie die damit verbundenen motivationalen, volitionalen und sozialen Bereitschaften und Fähigkeiten, um die Problemlösungen in variablen Situationen erfolgreich und verantwortungsvoll nutzen zu können."[185] Motivationale, volitionale und soziale Bereitschaften werden hier unter dem Gesichtspunkt des gesellschaftlichen (bspw. schulischen) Erfolgs gesehen und mit Schulwissen verknüpft. Es wird davon ausgegangen, dass Kompetenzen sowohl auf den Handlungsfähigkeiten und auf dem Handlungswissen der Individuen basieren als auch die persönlichen Entwicklungsmöglichkeiten vorgeben. Sie sind als realitätsgeprüftes Bewältigungskönnen an die Individuen gebunden. Zugleich fungieren Kompetenzen als eine implizite Argumentationsstruktur, innerhalb derer „Erfolg" und die „Problembewältigung" nicht von den Individuen, sondern von gesellschaftlichen Anforderungen her konzipiert werden.

Eine Kompetenzentwicklung beschränkt sich daher nicht auf eine Vermittlung von (Handlungs-)Wissen, etwa in einer Fachdisziplin, sondern sie ist auch ein Instrument zur Beurteilung einer Persönlichkeitsstruktur, die für fähig oder unfähig befunden wird, an sie herangetragene (gesellschaftliche) Anforderungen zu bewältigen, und die gehalten ist, ihre Kompetenzen entlang vorgegebener Erwartungen weiterzuentwickeln.

Eckart Liebau (2003) kritisiert am gängigen Kompetenzbegriff dessen verzwickte Doppelstruktur: „Kompetenz ist das Ergebnis von Kompetenz – fähig wird man dann, wenn man zuständig, d.h. verantwortlich wird."[186] Im Kompetenzbegriff werde also ein Fähigkeitsprofil gefasst, das in Bezug auf die Kompetenzentwicklung immer schon vorausgesetzt sei. Anders, eine Person besitze immer dann die Kompetenz, eine Aufgabe zu bewältigen oder ein Problem zu lösen, wenn die Erfordernisse der Situation mit ihren individuellen Fähigkeiten koinzidierten. Das sich (erst noch) bildende Subjekt trete hier also gegenüber den (von außen an es herangetragenen, gesellschaftlichen) Anforderungen, die es kompetent zu erfüllen habe, in den Hintergrund. Mit der Kompetenzentwicklung werde also, so stellt es Liebau (2003) heraus, – in einer doppelten Verwerfung des Individuums – die gesellschaftliche Zurichtung einer Persönlichkeitsstruktur beschrieben und mit der Forderung nach Anpassung verbunden. Demnach ist die Kompetenzentwicklung kein Bildungs-, sondern (allenfalls) ein Erziehungskonzept.

Hinreichend bekannt ist indes, dass die Motivationen und sozialen Bereitschaften von Schüler(inne)n nicht zwangsläufig auf die Unterrichtsgeschehen in der Schule, auf das Erlangen von Schulwissen und gesellschaftlich für relevant befundenes Handlungswissen gerichtet sind. Indem die Kompetenzentwicklung

---

185 Weinert 2001, S. 7
186 Liebau 2003, S. 424

der Schüler(innen) auf der einen Seite diesen selbst bzw. ihrem Selbstlernen oder ihrer Selbsterziehung überantwortet wird, und auf der anderen Seite eine der Lehrperson schlicht abverlangte Arbeitsleistung ist, werden die mit den (oft nicht unbedingt immer schulförderlichen) Motivationen und sozialen Bereitschaften von Schüler(inne)n verbundenen pädagogischen Herausforderungen schlicht übergangen. Die individuelle Lernentwicklung und Bildung wie auch das dieselbe ermöglichende pädagogische Verhältnis rücken damit aus dem Blickfeld schulisch gerahmten Lernens. Das heißt, die Pädagogik greift in Bezug auf das Bildungsziel einer Kompetenzentwicklung nicht mehr.

Mit dieser Kritik korrespondiert der an den kognitionspsychologisch fundierten Kompetenz- bzw. Bildungsbegriff herangetragene Vorwurf,[187] fern aller pädagogischen Orientierungen an Effizienz- und Konkurrenzmodellen ausgerichtet zu sein. Zu dem von kognitivistischen Modellen abgeleiteten psychometrischen und outputorientierten Kompetenzbegriff – genauso wie im Übrigen auch zum traditionellen, also neuhumanistischen Bildungsbegriff – wird kritisch angeführt, dass damit eine Ausblendung nicht bewusstseinsfähiger, nicht verbalisierbarer und metrisierbarer Aspekte von Lernen und Wissen einhergehe.[188] Der kognitivistische Kompetenzbegriff bringe in allen Lebensbereichen, für die er Geltung beanspruche, eine Übersteigerung des gemütsarmen strategischen Denkens und eine Überbetonung des Kalküls mit sich.[189] Diese Kritik lässt sich auch anhand der Tatsache belegen, dass die Kompetenzentwicklung im Kontext von Lehrer(innen)-bildung und Schule nicht selten zu theoriearmem Training[190] verkürzt wird. Ähnlich wird dem traditionellen neuhumanistischen Bildungsbegriff vorgewor-

---

187 So wird bspw. der den sehr breitflächig rezipierten und bildungspolitisch hochrelevanten PISA-Studien zugrunde liegende (kognitivistische) Kompetenz- bzw. Bildungsbegriff von verschiedenen Seiten hinterfragt. Die mittlerweile ausgreifende wissenschaftlich fundierte Kritik an den PISA-Studien bezieht sich ferner auf methodologische, methodische und verfahrenstechnische Aspekte. (Vgl. bspw. JAHNKE & MEYERHÖFER 2006 oder Publikationen von Klaus KLEMM etc.)

188 Vgl. aktuelle bildungstheoretische, -philosophische und -wissenschaftliche Ansätze.

189 Im Jahr 2006 wurde das breitflächig Schwerpunktprogramm 1293 der DFG „Kompetenzmodelle zur Erfassung individueller Lernergebnisse und zur Bilanzierung von Bildungsprozessen" eingerichtet, von dem man sich eine weitere Klärung dieser Frage aus noematischer Sicht erwartet. SCHOTT & GHANBARI (2008) orientieren sich bspw. bei ihrem Kompetenzstrukturmodell an fachdidaktischen Aufgabenbeschreibungen.

190 „Training" ist eine zumeist planmäßige Ertüchtigung mit dem Ziel, die körperliche, kognitive und emotionale Konstitution einer Person in der Weise zu verbessern, dass eine erhöhte Leistungsfähigkeit und möglichst langfristig stabile Anpassungserscheinungen an ein bestimmtes Anforderungsprofil (zumeist an die körperliche Leistungsfähigkeit) erreicht werden.

fen, seine Auslegung als eine bloß eigennützige (Selbst-)Präparierung der „sich Bildenden" für den Arbeitsmarkt und das Streben nach gesellschaftlicher Selbststeigerung nahezulegen.[191] Die an einer persönlichen und an einer gesellschaftlichen Entwicklung orientierten Aspekte von Bildungsprozessen wie auch deren gemeinschaftlich-soziale Bedeutung blieben dann unterbelichtet. Des Weiteren wird argumentiert, dass der Bildungsbegriff in sich selbst widersprüchlich und aufgrund historischer Desavouierungen, wegen der Schwierigkeiten bei seiner Operationalisierung und aufgrund seines inflationären Gebrauchs sogar bereits ausgehebelt sei.[192] Dem Bildungsbegriff wird ferner attestiert – und dies trifft auch auf die heute kursierenden idealtypischen Kompetenzmodelle und Kriterienkataloge zu leistungsförderlichen Lernbedingungen wie auch auf die Maßgaben zu deren empirischer Überprüfung zu – weder etwas über eine gelingende Pädagogik noch etwas über den individuellen Kompetenzerwerb auszusagen.[193]

Dennoch lässt sich Erziehung und Schule nach wie vor nur durch den neuhumanistischen Bildungsbegriff begründen. Dies gilt vor allem dann, wenn es nicht um den Erwerb von Anwendungswissen, sondern um die Befähigung zur eigenen Urteilsbildung und zur verantwortungsbewussten Entscheidung geht. Der traditionelle Bildungsbegriff, der auf Persönlichkeitsbildung abhebt und sich zugleich als ein Modus der Übernahme sozialer Verantwortung versteht und vom Emanzipationsgedanken getragen ist, kann in der Schule allerdings aufgrund ihrer qualifizierenden, allozierenden, selegierenden gesellschaftlichen Funktionen (s.o.) und der genannten begriffskritischen Aspekte immer nur gebrochen Gültigkeit beanspruchen.[194]

Wissenschaftlich ist jedenfalls nicht geklärt, inwiefern eine kompetenzorientierte Lehrer(innen)bildung überhaupt zielführend ist: „Weder die Hoffnung, die für den Lehrberuf notwendigen Kompetenzen empirisch bestimmen zu können, noch die Hoffnung, dass sich aus [diesen Kompetenzkatalogen …] Ausbildungsprogramme deduktiv ableiten lassen, haben sich bisher einlösen lassen. Die Bestimmung von Ausbildungsprogrammen ist letztlich ein normativer Akt"[195].

Dennoch ist die Konjunktur von Kompetenzmodellen in den diversen Bildungsbereichen weltweit unübersehbar. Ein Beispiel dafür sind die umfangreichen Standardisierungsbemühungen in diesem Feld in Deutschland.

---

191 Vgl. MASSCHELEIN & RICKEN 2003
192 Vgl. MASSCHELEIN & RICKEN 2003
193 Vgl. EDER & ALTRICHTER 2009, S. 306 f.
194 Vgl. KRAUS 2010
195 CRIBLEZ 2003, S. 332

2.2.1.2 „Standards" und „Standardisierung"

Modelle zur Standardisierung haben in verschiedenen Bereichen eine globale Flächenwirkung gezeigt. Nach Jürgen OELKERS & Fritz OSER (2001) sind Standards notwendige professionelle Handlungskompetenzen, die in unterschiedlichen und komplexen Situationen zur Anwendung kommen (müssen). OSER (1997a, S. 28) definiert Standards in professionellen Zusammenhängen wie folgt: „Wir meinen also, Standards seien optimal ausgeführte bzw. optimal beherrschte und in vielen Situationen anwendbare Fähigkeiten und Fertigkeiten, die nur von Professionellen Verwendung finden können, aber nicht von Laien oder von Personen anderer Professionen". Standards seien sowohl optimal ausgeführte wie auch optimal beherrschte und in vielen Situationen anwendbare professionelle Fähigkeiten und Fertigkeiten. Sie zeichneten sich ferner dadurch aus, auf ihre Kompatibilität mit pädagogischer Theorie und Empirie und in ihrem Bezug auf deren Qualität wie auch in ihrer Praktikabilität ausgewiesen zu sein. Die Unternehmung einer Standardisierung berufsrelevanten Wissens geht davon aus, dass dieses aus solchen komplexen Wissensstrukturen zusammengesetzt ist, die Spezialwissen noch übergreifen. „Wissensbestände, die in absolut notwendiger Weise angeeignet werden müssen und die hierin auch einem handlungsorientierten Gütemaßstab standhalten, nennen wir Standards. Standards sollen in komplexen und unterschiedlichen Situationen zur Anwendung kommen. Nur Experten verfügen über Standards, und insofern ein Laie ohne jegliche Voraussetzung das Gleiche in gleich guter Weise tun kann wie ein Professioneller, kann man nicht von Standards sprechen. Standards sind einerseits durch Leistungs- und Qualitätsniveaus geprägt, andererseits können sie auch Richtschnur für die Ausbildung und deren Evaluation werden"[196].

Standards, insbesondere Bildungsstandards, die für Schüler(innen) – und nicht nur für Spezialist(inn)en – gelten, seien heute zentrale Steuerungselemente bei der Bildungsplanung.[197] Die Standardisierungsbemühungen in Hinblick auf Schulleistungen und die Eignungsabklärung und Selektion von Studierenden wie auch von Lehrer(inne)n im Dienst greifen immer weiter Raum.[198] Die kursierenden Standardlisten (OSER, KMK etc.) werden auch als die Grundlage für diverse Steuerungsdokumente, wie bspw. für die Erstellung der Modulhandbücher etwa für die Lehramtsstudiengänge herangezogen.

---

196 OSER 1997a, S. 27 f.
197 WACKER, MAIER & WISSINGER 2012
198 Vgl. BROMME & PRENZEL 2014

In Hinblick auf die Lehrer(innen)bildung sollen professionelle Standards dem verbreiteten empirisch erhobenen Vorwurf ihrer Beliebigkeit und Oberflächlichkeit entgegenwirken.[199] Einschlägig für ihre Einführung waren Studien zu Persönlichkeitsmerkmalen von Lehrer(inne)n, wie etwa die von Johannes MAYR & Angelika PASEKA (2002), die gezeigt hat, dass sich Introversion, starke neurotische Tendenzen und ein geringes Ausmaß an Selbstkontrolle der Lehrer(innen) negativ auf Unterrichtsqualität und Berufszufriedenheit auswirken. Die auf die Veröffentlichung der Ergebnisse solcher Studien hin entwickelten Inventare zur Persönlichkeitsbeschreibung von Lehrer(inne)n werden heute durch psychometrische Kompetenzmodelle gestützt und Assessmentverfahren zugänglich gemacht. Unter dem Gesichtspunkt ihrer Standardisierung werden Kompetenzen nicht wie Persönlichkeitsmerkmale als statisch, sondern, und dies ist allerdings rein hypothetisch, als entwickelbar verstanden. Für einen standardisierten Kompetenzaufbau werden (psychometrisch) relevante Handlungskompetenzen erhoben, die in Qualitäts- oder Entwicklungsstufen aufgeschlüsselt werden. Diese werden dann wiederum metrisch mit dem Verlauf und mit der Dauer der Ausbildung in Beziehung gesetzt. Solche Standards und Standardisierungen sind auf sehr ähnliche Weise kritisch zu sehen wie Kompetenzmodelle (s.o.).

2.2.1.3 „Subjektive Theorien"

„Subjektive Theorien" werden als komplexe Kognitionssysteme mit expliziter Argumentationsstruktur, von denen angenommen wird, dass sich darin die Welt- und Selbstsicht eines Erkenntnissubjekts manifestiere, näher bestimmt.[200] Der Ansatz zur Lehrer(innen)bildung, der von den „subjektiven Theorien" der Lehrer(innen) ausgeht, versteht sich von der Berufspraxis her, auf die er vorbereiten will.

Professionalität wird hier von einem starken epistemologischen Subjektmodell her gedacht, das an Sprach- und Kommunikationsfähigkeiten, Reflexivität und Rationalität orientiert ist.[201] Im Bewusstsein der Akteure und Akteurinnen bilde sich ab, was für ihr Handeln konstitutiv sei; das Subjekt werde durch seine eigenen Handlungsfähigkeiten[202] und (positiven) Entwicklungsmöglichkeiten[203] konstituiert. Die „subjektiven Theorien" von Lehrer(inne)n zu Schule, Schüler(inne)n,

---

199 OELKERS & OSER 2001
200 GROEBEN 1988a
201 Vgl. GROEBEN et al. 1988
202 GROEBEN 1986
203 GROEBEN 1988b

Schulunterricht und zu dort vorfindlichen interaktiven Prozessen korrespondier-
ten mit wissenschaftlichen Theorien.[204]

Eine Lehrer(innen)bildung, die mit „subjektiven Theorien" arbeitet, von denen angenommen wird, dass sie in der Unterrichtspraxis handlungsleitend sind,
will diese mit wissenschaftlichen Theorien und Ergebnissen abgleichen.[205] Die
Erhebung „subjektiver Theorien" erfolgt bisweilen im Modus des „lauten Denkens", in der Regel aber als eine nachträgliche Verbalisierung von alltäglichen
Schul- und Unterrichtssituationen wie Lehr-Lernprozessen und Problemlösungs-
ansätzen etc. Retrospektive Berichte können durch Leitfadeninterviews, mithilfe
der Struktur-Lege-Technik, durch Selbst-Konfrontations-Interviews oder in der
videographisch gestützten Konfrontation einer Lehrperson mit ihrem Unterrichtshandeln erhoben werden. Sie gelten als ein adäquater Bezugspunkt einer
reflexiven Lehrer(innen)bildung in allen Phasen. Damit sind allerdings die folgenden Probleme verbunden:

- Es werde schlicht vorausgesetzt, dass die professionsrelevanten sozialen Zustände und Handlungen in handlungsbezogenen (Selbst-)Aussagen adäquat
  repräsentiert werden könnten.[206]
- Die Vorstellung, dass „subjektive Theorien" in der methodisch gestützten
  konsensuellen Rückkoppelung eines psychologischen Gegenstands mit einem
  „objektiven", wissenschaftlich gestützten Konzept erfasst werden können, ist
  rein hypothetisch.
- „Subjektive Theorien" stehen als Alltagskonzepte von Einzelpersonen, die
  nicht unbedingt intersubjektiv geteilt werden, in einem engen Verhältnis zu
  deren individuellem Erfahrungsschatz; sie fundierten die Selbstsicherheit und
  die impliziten Selbstwirksamkeitserwartungen einer Person und seien somit
  ein Teilaspekt ihrer unantastbaren Integrität[207].
- In einer Kritik an den „subjektiven Theorien" praktisch tätiger Pädagog(inn)en
  wird eventuell die Dignität ihrer professionellen Praxis und ihre Professionalität in Frage gestellt.
- Werde, bspw. im Rahmen der Lehrer(innen)bildung, mit „subjektiven Theorien" operiert, so lege dies vermeintlich therapeutisches Handeln nahe,[208] das

---

204 Vgl. bspw. GROEBEN & SCHEELE 1982 und SCHEIRING 1998.

205 Vgl. GROEBEN & SCHEELE 1982

206 BREUER 1995, S. 161

207 Es soll hier nicht in Frage gestellt werden, dass es unter Umständen notwendig sein
   kann, die subjektiven Theorien der Professionellen den Anforderungen an professionelles Handeln hintanzustellen.

208 GROEBEN 1988b

hier jedoch keiner Methode folgt und somit „wild", nicht ausgewiesen und in seinen Folgen nicht voraussehbar ist.

- In „subjektive Theorien" sind „Vertrautheitsfallen" (s.o.) gleichsam eingelagert, die der Dignität des pädagogischen Handelns bisweilen empfindlich im Weg stehen, da sie ein professionelles Sich-Einlassen auf Differenzen im pädagogischen Arbeitsfeld behindern und es sogar unmöglich machen. Um dies zu vermeiden, sollten „subjektive Theorien" keinesfalls zu professionellen Werkzeugen erklärt werden.

- Die Entwicklung einer individualisierten Didaktik, die der Tatsache gerecht wird, dass individuelle „subjektive Theorien" in immer wieder wechselnden praktischen Zusammenhängen auf die Probe gestellt und gegebenenfalls modifiziert werden, stellt noch ein Desiderat der Forschung dar.

Die „subjektiven Theorien" von Studierenden, Lehramtsanwärter(inne)n und Lehrer(inne)n im Dienst auf den Prüfstand zu stellen, wie dies derzeit breitflächig unter dem Zeichen des „guten Lehrers", der „guten Lehrerin", der „guten Schule" und auf evaluative Weise geschieht, erscheint also als fragwürdig. Es sollte vielmehr darum gehen, die Dignität pädagogischen Handelns in dem Sinne zu wahren, die „subjektiven Theorien" in ihrer ständigen Veränderung zu begreifen. In Hinblick auf die „Vertrautheitsfallen" in den „subjektiven Theorien" der Akteure und Akteurinnen ist in Betracht zu ziehen, dass die Tatsache, dass sich „Vertrautheitsfallen" insbesondere bei Referendar(inn)en und Lehrer(inne)n auftun, angesichts der großen Bedeutung der Unsicherheitsfaktoren in ihrem Arbeitsfeld nicht verwundern kann. Sich im Rahmen der Berufspraxis auf Vertrautes zu verlassen, ist ein zentraler Aspekt der Dignität dieser Praxis (s.o.). „Vertrautheitsfallen" sollten daher keinesfalls im noematischen Sinne als Forschungsergebnisse und als Evidenzen verhandelt werden. Wir kommen unten darauf zurück.

2.2.2 Kritik an der noematischen Wissenschaftsauffassung in der Pädagogik und Ausblick auf die noetische Alternative

Wie deutlich geworden sein sollte, geht die noematische Denkweise in erkenntnistheoretischer Hinsicht von einigen Axiomen aus, die Engführungen implizieren. Mögen diese Engführungen auch in Bezug auf viele Forschungsgegenstände als unproblematisch erscheinen, so eignen sie sich doch nur sehr bedingt für die Beschreibung von Erziehungs- und Unterrichtsprozessen und -praktiken, pädagogischen Beziehungen und Interaktionen wie auch kaum für die Modellierung einer darauf bezogenen (noetischen) Professional*isierung* (statt Professional*ität*).

Diese These soll im Folgenden unter breit angelegter Perspektive weiter ausgeführt werden.

Bei einigen Vorläuferpositionen ist die noematische Wissenschaftsauffassung erst in den 1980er Jahren breitflächig in die Kritik geraten. Dies hat seinen Grund vor allem darin, dass unter anderem im Zusammenhang der Risikoforschung und in sozial- und humanwissenschaftlichen Konzepten der letzten Jahrzehnte zunehmend diverse unberechenbare Faktoren menschlicher Existenz deutlich geworden sind. Es hat sich herausgestellt, dass im Zuge einer weitenteils technologisch basierten (und auf wissenschaftlichen Ergebnissen beruhenden) Umgestaltung der Welt durch den Menschen Kalamitäten erzeugt werden, zu denen selbstläufige, sog. „natürliche" Prozesse nicht geführt hätten. Die Störungs- und Gefahrenpotentiale zivilisatorischer Entwicklungen können offenbar nicht allein technologisch bewältigt werden; bspw. wird für eine gesellschaftlich „nachhaltige Entwicklung" die Übernahme von Teilverantwortungen durch mehr oder weniger alle gesellschaftliche Gruppen für notwendig erachtet.[209] Gesellschaften unterliegen heute auch in sozialer Hinsicht rasanten Veränderungen, die zu weitreichenden Instabilitäten und Unsicherheiten geführt haben und führen. Die sozialen Veränderungen werden bspw. als eine bald alle kulturelle Praktiken und Bereiche erfassende Pluralisierung der Lebensstile und zugleich als eine Individualisierung, als Traditionsbrüche sowie als die Folgen zunehmender Globalisierung (wie etwa Pandemien etc.) bei gleichzeitiger Virtualisierung der menschlichen Lebenswelten beschrieben.

Aus solchen Entwicklungen ergeben sich nicht nur ausgeprägt heterogene Lernausgangslagen der Schüler(innen), sondern auch diverse Formen einer Bildungsbenachteiligung und nicht zuletzt ungesicherte Zukunftsperspektiven vor allem in ökologischer, (etwa arbeitsmarkt-)ökonomischer und sozialer Hinsicht.

Gesamtgesellschaftlich gesehen besteht außerdem zunehmend Unklarheit in Bezug auf institutionelle, politische, ökonomische und soziale Zuständigkeiten und Verantwortlichkeiten. Angesichts der teilweise unsichtbaren und zudem vielfältig verflochtenen Instanzen der Macht, zunehmend auch in virtuellen Bereichen, besteht in den verschiedenen gesellschaftlichen Feldern eine wachsende Anomie und Unklarheit in Hinblick auf gesellschaftlich oder sozial relevante Entscheidungs(findungs)prozesse und -träger(innen).[210]

Ein Beispiel dafür sind die heute maßgeblichen Vorstellungen zur Bildung, die in der Regel nur nachrangig von erziehungswissenschaftlich oder pädagogisch ausgewiesenen Expert(inn)en, geschweige denn von den sich Bildenden selbst

---

209 Vgl. Bormann & de Haan 2008
210 Vgl. Foucault 1976, 1988, 1991

stammen. Die Gebieter(innen) sind hier in erster Linie transnationale politische oder ökonomische Organisationen wie die OECD oder die Europäische Union, die weniger oder gar nicht an pädagogischen oder bildungstheoretischen, als vielmehr an ökonomischen und/oder an gesellschaftspolitisch motivierten Maßgaben orientiert sind (sie begründen etwa ihre Vorgehen von der antizipierten demographischen Entwicklung her etc.).

Ferner steht heute die deutlich verstärkte Zugänglichkeit von gesellschaftlich relevantem wie irrelevantem Wissen, die der rasant sich verbreitenden Nutzung von Informationstechnologien zu verdanken ist, einer zunehmenden Spezialisierung in den verschiedenen Berufsfeldern gegenüber. Diese Zugänglichkeit ist mit einer Trivialisierung von vormals exklusivem Wissen in allen Lebensbereichen verbunden. Die aufklärerische Vorstellung eines enzyklopädisch angelegten Allgemeinwissens gilt in der heutigen Informationsgesellschaft resp. in Anbetracht der enormen Zunahme an handlungsrelevanten Wissensbeständen auf der einen, und einer diffusen Informationsflut auf der anderen Seite als überholt. Ehemals fundamentale Orientierungsgrößen wie Wahrheit, praktische Verantwortung etc. erscheinen heute weithin als relative (etwa kulturell bedingte).[211] So findet heute etwa die Eigenwertigkeit und die grundlegende Bedeutung von Allgemeinwissen für die Persönlichkeitsentwicklung im Zusammenhang formeller Bildung nur noch wenig Beachtung. Sie werden derzeit durch eine Orientierung an Fähigkeiten wie Recherche, Prioritätensetzung und an Fachkompetenzen (siehe Kompetenzentwicklung) ersetzt. Dadurch wird die Schule einer ihrer angestammten Funktionen weitgehend beraubt, nämlich ein Allgemeinwissen zu vermitteln, das der Persönlichkeitsentwicklung mit dem Ziel einer Übernahme auch von sozialer Verantwortung („Bildung") dient. Einer zeitgemäßen Auslegung wird damit der Boden entzogen.

In unterschiedlichen Zusammenhängen und auf globaler Ebene ist deutlich geworden, dass das menschliche Denken im Allgemeinen und die Wissenschaft im Besonderen die Wirklichkeit nur sehr ausschnitthaft reflektieren können. Der ethischen Implikationen gibt es viele.

Allgemein gesehen hat sich herausgestellt, dass insbesondere das Eingeständnis von Unsicherheiten und ein verantwortungsvoller Umgang mit dem Nicht-

---

211 Jacques DERRIDA (1972, S. 424) nennt hier: „[...] *eidos, telos, energeia, ousia* [Essenz, Existenz, Substanz, Subjekt], *aletheia*, Transzendentalität, Bewusstsein, Gott, Mensch usw.," die sich letztlich durch Differenzierungen, Komplexitäten, Verschiebungen, Kontingenzen und Brüche auszeichneten. Dabei verortet er die Differenz (differánce) im „Ich" selbst, da sich dieses verzeitlicht und verräumlicht. Das „Ich" *bilde sich* in einem Prozess der „Veranderung" und der „Entbildung". (Vgl. ZIRFAS 2001)

wissen in Hinblick auf nicht eindeutige und dem Erklärungswissen nur begrenzt zugängliche Handlungsprobleme zur wichtigen Ressource werden können.[212]

Nicht zuletzt habe auch die Wissenschaft als aufklärerisches Unternehmen ihre Versprechen nicht wirklich eingelöst. Da in Macht- und Produktionsverhältnisse eingelassen, mit Militär, Profit, patriarchalen und kolonialen Interessen verquickt und in extremistische, bspw. nationalsozialistische Machenschaften verwickelt halten einige kritische Stimmen sie sogar für diskreditiert.[213]

Jean-Francois LYOTARD ([1979] 1986) wendet sich mit seiner These vom sog. „Ende der großen Erzählungen" gegen die historisch privilegierten rationalen Wissensformen. Rationalistische Denksysteme der Moderne, die sich eines allgemeingültigen und absoluten Erklärungsprinzips (Gott, Subjekt, Vernunft, Systemtheorie, marxistische Gesellschaftstheorie etc.) bedienen, hält er für gescheitert. Denn sie zwängten das/die Einzelne und den Einzelnen unter eine allgemeine Betrachtungsweise, nach der die Besonderheiten eingeebnet würden. Diese kritische Position impliziert nicht zuletzt eine grundsätzliche Infragestellung deduktiver Vorgehen.

Aber auch die rein induktive Begründung (s.o.) etwa wissenschaftlicher Erkenntnisse erscheint heute als nicht haltbar. So wird etwa statuiert: „Im Lichte der experimentellen Methode erscheint die Erfahrung als konservativ"[214]. Es stellt sich etwa die grundsätzliche Frage, ob die Empirie als unabdingbare Grundlage der Wissenschaft überhaupt Erkenntnissicherheit resp. Evidenz in Hinblick auf zukunftsrelevante (soziale) Themen gewährleisten kann (wie es der noematische Denkansatz verspricht). So hat sich gezeigt, dass komplexe (soziale und/oder kulturelle) Sachverhalte nur bedingt analytisch aufgegliedert bzw. nach erfolgter Analyse gar nicht, nur teilweise, oder nur unzureichend wieder zur Synthese gebracht werden können. Für die Interpretation ein und desselben Beobachtungsdatums können unterschiedliche, und auch einander widersprechende Theorien plausibel sein.

In radikalen Ansätzen wird „Wissenschaftlichkeit" aus verschiedenen Gründen sogar für ein „transzendentales" Projekt gehalten.[215] – Für die vielen mit Blick auf das Unverfügbare und unter wissenschaftskritischen Vorzeichen ausgetragenen Kontroversen soll hier die Auseinandersetzung Karl R. POPPERS (1973), der dem Ansatz des logischen Empirismus nachhaltige Impulse gab, mit dem Wissen-

---

212 Vgl. HERZOG 1995, HELSPER et al. 2003, BONSS 2003, BÖHLE et al. 2004; BILSTEIN et al. 2007

213 Etwa ADORNO & HORKHEIMER ([1944] 1988)

214 HERZOG & VON FELTEN 2001, S. 23

215 Vgl. FEYERABEND 1976

schaftstheoretiker und -kritiker Paul FEYERABEND (1976) stehen, deren zentrales Ergebnis im „Fallibilismus" POPPERs gesehen werden kann: „[…] die Wissenschaft baut nicht auf Felsengrund. Es ist eher ein Sumpfland, über dem sich die kühne Konstruktion ihrer Theorien erhebt; sie ist ein Pfeilerbau, dessen Pfeiler sich von oben in den Sumpf senken – aber nicht bis zu einem natürlichen, *gegebenen* [Hervorh. durch K.P.] Grund. Denn nicht deshalb hört man auf, die Pfeiler tiefer hineinzugraben, weil man auf eine feste Schicht gestoßen ist: wenn man hofft, dass sie das Gebäude tragen werden, beschließt man, sich vorläufig mit der Festigkeit der Pfeiler zu begnügen."[216] Die „wissenschaftliche Methode" ist demnach kein *Königsweg* zur Erkenntnis. Der wissenschaftliche Erwerb von Wissen sei vielmehr ein Prozess fortgesetzter Korrektur. Das methodische Vorgehen sichere allein den sog. „wissenschaftlichen Status" von Forschungsergebnissen. Dieser bestehe nicht positiv in deren Beweiskraft, sondern allein in deren Falsifizierbarkeit und damit in der Überprüfbarkeit von wissenschaftlichen Ergebnissen.[217] Dieser Status ist auf der einen Seite der Auffassung POPPERs (1973) nach der einzig mögliche; auf der anderen Seite hält er die „wissenschaftliche Methode" für eine potenziell trügerische Gewähr für die Objektivität von Erkenntnissen.

In ihrem Bewusstsein der Vorläufigkeit von Urteilen und Wissensprofilen trifft sich diese Wissenschaftskritik nicht zuletzt mit dem alltäglichen Handlungs-, Orientierungs- und Weltwissen.

Zwar wird, in Wissenschaft wie Alltagspraxis, Selbstbescheidung nur selten explizit zum Ausdruck gebracht. Zugleich aber ist das Bewusstsein der erkenntnismäßigen Einschränkung in vielen Feldern der Alltagspraxis (zumeist implizit) doch für diese konstitutiv. Bspw. kann in einer Situation prinzipiell nur der richtig handeln, dem gegenwärtig ist, dass er sich auch nicht richtig verhalten könnte. Es kann sich einem anderen grundsätzlich nur verständlich machen wer mit dem Nichtverstehen durch das Gegenüber oder auch mit der Unverständlichkeit seiner Aussagen rechnet. Der Erwerb neuen Wissens setzt voraus, sich des eigenen Unwissens gewahr zu sein, nämlich dazu bereit zu sein, sich diesen Wissens zu entledigen. Alle Wissensformen, so auch das sprachlich-symbolisch repräsentierte Wissen, sind in ihrem Erwerb und in ihrer Anwendung prinzipiell und zentral davon bestimmt, welche Antwort sie auf die Frage geben, *wie* man eine Orientierung gewinnen kann, die gerade nicht (als common sense, Gewohnheit, „Vertrautheitsfalle" etc.) vorgegeben ist. Orientierende Entscheidungen sind sehr häufig nur ungefähr. Kurz, die Notwendigkeit, mit vielfältigen Unwägbarkeiten

---

216 POPPER 1973, S. 75 f.
217 Vgl. POPPER 1969, S. 37

umzugehen, spielt in Prozessen der Erkenntnisgewinnung allgemein eine zentrale Rolle.

Das wissenschaftliche Denken unterscheidet sich ferner auch insofern nicht von der Alltagsorientierung als es, wie es bspw. im Zusammenhang feministischer Wissenschaftskritik gezeigt wurde,[218] ebenfalls eine Form der Interaktion darstellt und (häufig unreflektiert und ungewollt) Interventionen mit sich bringt; so können wissenschaftliche Urteile etwa eine Zementierung wie auch eine Veränderung der Auffassungen über ihre „Objekte", und eventuell sogar auch der sozialen Verhältnisse herbeiführen.[219] Versteht man das wissenschaftliche Wissen als ein situiertes, so sieht man sich nicht zuletzt damit konfrontiert, dass es diverse Effekte im „Feld" zeitigt etc. Pierre BOURDIEU (2002) setzt sich daher dafür ein, dass den Fragen, Perspektiven und Erfahrungen derer, die bislang als wissenschaftliche „Objekte", nicht aber als die „Subjekte" der Erkenntnis in Erscheinung getreten sind, (im Sinne etwa von „empowerment") in der Wissenschaft Raum gegeben wird.[220]

Bei allen Ähnlichkeiten bestehen im Umgang mit dem Unwägbaren in wissenschaftlicher Forschung und im professionellen pädagogischen Handeln wie auch in Hinblick auf die Alltagsorientierung (etwa Lernprozesse) sehr große Unterschiede.

Empathie und Beziehung im Sinne von Fairness, wertschätzendem Kontakt und Kollegialität stellt die Grundlage professionellen Handelns im Lehrberuf dar. Diese Kompetenzen stehen aber nicht für sich. Sie sind vielmehr in solche soziale Verhältnisse eingebettet, in deren Mittelpunkt die gemeinsame und die individuelle Verantwortung für im Unterricht stattfindende Lehr-Lern-Prozesse steht.[221] Nicht nur die reflexiv-rationale Auseinandersetzung mit unterrichtlichen und pädagogischen Fragen, sondern auch ein implizites „know how" bzw. die „Findigkeit" (s.o.) gilt als Befähigung zur Übernahme dieser Verantwortung.[222] Die Fähigkeit, „findig" zu urteilen und zu handeln, kann nun aber nicht in überprüfbare Maßstäbe für das professionelle Handeln von Lehrer(inne)n überführt werden. – Hannah ARENDT (1960) bestimmt Handeln generell dadurch, „[...] einen Faden in ein Gewebe zu schlagen, das man nicht selbst gemacht hat"[223]. Handeln

218 BUTLER 2003, HARAWAY 1995, 1997, 2000 oder APTHEKER 1989

219 Vgl. BOURDIEU 2002

220 Auch HARAWAY 1995, 1997, 2000; APTHEKER 1989; HARDING 1991. Den Forschungsansatz der Kindheitsforschung kann man als ein Beispiel für dieses wissenschaftliche Anliegen ansehen.

221 Vgl. RHEIN 2010, S. 45

222 Vgl. BERGSTEDT et al. 2012

223 ARENDT 1960, S. 174

werde zwar vom Einzelnen begonnen. Es beziehe sich aber auf Andere, auf ein soziales Gefüge also, in dem es nicht nur seine Begründung und seine Fortsetzung finde, sondern das auch den Handlungsmodus mitbestimme. Handeln werde also stets intersubjektiv abgestimmt und sei somit an eine sozial vermittelte Haltung zurückgebunden. Seinen eigentlichen Ort habe jedes Handeln also in einem sozialen, zu ergänzen ist, auch materiellen Kontext, der die einzelnen Akteure übergreift und der zugleich an sie und ihr Handeln gebunden ist.

Rein logisch gesehen stehen das Individuum, andere und die Kommunität in einem Widerspruchsverhältnis zueinander (das Individuum ist nicht der jeweils andere und nicht die Kommunität). Die Beurteilungen einer Sache treten in der Alltagspraxis (und im pädagogischen Handeln) vielmehr als eine Art „tertium datur" auf, das vom Individuum weder induktiv noch deduktiv, sondern allenfalls abduktiv aus dem eigenen Handeln abgeleitet werden kann. Dies widerspricht ganz grundsätzlich der gängigen binär-logischen Auffassung eines *Entweder – Oder*, die etwa dem rationalen Verständnis von Welt zugrunde liegt und der sich die Wissenschaft verpflichtet fühlt. Auch in pädagogischen Kontexten wird die abduktive Logik sozialen Handelns häufig nicht zureichend bedacht.

Man kann also festhalten, dass die noematischen Vorannahmen, denen bspw. steuerungstheoretische und metrisierende Konzepte zur Lehrer(innen)bildung subsumiert werden, im Allgemeinen nicht kritisch genug reflektiert sind.

Einige der in dieser Hinsicht problematischen Punkte wurden oben angeführt. Im Folgenden werden noch weitere grundsätzliche Gründe dafür genannt, dass eine rein noematisch angelegte Forschung generell im Zusammenhang pädagogischer und unterrichtlicher Fragestellungen und Herausforderungen für problematisch gehalten wird:

- Der quantitativ-empirischen Lehr-Lernforschung sowie der Schuleffektivitätsforschung sind Vorstellungen von Schulunterricht, Hochschullehre und Bildungsarbeit implizit, die nicht in zureichender Weise realistisch, kritisch und zudem kaum auf ihre formativ-manipulativen Aspekte hin analysiert und reflektiert sind.[224]
- „Objektivität" setzt grundsätzlich voraus, dass ein Forschungsgegenstand von einem anderen definitorisch klar abgrenzbar ist. Dies gilt jedoch für ein pädagogisches Verhältnis, das grundsätzlich auf das Ziel einer Rollenumkehr hin angelegt ist, nicht. Rollenumkehr heißt hier, dass der einen Akteursgruppe die Orientierungen der anderen nicht nur verständlich, sondern sukzessive auch verfügbar gemacht werden. Bei der Erziehung spielen soziale Prozesse

---

224 Bspw. MEYER 2009

wie die Mimesis und andere Formen der Übernahme und Adaptation, auch die Transformation, die Abgrenzung, gerichteter Protest und Formen sozialer Einigung etc., kurz und wie bereits herausgestellt, Praktiken auf den diversen Spannungsfeldern und mit verschiedenen normativen Orientierungen eine zentrale Rolle. – Der antinomische Charakter pädagogischer Handlungs- und Entscheidungssituationen stellt sich logisch etwa als „tertium datur" oder als Abduktionen dar. Jedenfalls ist die für pädagogische Prozesse charakteristische Signatur situativ und individuell; es können kaum objektive, allgemeingültige Aussagen über ein individuelles pädagogisches Verhältnis getroffen werden.

- Stringenz bezieht sich nach dem noematischen Ansatz nur auf die rational-symbolische Reflexivität. So legt etwa Fritz OSER (1997a) den Gütekriterien der quantitativen empirischen Sozialforschung (also Objektivität, Reliabilität und Gültigkeit) das Konzept der „Wirklichkeit als Text"[225] zugrunde. Eine „Wirklichkeit als Text" im starken Sinne, so WULF & ZIRFAS (2007, S. 8), sei durch Vollständigkeit, Geschlossenheit, Eindeutigkeit und Linearität bestimmt. Für wissenschaftlich befunden würden wissenschaftliche Ergebnisse demnach dann, wenn sie diese Kriterien erfüllten. Die Unterrichtspraxis, so OSER (1997a), bestünde in einer Art „Text". Das heißt, im Unterricht würden, in klar definierbare Status Quo eingreifend und an bestimmten Entwicklungszielen orientiert, gezielt eindeutig bestimm- und abrufbare (etwa psychometrisch ermittelbare) Fähigkeiten und Fertigkeiten, Kompetenzen nämlich, eingeübt und abgeprüft. Die Tatsache, dass die pädagogische Wirklichkeit überhaupt als ein „Text" angesehen werden kann, wird schlicht vorausgesetzt. Der Grundgedanke von Pädagogik besteht aber darin, dass Kompetenzen innerhalb eines pädagogischen Beziehungsverhältnisses und auf den entsprechenden Spannungsfeldern erst ermittelt und weiterentwickelt werden. In pädagogischen Zusammenhängen ist eine gewisse (logische) Stringenz also nur dann erreichbar, wenn sie von den Akteur(inn)en im Feld selbst eingebracht und sogar hergestellt wird. Dies vollzieht sich weder notwendig eindeutig noch linear.

- Die praktische Pädagogik zielt auf die gelingende pädagogische *Beziehung*. Die noematische Wissenschaftsauffassung hingegen geht von der Möglichkeit einer analytischen *Kontrolle* über ihr jeweiliges Objekt aus. Letztes ist etwa dann der Fall, wenn eine summative Evaluation als abschließende Bewertung und Überprüfung des Erfüllungsgrades eines gesetzten Zieles zur Qualitätskontrolle von pädagogischen Einrichtungen oder Maßnahmen eingesetzt wird und divers Wirkung zeigt. Kontrolle und Steuerung sind aber Formen einseitiger sowie unterschwellig, oder auch offen autoritärer (bevormundender) zwi-

---

225 OSER 1997a, S. 215

schenmenschlicher Beziehungen, die den Bereich von Pädagogik keinesfalls abdecken. Es sind eher Abarten pädagogischer Beziehungen.

- Die Vorstellung, dass sich die sozialen Akteure und Akteurinnen ihrer eigenen perspektivisch verkürzten Wahrnehmungen nicht immer vollständig bewusst seien, diese aber objektiv nachvollziehbar wissenschaftlich rekonstruiert werden könnten, ist bizarr. Denkbar ist indes, dass von den Akteur(inn)en artikulierte Wahrnehmungen auf die in diesen gesetzten Akzente und auf perspektivische Verkürzungen hin erforscht werden.

- Soziale Beziehungen können zwar durchaus konventionell oder auch habituell strukturiert und festgelegt sein, ihnen kann aber keine Allgemeingültigkeit zukommen. Dem widerspricht die Auslegung der Ergebnisse noematisch angelegter Studien über soziale Beziehungen als empirisch gesichertes Wissen bzw. evident. Allgemeingültig können nur die Rahmenbedingungen sozialer Beziehungen nicht aber diese selbst sein. In sozialen Kontexten treten nichts weiter als *Referenzen* auf (eventuell nur vermeintlich) Allgemeingültiges auf, und nicht dieses Allgemeingültige als solches. Soziale Beziehungen im pädagogischen Feld sind in ihrer Einmaligkeit und in Hinblick auf die Allgemeingültigkeit ihrer Rahmenbedingungen und Implikationen immer wieder anders konstelliert.

- Individuelle Abweichungen, schemenhaft Vorliegendes und schwer Fassliches wie bspw. emotionale Befindlichkeiten, die in pädagogischen Zusammenhängen häufig handlungsleitend sind und das Lernen ganz zentral charakterisieren (s.o.), werden in Item-orientierten noematischen Studien in der Regel als Störfaktoren oder Fehlerquotienten o.ä. interpretiert.

- Validen und objektiven wissenschaftlichen Studien wird die von subjektiven Entscheidungen bestimmte alltagspraktisch ausgerichtete, einseitige, da kontextabhängige Berufspraxis des Lehrers, der Lehrerin schlicht gegenübergestellt. Rein logisch betrachtet wären beide Arbeitsfelder demnach schlicht nicht miteinander kompatibel.

- Schulunterricht wird in der Vorstellung, dass er sich durch externe Vorgaben zum Erfolg hin steuern lasse, technologisch ausgelegt. Eine gradlinige und beliebig reproduzierbare Anwendung erziehungs- und humanwissenschaftlicher Theorien auf praktische Herausforderungen, die sich Lehrer(inne)n stellen, und eine technologische Verkürzung des Schulunterrichts verbieten sich aber, da die Grundgedanken von Pädagogik und Bildung durch eine rein instrumentell und funktional gedachte Wissensvermittlung erodiert würden.

- Das Ethos des Lehrberufs kann unter der Voraussetzung, dass es im Sinne lebenslangen Lernens stets weiterzuentwickeln ist, unmöglich Outputcharakter haben bzw. weder für „gut" noch für „unzureichend" befunden werden. Denn „lebenslanges Lernen" ist eine Bereitschaft und kein messbares Kennzeichen.

- Die Dignität der Schulpädagogik und ihrer Reflexivität lässt sich grundsätzlicher betrachtet gar nicht durch wissenschaftliche Ergebnisse oder andere nicht unterrichtliche Ordnungen mit überindividuellem Gültigkeitsanspruch bestimmen. Im Gegenteil besteht die ethische Pflicht darin, diese Dignität vor sozialtechnischer Überformung zu bewahren. Andernfalls besteht bspw. die Gefahr, dass der praktischen Pädagogik die Chance genommen wird, die für sie wesentlichen reflexiven Potenziale zu entfalten und verschiedene Wissensformate auszubilden.

- Gegen eine Standardisierung und Auflistung von Beurteilungskriterien für „guten Unterricht", für eine „gute Schule" und nicht zuletzt für einen „guten Lehrer"/eine „gute Lehrerin" spricht ferner, dass die Humanwissenschaften als die für die praktische Pädagogik wichtigen Bezugswissenschaften die vordringliche Aufgabe haben, zu *erforschen*, was als gut und richtig bzw. was als falsch und unrichtig *gilt* und *wie sich* solche Vorstellungen *bilden*.[226] Solche Wertigkeiten als a priori gegeben anzunehmen, enthebt diese Wissenschaften und auch der Philosophie ihrer zentralen Aufgabe.

- Damit, dass gängige Theorien zu Unterricht und Unterrichtsentwicklung in der Regel von der Unterrichtsplanung her argumentieren, ist eine Unterbewertung des Prozesscharakters von Unterricht verbunden. Bspw. folgt Brian HUDSON (2008) mit seinem Vorschlag, die Unterrichtsforschung als „design science" auszulegen, einem allgemeinen Trend in den „Curriculum Studies", dem Pendant zu Bildungsforschung, Schulpädagogik und Allgemeiner Didaktik im englischsprachigen Raum. Die generelle Aufgabe der „design science" besteht darin, zu beforschen, welches Organisations-, Praxis-, und Weltwissen in das „Unterrichtsdesign" einer Lehrperson eingeht. Reflexiv nicht so einfach einholbare Dimensionen von Unterricht werden kaum in Betracht gezogen.

- Im Rahmen metrischer Ansätze wird in der Regel nicht mitbedacht, dass Unterricht ganz zentral durch verschiedene Wissensformate und durch die mit diesen verbundenen Transformationsprozesse und Wirkungsunsicherheiten bestimmt ist. An Unterricht angelegte „Standards" sowie eine am erhobenen Output (von Leistung) orientierte Diagnostik, Qualitätssicherung und Steuerung geben über zielführende Unterrichtswege keine Auskunft, auch wenn sie dies ihrem Begriff („Qualitätssicherung", „Steuerung" etc.) nach zu tun vorgeben. Zudem können die Verarbeitungstiefe und -breite bestimmter Lern- und

---

226 Vgl. BOHNSACK 2007

Bildungsprozesse über die Lernergebnisse, heute weitgehend als messbarer Output begriffen, weder erfasst noch gesteuert werden.

- Andere problematische Aspekte des noematischen Ansatzes wurden im Zusammenhang gängiger Konzepte zur Lehrer(innen)bildung dargelegt.

Steuerungstheoretische Modelle zur Lehrer(innen)bildung wie auch eine objektivierende Operationalisierung des Ethos des Lehrberufs verfehlen offenbar einige wesentliche Aspekte von Pädagogik wie auch der Beziehung, die zwischen der die Schulpraxis und die Pädagogik im Allgemeinen bestimmenden Reflexivität und der Wissenschaft besteht. Daher verbietet sich eine ausschließlich an Standardisierungen orientierte Modellierung von Lehr-Lernprozessen im Allgemeinen und eine solche der Lehrer(innen)bildung im Speziellen.

Ein wichtiger Grund dafür, dass die Probleme, die mit einer Anwendung von Theorie auf praktische pädagogische Herausforderungen verbunden sind, in der noematischen Perspektive keine Berücksichtigung finden, liegt offenbar darin, dass Erkenntnis hier ausschließlich als sprachlich-symbolisch repräsentiertes und methodisch gesichertes noematisches Wissen verstanden wird.

Wenn die in dieser Abhandlung in Frage stehende Verzahnung wissenschaftlicher Ansätze mit dem Praxiswissen von Lehrer(inne)n also kaum, wenn nicht sogar gar nicht vom Steuerungsgedanken getragen sein kann, so ergibt sich aus dieser Distanzierung noch keineswegs die häufig gezogene Schlussfolgerung, dass es verfrüht sei, die Lehramtsstudierenden bereits in der universitären bzw. ersten Phase *wissenschaftsorientiert* auf ihre spätere Berufs*praxis* vorzubereiten.[227] Diese Herausforderung lässt sich vielmehr anhand des noetischen Ansatzes angehen.

Allerdings haben die lange geistesgeschichtliche Tradition des rationalen Paradigmas und dessen philosophisch initiierte Etablierung nicht zuletzt durch eine sich auf den Aufklärungsgedanken stützende Politik historisch gesehen dazu geführt, dass die als rationalistisch beschreibbare, noematische Wissenschaft kaum hinterfragt ist. Das noetische Paradigma, das mit vielen verschiedenen Wissensformen und -formaten operiert, ist nicht wie das noematische in dieser Weise hinreichend eingeführt und geläufig.

---

227 Vgl. Dewe 1997, S. 221 ff.

2.3 Zur noetischen Wissenschaftsauffassung

Die Wegbereiter des noetischen Forschungsansatzes sind diverse philosophische und wissenschaftskritische Ansätze, die dem rationalen Wissenschaftsparadigma seinen unbedingten Geltungsanspruch absprechen oder diesen relativieren.[228] Bspw. hebt Ulrich OEVERMANN (2001) kritisch auf die Doppelstruktur rationaler Deutungsmuster ab: In diesen würde die Alltagspraxis anhand von Schlüsselkonzepten in Hinblick auf ihre Stimmigkeit interpretiert. Probleme, die logisch als Inkonsistenzen, Imponderabilien, Kontingenzen etc. aufträten, würden als prinzipiell von solchen Schlüsselkonzepten verschieden aufgefasst. Dies brächte es mit sich, dass sich unter Umständen die rationalen Deutungsmuster „[...] gegen Argumente wirksam abdichten, mit denen Inkonsistenzen in diesen Lösungen sichtbar gemacht werden können"[229]. In diesem Sinne lege es das rationale Forschungsparadigma auch nahe, einseitige, tendenziöse und von *partialen* Sichtweisen geleitete Urteile mit den Aushängeschildern einer *allgemeinen* Gültigkeit und *Objektivität* zu versehen.

Eine noetische Wissenschaft spricht hier von Extrapolationen, und sie will diese vermeiden und aufdecken, indem sie das „Subjekt" und die „subjektive Theoriebehauptung" („Noesis") auf der einen, und das „Objekt" und die „objektive Tatsachenbehauptung" („Noema") auf der anderen Seite nicht als Dualismus, sondern im Sinne eines dynamischen Spannungsverhältnisses auffasst. In methodologischer und methodischer Hinsicht hebt sie darauf ab, dass die menschliche Wirklichkeit in sehr weitreichender Weise durch Unwägbares, Unplanbares und somit durch nicht vollständig Quantifizier- und Metrisierbares bestimmt ist.

In Hinblick auf die Möglichkeiten und Wege einer theoretischen und wissenschaftlichen Berücksichtigung dieser Einsicht sieht die noetische Wissenschaft ein Desiderat.

Grundsätzlich will die noetische Wissenschaft zugunsten variabler Objektkonstitutionen, vielfältiger methodischer Zugänge und thematischer Orientierungen in Bezug auf das Monopol einer wissenschaftlichen „Metasprache" so weit wie möglich Verzicht leisten.

Der noetische Ansatz bezieht sich demnach in erster Linie auf Wissenschaft. Es geht weniger um das Alltagshandeln oder um das Handeln in den diversen professionellen Feldern. Zugleich wird das Theorie-Praxis-Verhältnis hier ganz

---

228 Eine Übersicht der wissenschaftskritischen Positionen im 20. Jahrhundert aus kulturwissenschaftlicher Perspektive gibt ROUSE 1999, siehe auch LEGGEWIE et al. 2011.
229 OEVERMANN 2001, S. 67. Er zieht allerdings andere Konsequenzen aus seinen Überlegungen, als die, die das noetische Forschungsparadigma mit sich bringt.

anders als nach dem noematischen Wissenschaftsmodell ausbuchstabiert. An die Stelle der Hypothesen- und Ergebnisorientierung tritt die Orientierung an der Perspektivität von Erkenntnis, wie bspw. deren Abhängigkeit von verschiedenen Wissensformen und -formaten, also eine „pluralistische" Epistemologie.[230]

Wir sind es durchaus gewohnt, unsere alltäglichen Erfahrungen als durch Kontingenz bestimmt anzusehen bzw. anzunehmen, dass etwas anders als erwartet eintreten kann. Der Hinweis darauf, dass auch Forschungssettings und deren Ergebnisse Inexaktes enthalten, ist aber nicht ganz so eingängig. Es sei noch selbstverständlich, dass vormals für gesichert befundenes Wissen durch nicht berücksichtigte Perspektiven oder durch neue wissenschaftliche Erkenntnisse in Frage gestellt werde.[231]

Ein vermeintlich gültiges Ergebnis kann etwa durch externe, diskursive[232] oder sonstige Entwicklungen wie etwa materiale oder kulturelle Kontingenz unterwandert und ausgehebelt werden. Manche Forschungsergebnisse stellen sich auch als in sich widersprüchlich heraus. Nach noetischer Auffassung sind aber nicht nur die Ergebnisse, sondern auch die Forschungsprozesse durch Kontingenz bestimmt. So können bspw. unberechenbar auftretende Veränderungen einer Erhebungs- oder Auswertungssituation, wie etwa unerwartete soziale oder

---

230 Vgl. BACHELARD 1974, S.O.

231 Vgl. RHEINBERGER 2006

232 „Diskurs" als Wort und in der Folge als Begriff hat in den verschiedenen Sprachen je andere Bedeutungen. Vielfältig sind auch die Ansätze einer Diskursanalyse. In Wörterbüchern finden sich die folgenden Umschreibungen des Begriffs: Engl. *discourse*: „written or spoken communication or debate", franz. *discours*: „un développement oral fait devant une audience, le plus souvent à l'occasion d'un événement particulier". Im Deutschen wird Diskurs im Sinne eines strukturierten Ensembles von Sprechhandlungen verstanden, in denen sprachliche Handlungsmuster in kommunikative Einheiten umgesetzt werden. Der in seinem Gebrauch schillernde Begriff „Diskurs" wird in dieser Abhandlung in Anlehnung an Michel FOUCAULT (1976) als all das näher bestimmt, was wir (mit bestimmten Gründen) für vernünftig, gegeben und für wahr halten. Ein Diskurs ist das Ergebnis eines (nicht unbedingt personengebunden initiierten und strukturierten) „Meinungsbildungsprozesses". Sprechen und Zweck im Sinne von (Macht-)Effekten sind also eng miteinander verknüpft. Die Diskursanalyse in Anlehnung an Michel FOUCAULT (1976) untersucht sprachliche (im Sinne von sozialen) Handlungen in Hinblick auf deren Regeln und Regelmäßigkeiten, die Aspekte von Wirklichkeitskonstruktion, die gesellschaftliche Verankerung und hinsichtlich historischer Veränderungen. Da sich ein solcher Zusammenhang besonders in Hinblick auf (Sprech-)Handeln in Institutionen gut nachvollziehen bzw. erforschen lässt, stellt im Allgemeinen die institutionell gerahmte Kommunikation das Hauptuntersuchungsfeld der Diskursanalyse dar.

natürliche Ereignisse, nachträglich zu berücksichtigende Wissensformate etc. den Verlauf und die Ergebnisse einer Studie beeinflussen. Ein Setting ist eventuell nicht vollständig gegenstands- oder methodenadäquat konzipiert oder bestimmte Wirkfaktoren sind darin nicht bedacht. In einen Forschungsprozess gehen unerkannt Orientierungen an Normen und Werten ein, die dessen wissenschaftlichen Anspruch teilweise oder sogar vollständig in Frage stellen. An einem wissenschaftlichen Vorgehen können auch ungelöste oder nicht berücksichtigte methodologische, methodische und verfahrenstechnische Probleme Wirkung zeitigen. In Bezug auf vormals für gesichert befundenes Wissen kann aufgrund von Fehlern bei der Verfahrenslogik oder durch solche bei der Auswahl eines Untersuchungssettings etc. Zweifel an dessen Richtigkeit aufkommen. Bisweilen gehen in einen Forschungsprozess Hypostasierungen oder andere, etwa inhaltliche oder methodische Unrichtigkeiten ein, durch die seine Ergebnisse mehr oder weniger desavouiert werden. Solche Mängel *unterlaufen* die Forschung. Oftmals liegen sie nicht auf der Hand und es bedarf einer kritischen Außensicht, um sie zu erkennen und zu reflektieren. Dennoch besteht die forschungsethisch begründete Pflicht darin, sie nicht zu übergehen oder gar zu vertuschen.

Unter noetischer Perspektive ist, wie gesagt, das Unbedachte integrales Moment und zugleich der zentrale Gegenstand noetischer Forschung. Es wird davon ausgegangen, dass nicht einkalkulierte und nicht planbare äußerliche Faktoren genauso wie solche, die einem Forschungsansatz selbst geschuldet sind, thematische, methodologische, methodische und/oder forschungspraktische Konsequenzen erforderlich machen.

Die noetische Auffassung der Wissenschaft geht also im Unterschied zur noematischen nicht von der Unbezweifelbarkeit von Daten aus. Sie will auch nicht auf *reine* Gedanken, Begriffe[233] oder Konzepte zurückgreifen. Unter der Prämisse, dass die Wahrheit nicht einfach vorgefunden und die Wirklichkeit (insbesondere die soziale) nicht schlicht empirisch erfasst werden kann, wird jede Situation und jedes Konzept vielmehr als von vielfältigen, auch teilweise unergründlichen Bedingungen und damit von (dem Umgang mit) Nichtwissen bestimmt angesehen. Die wissenschaftsgestützte Wissensentwicklung gilt als prinzipiell nicht abschließbar.

Nach dem Philosophen Herbert SCHNÄDELBACH (1983) zeichnet sich eine sog. „Forschungswissenschaft"[234] dadurch aus, in fortwährend prüfender Ungewiss-

---

233 „Die Begriffe warten auf uns nicht als schon bestehende, wie etwa Himmelskörper. […] Sie müssen erfunden, hergestellt oder vielmehr erschaffen werden und wären nichts ohne die Signatur derer, die sie erschaffen." (DELEUZE & GUATTARI 1996, S. 10)
234 SCHNÄDELBACH 1983, S. 118 ff.

heit über die Gültigkeit ihrer eigenen Prämissen zu bleiben;[235] BACHELARD (1974) spricht vom „Selbstbewusstsein der Wissenschaften".

Die noetische Wissenschaft widmet sich also der Rahmung von Forschung und zieht die Möglichkeit ganz anderer Rahmungen als die jeweils gegebene oder gewählte in Betracht. Ergebnisse wie Gegenstände der Forschung werden zudem als diversen potenziellen oder auch tatsächlichen Modifikationen unterworfen erachtet. Der bevorzugte Gegenstand der noetischen Wissenschaft ist die Auslotung des jeweiligen Geltungsbereichs von Forschungsergebnissen und Wissensbeständen. Insbesondere interessiert die methodologische, methodische, formale und inhaltliche Anlage einer wissenschaftlichen Studie. Auslassungen, forschungsimplizite Annahmen, Zielformulierungen und Vorausbedingungen werden kritisch in den Blick genommen. Es werden Möglichkeiten der Revidierung von Forschungsergebnissen ermittelt und differente Sichtweisen, nachträgliche Fokussierungen einer Forschungsfrage und neue Fragen aufgeworfen. Unter noetischer Perspektive betrachtet sind Kritik, die Herausarbeitung von Perspektivität, wie etwa kulturelle Überformungen einer Aussage und nicht zuletzt die Ermittlung der Folgen wissenschaftlich generierten Wissens in sozialer, individualpsychologischer oder anderer Hinsicht prävalenter Gegenstand wissenschaftlichen Arbeitens. In Betracht gezogen wird, dass verschiedene Denk- und Gesellschaftsverhältnisse, kulturelle Traditionen und disziplinäre Kontexte, soziale Umwelten, natürliche Bedingtheiten, Forschungsansätze und -instrumente sowie technologische Möglichkeiten diverse wissenschaftliche Interessen und Wissensformate mit sich bringen, durch die ein Forschungsprozess beeinflusst wird.

Kurz, nach dem noetischen Ansatz gilt „Wissenschaft" als selbstreflexiv resp. als stets mit ethischen, metatheoretischen und methodologischen Fragen befasst. Im Vordergrund des Interesses steht die Generierung, Begründung und Anwendung von wissenschaftlichem Wissen und nicht dessen schlichter Bestand. Bei der noetischen Rekonstruktion von Wissensbeständen finden ferner, wie schon erwähnt, die zu einer bestimmten Wirklichkeitsdeutung oder zu einem Forschungsverfahren denkbaren Alternativen Berücksichtigung.

Zugleich ist die noetische Wissenschaft nicht nur mit wissenschaftlichen Konstruktionsprozessen befasst, sondern auch an den Logiken und Kontexten der Praxis, also an alltagspraktischen und -theoretischen Prozessen, Vollzügen und Entwicklungen interessiert.

Definite Wissensbestände werden auf ein geteiltes Orientierungs- und Praxiswissen zurückgeführt, welches (nur) in einem gesetzten Rahmen Gültigkeit beanspruchen kann. Die Ermittlung diskursimmanenter und/oder kontextbezogener

---

235 HERZOG 2005, S. 313

Geltungsrahmen ist das Anliegen noetischer Forschung. Die Evidenz von Wissen und die Prüfkriterien dazu sind nach noetischer Auffassung aber weder schlicht gegeben noch sind sie jemals ein für alle Mal gesichert; sie sind vielmehr Teil der jeweils eingenommenen konzeptuellen Perspektive. Explizites und kognitiv verfügbares Wissen wird zudem als von impliziten, subluminalen, nur mittelbar der Reflexion zugänglichen Faktoren begleitet angesehen. Die noetische Forschung widmet sich insbesondere solchen „schweigenden"[236] Zusammenhängen. So wird etwa jede Entscheidungs- oder Entwicklungsdynamik, auch die der noetischen Forschung, auf den Umgang mit Nichtwissen, auf Fehlannahmen und auf Unwägbarkeiten etc. hin befragt.[237]

Bisweilen werden auch gezielt Settings erstellt, die es möglich machen, theoretische Annahmen auf die Probe zu stellen und Praktiken in „abduktiver", also in noch nicht hinreichend eingeführter Weise zu reflektieren.[238]

Da die noetische Forschung nicht auf allgemeine Ergebnisse abzielt, spricht sie noematisch für allgemeingültig befundenen Gütekriterien von Wissenschaft – wie Objektivität, Reliabilität, Validität und Repräsentativität – auch der Konsensfähigkeit, nur eine relative Gültigkeit zu.

Für gesichert befundenes Wissen wird jedoch damit keinesfalls desavouiert. Es ist unbestreitbar, dass in wissenschaftlichen Zusammenhängen wie auch im Alltag mit definiten Wissensbeständen und Erkenntnissen operiert wird. Diese strukturieren nicht zuletzt unsere Lebenswelt, die Alltags- und Berufspraktiken wie auch wissenschaftliche Ansätze und Verfahren.

Im Folgenden werden die Konzepte „Wissensformate", „Epistemologie" vertiefend sowie „Paradigma" und „Paradigmenwechsel" einführend zur näheren Beschreibung noetisch angelegter wissenschaftstheoretischer Positionen dargelegt. Es handelt sich um Referenzpunkte neben anderen (hier nicht erwähnten), und weniger um Gütekriterien noetischer Wissenschaft. In Bezug auf die Gütekriterien unterscheiden sich, wie wir sehen werden, die verschiedenen noetischen Ansätze voneinander.

2.3.1 „Wissensformate" und „Wissensformen"

Unter der Perspektive, dass ein Phänomen nicht als solches, ein Gegenstand nicht als solcher erforscht werden können, wird die Aufgabe (noetischer) wissenschaft-

---

236 Vgl. BERGSTEDT et al. 2012
237 Vgl. BÖHLE et al. 2004; BILSTEIN et al. 2007, HELSPER et al. 2003, HERZOG 1995
238 Vgl. auch BECK 1983

licher Forschung im Besonderen darin gesehen, Wissensformen und die an einen Gegenstand angelegten Wissensformate herauszuarbeiten.

Grundsätzlich steht Wissen in einem begrifflichen, fachlichen, situativen etc. Kontext. Es kann sich aber auch selbstläufig entwickeln, etwa wenn ein bestimmter Sachverhalt in einem neuen Kontext gewusst wird. Ein und derselbe Gegenstand ist in verschiedenen Begriffs- und Anwendungsfeldern (und nicht zuletzt auch in den entsprechenden Wissenschaften) in unterschiedlichen Wissensformaten gefasst. Das heißt, Sachverhalte, Phänomene, Gegenstände etc. werden jeweils in einer ganz bestimmten Weise gewusst. Unser Orientierungs- und Praxiswissen ist von unseren Wissensformaten abhängig. Wissensformate sind aus verschiedenartigen Wissensformen zusammengesetzt.

Grundsätzlich werden explizite und implizite Wissensformen unterschieden:[239] Als *explizite* gelten solche Wissensformen, über die ein Subjekt strategisch verfügt und solche, die es sprachlich ausdrücken kann. Explizites *deklaratives* Wissen etwa bezieht sich auf Fakten und kann in Form von Aussagesätzen beschrieben werden. Explizites *semantisches* Wissen ist abstraktes Weltwissen. Explizites *episodisches* Wissen ist die artikulierbare Erinnerung an eine erlebte Situation. Unter explizitem *Bekanntheitswissen* (wissen, warum) versteht man ein Wissen darüber, warum sich eine Sache so verhält wie es (wenn auch bisweilen nur augenscheinlich) der Fall ist. Auf explizites Wissen werde bspw. dann Bezug genommen, wenn einem (Denk-)Gegenstand der Charakter einer (gesicherten) Erkenntnis zu- oder auch abgesprochen werde.[240] *Implizites* Wissen (auch „*schweigendes*"[241] Wissen) indes ist nicht in dieser Weise verfügbar. Jürgen FUNKE-WIENEKE (2004) bestimmt es als ein Wissen näher, das in eigenkörperlichen Bewegungen gründet. Es umfasst das über die Sinne vermittelte *sensorische* Wissen wie auch das *prozedurale* Wissen um Körperpraktiken, ferner das *Wissen um Dynamiken* und Entwicklungen wie bspw. um die Eigendynamiken von Phänomenen. Darin eingeschlossen sind das *instrumentelle* Wissen (wissen, wie) und das *konditionale* Wissen zur situationalen Abhängigkeit von Handlungen (wissen, wann). Implizit verfügen wir auch über ein *symbolisch-präreflexives* Wissen um die *kontextuellen* Bedeutungen von Praktiken, Sachverhalten und Vorstellungen.[242]

Verschiedene Wissensformen verbinden sich etwa im auf bestimmte Gegebenheiten oder Vorstellungen bezogenen Orientierungs-, Quell-, Prozess- oder Strukturwissen oder sie treten als Handlungs-, Interaktions-, Identitäts-, Werte-,

---

239 Vgl. VOGEL (1998), dem die folgenden Ausführungen entnommen sind.
240 BONSS 2003, S. 22
241 Vgl. BERGSTEDT et al. 2012
242 Vgl. HACKL 2006 und die Publikationen von MEYER-DRAWE etc.

Produkt-, Experten- und Führungswissen, oder als Organisations- und Milieu-wissen etc. auf.

Erich WENIGER ([1929] 1975), ein Vertreter der geisteswissenschaftlichen Päd-agogik, geht davon aus, dass Realitätskonstruktionen und Wissensformen präzise identifizierbar und voneinander abgrenzbar sind. Diese Auffassung ist die im Bereich der Pädagogik vorherrschende. Bernhard WALDENFELS (1990) hingegen rekurriert auf einen erweiterten Rationalitätsbegriff, der überhaupt alle in sich schlüssigen Zusammenhänge umfasst; – er schreibt: „Dabei verstehe ich Rationa-lität im weitesten Sinne als den Inbegriff sinnhafter und regelhafter, verständlicher Zusammenhänge, die sich in verschiedenen Rationalitätsfeldern und Rationali-tätsstilen ausbreiten."[243] Er spricht allgemein von „Rationalitätstypen"[244], die ana-lytisch nicht präzise voneinander abgrenzbar seien. Neben kognitiv gesteuerten seien nicht bewusste, nicht intentionale, instinkthafte und automatisierte etc. Wis-sensformen in Betracht zu ziehen. Verschiedene Wissensformen bzw. „Rationali-tätstypen" diffundierten miteinander, beeinflussten, behinderten oder förderten sich gegenseitig, gingen miteinander Liaisons ein, schalteten sich gegenseitig aus, modifizierten einander etc. Sie zeigten sich an Phänomenen, bestimmten (etwa sozial gerahmte) Praktiken. Sie könnten auch, bspw. in wissenschaftlichen Unter-suchungen, erst erzeugt werden.

---

243 WALDENFELS 1990, S. 192

244 Ludwik FLECK (1980, S. 130) spricht von „Denkstilen" als ein „[…] gerichtetes Wahr-nehmen, mit entsprechendem gedanklichen und sachlichen Verarbeiten des Wahr-genommenen". Mit FLECK ist etwas „wahr" immer nur innerhalb eines bestimmten kulturellen Umfeldes, „Denkkollektive" und kulturgeprägte Denktraditionen. Laut FLECK kann die Logik wissenschaftlicher Forschung nicht rational und formal rekon-struiert werden. Der Denkstil lege fest, was innerhalb des Kollektivs als wissenschaft-liches Problem, evidentes Urteil oder angemessene Methode gelte. Der Denkstil legt demnach fest, was innerhalb einer Gruppe bis hin zur Gesellschaft als Problem gilt, wie darauf angemessen reagiert (Methode) und wie es beurteilt wird. Auch Wahrheit wird in dieser Weise bestimmt. Was als Wahrheit gelte, könne nur in der stilgemäßen Auflösung von Problemen bestimmt werden: „Solche stilgemäße Auflösung, nur sin-gular möglich, heißt Wahrheit. Sie ist nicht ‚relativ' oder gar ‚subjektiv' im populären Sinne des Wortes. Sie ist immer oder fast immer, innerhalb eines Denkstils, vollständig determiniert. Man kann nie sagen, derselbe Gedanke sei für A wahr und für B falsch. Gehören A und B demselben Denkkollektive an, dann ist der Gedanke für beide ent-weder wahr oder falsch. Gehören sie aber verschiedenen Denkkollektiven an, so ist es eben *nicht derselbe* Gedanke, da er für einen von ihnen unklar sein muß oder von ihm anders verstanden wird." (FLECK 1980, S. 131)

Wissensformen oder -formate können demnach tradierte Wissensbestände genauso wie (Hilfs-)Konstruktionen und Methoden, es können implizite oder explizite Kontextdaten etc. sein.

Wissensformate bestimmen, mit welchen Erkenntnissen und mit welchen Phänomenen, Gegenständen und Ergebnissen im wissenschaftlichen Kontext überhaupt *gerechnet* werden kann. Dies gilt ganz allgemein in Bezug auf unser Wissen über die Welt. Bei der wissenschaftlichen Generierung neuen Wissens wie auch bei der Überprüfung vorgefundenen Wissens ist das, *was* erforscht (bzw. das Vorwissen) und die Art, *wie* geforscht (bzw. die Methodologie und Methode) wird, durch die jeweiligen Fragestellungen und die angewandten Methodologien und Methoden mit vorgegeben und vorstrukturiert.

Der Gegenstand der (noetischen) Forschung besteht darin, solche Wissensformate herauszuarbeiten. Nach dem von Wolfgang BONSS, Rainer HOHLFELD & Regine KOLLEK (1993) vor dem Hintergrund soziologischer Theoriebildung erarbeiteten sog. „kontextualistischen Modell der Wissenschaftsentwicklung" werden etwa wissenschaftliche Tatsachen, Theorien und Texte in Abhängigkeit von ihren jeweiligen sozialen, praktischen und kognitiven Kontexten analysiert, in denen sie Geltung erhalten oder beanspruchen.

In Kraft treten Wissensformen und Rationalitätstypen bzw. Wissensformate dadurch, dass in irgendeiner Weise – verbal, materiell etc. – auf sie verwiesen wird. Eine Sache gibt also umso deutlicher Zeugnis von einem bestimmten Wissensformat ab als die Art, wie dieses Wissen generiert wurde, an ihr erkennbar ist (ein Fahrzeug, das zusammengeschraubt, ein Manuskript, das überarbeitet, ein Vogelnest, das gewirkt ist, etc.).

Eine Rekonstruktion von (generierten) Wissensbeständen erfolgt nach einem solchen kontextualistischen Verständnis von Wissenschaft mit dem Ziel, reflexives Wissen zu erzeugen. Dabei werden sowohl die an bestimmten Phänomenen festgestellten wie auch die bei ihrer Rekonstruktion angewandten Wissensformate ermittelt.

Ein wichtiger Gegenstand noetischer Forschung im Bereich von Unterricht, Schule und Lehrer(innen)bildung besteht darin, die für den Lehrberuf relevanten Wissensformate herauszuarbeiten. Dabei ist unter noetischer Perspektive insbesondere der Umgang mit dem für diese Berufspraxis mitkonstitutiven Nichtwissen in den Blick zu nehmen.[245]

---

245 Vgl. BÖHLE et al. (2004) und HERZOG 2005, S. 314

2.3.2 „Epistemologie"

Epistemologie[246] ist ursprünglich ein grundlegendes Teilgebiet der Philosophie, in dem die Frage im Mittelpunkt steht, woher Wissen – auch in der Wissenschaft – rührt, was unter Wissen zu verstehen ist und wie sich Wissensansprüche legitimieren.

Im Speziellen wird unter Epistemologie, nach Gaston BACHELARD (1974), die empirische/historische Vermitteltheit der Erkenntnistheorie und die normative Wirksamkeit eines Gedankens, einer Theorie oder eines wissenschaftlichen Ansatzes verstanden.[247] BACHELARD (1974) setzt dem Neopositivismus seiner Zeit das Argument einer je eigenen „regionalen" Rationalität von Wissenschaft entgegen und spricht von „epistemologischem Pluralismus". Damit will er vor allem der

---

246 „Epistemologie", griech.: ἐπιστήμη Wissen, Wissenschaft, wahre Erkenntnis und λόγος Wort, Rede, Lehre

247 Im Rahmen der Sozialwissenschaften wurde weniger um die Frage gestritten, ob wissenschaftliche Urteile etwa in gesellschaftlichen Kontexten Wirkung zeitigten als darum, ob es statthaft ist, im Rahmen von Wissenschaft normative Aussagen über Sachverhalte zu treffen. So vertraten als Hauptkontrahenten Max WEBER und Werner SOMBART gegenüber Gustav SCHMOLLER im um die Wende zum 20. Jahrhundert geführten Werturteilsstreit die These, dass die Forschung von wertender Betrachtung getrennt werden müsse; es könne „[...] niemals Aufgabe einer Erfahrungswissenschaft sein [...], bindende Normen und Ideale zu ermitteln, um daraus für die Praxis Rezepte ableiten zu können." (WEBER 2004 [1922], S. 47) Die Sozialwissenschaften sollten weder normativ verbindliche Aussagen über politische Maßnahmen treffen noch sollten politische Handlungen wissenschaftlich gerechtfertigt werden können. In den 1960er Jahren kam es unter den Vertretern der „Kritischen Theorie"/„Frankfurter Schule" (Theodor W. ADORNO und Jürgen HABERMAS) und des „Kritischen Rationalismus" (Karl POPPER und Hans ALBERT) zu einem sog. „Zweiten Werturteilsstreit" bzw. „Positivismusstreit", wobei POPPER seine, von ADORNO als „Positivismus" bezeichnete Position einen „Kritizismus" nannte. Konsens besteht zwischen beiden Positionen darüber, dass bei einer wissenschaftlichen Theorienbildung Werturteile immer eine Rolle spielten. Während nach der vom Kritischen Rationalismus vertretenen Auffassung das Ziel der Sozialwissenschaft darin besteht, gesellschaftliche Probleme zu lösen und gesellschaftliche Missstände zu beseitigen, vertritt die „Frankfurter Schule" die Auffassung, dass die der Gesellschaft zugrundeliegende Totalität auszumachen wäre, die diese Probleme und Missstände verursachte. Diese Totalität bestehe aus Widersprüchen (Klassengegensätzen), die der Kritische Rationalismus irrigerweise dem Gesellschaftsbegriff der kritischen Theorie statt der Gesellschaft selbst anlaste. Nur durch Aufhebung dieser Widersprüche ließen sich die wahren Ursachen der Missstände beseitigen, und nicht lediglich, wie der Kritische Rationalismus es vertrete, die oberflächlichen Symptome dieser Ursachen.

Tatsache gerecht werden, dass sich wissenschaftliche Konzepte in ihren Begriff-lichkeiten, Methoden und Methodologien nicht nur als solche, sondern auch in Hinblick auf die sehr vielfältigen Möglichkeiten ihrer Anwendung voneinander unterscheiden.[248] Statt allgemeine und gültige Regeln für die Gewinnung von Er-kenntnissen aufzustellen, sei vielmehr das zu analysieren, was wissenschaftliche Erkenntnisleistungen in der Vergangenheit behindert habe. In diesem Sinne lässt sich die Epistemologie als ein Forschungsansatz auslegen.[249]

BACHELARDS Ansatz lässt sich insbesondere mit qualitativer empirischer For-schung in Verbindung bringen, die darauf abzielt, die von Forscher(inne)n jeweils eingenommenen Standpunkte und den jeweiligen Forschungskontext (kritisch) mit zu reflektieren. Während quantitative Ansätze in der empirischen Sozial-forschung von theoretischen Hypothesen und Items ausgehen, die in Praxiszu-sammenhängen methodengestützt empirisch überprüft werden, werden anhand qualitativer Ansätze in der Regel methodisch gestützt Formen und Aspekte der Konstruktion sozialer Wirklichkeiten in pädagogischen Feldern herausgearbeitet. Theorien werden im Rahmen der qualitativ empirischen Forschungspraxis oft erst generiert bzw. bereits bestehende Theorien werden erweitert. Ferner hat die quali-tative Forschung das im Sinne von BACHELARDS „épistémologie" ausbuchstabier-bare Ziel, in Auseinandersetzung mit empirischen Daten die zu deren Erhebung und Interpretation angesetzten Methodologien und Methoden zu hinterfragen, sie gegebenenfalls zu modifizieren, oder sie auf der Basis von im Feld erhobenen Daten neu zu disponieren.

So wäre etwa der Standpunkt des Erkenntnissubjekts im Zusammenhang päd-agogischer Fragestellungen epistemologisch (und damit „pluralistisch") näher zu bestimmen, der den „Kindern als Akteuren" (Kindheitsforschung), der pluriva-lenten Normativität und den Differenzgeschehen etc. im Feld gerecht wird.

Denkt man den epistemologischen Ansatz weiter, so kann unter Umständen auch der Blick eines Praktikers, einer Praktikerin strukturbildend in die Wissen-schaft eingehen.

---

248 Vgl. SMITH, DI SESSA & ROSCHELLE 1993
249 Vgl. die Analyse der Normativität erkenntnistheoretischer Ansätze durch Helen E. LONGINO (2001). Sie hebt auf die soziale Konstitution von Wissen auf pluralistischer, gleichzeitig kontextualisierter, nicht relativistischer Grundlage ab. Das sozialisierte Verständnis der Wissensproduktion führt Longino in der philosophischen Praxis selbst durch, indem sie ihren eigenen Reflexionsweg durch die gesamte Analyse hin-durch transparent darstellt, alternative und konträre Positionen aufzeigt und diese nach analytischer Begriffsklärung normativ ausschließt.

2.3.3 „Paradigma" und „Paradigmenwechsel"

Unter einem „Paradigma"[250] versteht man ein Beispiel, Vorbild, Muster, Vorurteil, eine Weltsicht, Modellvorstellung und Leitmeinung.

Im Zusammenhang von Wissenschaftstheorie wird der Begriff in erster Linie mit Thomas S. KUHN in Verbindung gebracht. KUHN (2009 [1962]) entfaltet die These, dass sich wissenschaftliches Denken durch sog. „Paradigmenwechsel" bestimmen lässt. Damit profiliert er einen Begriff von Wissenschaft, der nicht auf den stetigen Zugewinn von Erkenntnis ausgerichtet ist. Die Wissenschaftsgeschichte wird nicht als eine kontinuierliche Entwicklung angesehen. Das, was Wissenschaft *ist* oder *soll*, könne gar nicht endgültig bestimmt werden. Eine solche Bestimmung sei vielmehr Ergebnis eines niemals abschließend gefundenen Konsenses einer wissenschaftlichen Gemeinschaft darüber, was zu beobachten und was zu überprüfen sei, welche Art von Fragen in Bezug auf ein Thema aufgebracht und wie diese gestellt würden und wie die Ergebnisse einer wissenschaftlichen Untersuchung zu interpretieren seien. Unter einem „Paradigma" werden also solche Annahmen, Methoden und grundsätzlichen Positionen gefasst, auf deren Grundlage die Einigung darüber erfolgt, was Wissenschaft *ist* oder *soll*. – Dabei eignet dem Begriff eine eigentümliche Doppelsinnigkeit: „Einerseits steht er für die ganze Konstellation von Meinungen, Werten, Methoden usw., die von den Mitgliedern einer gegebenen Gemeinschaft geteilt werden. Andererseits bezeichnet er ein Element in dieser Konstellation, die konkreten Problemlösungen, die, als Vorbilder oder Beispiele gebraucht, explizite Regeln als Basis für die Lösung der übrigen Probleme der ‚normalen Wissenschaft' ersetzen können."[251] Giorgio AGAMBEN (2009, S. 13) spezifiziert das Paradigma als eine „Disziplinarmatrix" näher, also als „[…] das, was die Mitglieder einer wissenschaftlichen Gemeinschaft miteinander teilen, eine Gesamtheit von Techniken, Modellen und Werten" auf der einen Seite. Auf der anderen Seite stehe der Begriff „[…] für ein einzelnes Element dieser Gesamtheit […]: für ein Element, das, als gemeinschaftliches Beispiel dienend, an die Stelle ausdrücklicher Regeln tritt und so eine bestimmte, in sich geschlossene Forschungstradition definiert".

Eine wissenschaftliche Praxis kann so sehr an ein jeweils geltendes Paradigma gebunden sein, dass die Lösung von Problemen und deren Lösungsregeln implizit durch das Paradigma vorgegeben sind. KUHN (2009 [1962]) spricht in diesem Fall von sog. „Normalwissenschaften". Trete bei einer Problemlösung eine Krise auf, so

---

250 „Paradigma", griech.: παράδειγμα, παρά neben und δείκνυμι zeigen, begrifflich machen.

251 KUHN (2009 [1962]), S. 186

schrieben diese es in der Regel der mangelnden Professionalität der wissenschaftlich forschenden Person oder den noch zu optimierenden wissenschaftlichen
Methoden zu. Wenn aber eine „außerordentliche Wissenschaft" auf eine solche
Krise antworte, stelle sie die wissenschaftlichen Grundlagen, auch wissenschaftstheoretischen Axiome auf den Prüfstand. Dann könne es zu einem Paradigmenwechsel kommen, bei dem das in der Disziplin gerade vorherrschende Paradigma
verworfen und durch ein adäquateres ersetzt werde.

KUHN (2009 [1962], S. 98 und S. 161) setzt den „Paradigmenwechsel" mit sog.
„Gestaltwechseln" in Beziehung, also mit dem plötzlichen Wechsel von der einen
zu einer anderen Wahrnehmung: Mit „wissenschaftlichen Revolutionen" könnten
sich nicht nur die Theorien und die wissenschaftliche Praxis, sondern es könne
sich auch das allgemeine Weltbild verändern. Sie könnten sogar eine Änderung
der „Lebensweise einer Gemeinschaft"[252] herbeiführen.

---

252 KUHN (2009 [1962]), S. 106

3   Noetische Ansätze zur wissenschaftsorientierten Lehrer(innen)bildung

Der noetische Ansatz ist in jeder Beziehung von der besonderen Berücksichtigung des Unwägbaren bestimmt. Er kann, wie oben herausgestellt wurde, als „Forschungswissenschaft" ausgelegt werden und ist an das „kontextualistische Modell der Wissenschaftsentwicklung"[253] anschlussfähig.

Michele LE DOEUFF (1977) antwortet auf die Frage nach dem archimedischen Punkt, von dem aus in der Wissenschaft Wissen generiert wird, dass dieser nichts weiter als ein durch einen impliziten Mangel markierter „Platz des Begehrens" sei: es gebe *etwas*, das man wissen wolle. – Dem lässt sich mit Hans-Georg GADAMER (1986) hinzufügen: „Alles Fragen und Wissenwollen setzt ein Wissen des Nichtwissens voraus – und dies so, daß es ein bestimmtes Nichtwissen ist, das zu einer bestimmten Frage führt"[254]; und weiter: „Das eigentliche Wesen des Einfalls ist […] weniger, daß einem wie auf ein Rätsel die Lösung einfällt, sondern daß einem die Frage einfällt, die ins Offene vorstößt und dadurch die Antwort möglich macht. Jeder Einfall hat die Struktur der Frage. Der Einfall der Frage ist aber bereits der Einbruch in die geebnete Breite der verbreiteten Meinung"[255].

Demnach hat das wissenschaftliche Forschen seinen epistemischen Ausgangspunkt im Fragen. Dieses Fragen schließt nach noetischer Vorstellung ein epistemologisch sich verstehendes Bewusstsein um unsere an Wissensformate gebundene und vorurteilsbehaftete Wahrnehmung ein.[256] Dieser Ausgangspunkt ändert sich im noetisch verstandenen Forschungsverlauf nicht; es werden also sämtliche Wissensbestände unter dem Vorzeichen des Hypothetischen aufgefasst.

Einer noetischen Forschung geht es demnach nicht um die Ermittlung grundsätzlicher Bedeutungszusammenhänge, Wesensbestimmungen und Prinzipien. Weder die *eine* Seinsweise, die *eine* Vorstellung, die *eine* Interpretation, die *eine* Intention, und nicht einmal die vorhersehbaren, bspw. funktionalen Effekte einer Sache sind die prävalenten Gegenstände und Orientierungsmarken empirisch gestützter Theoriegenerierung wie dies gewöhnlich in wissenschaftlichen Konzepten der Fall ist. Maßstab sind hier auch nicht die Letztgültigkeit einer Sache, die (eine) *richtige* Begründung oder Erklärung eines Sachverhalts oder eine normative Setzung, durch die etwa eine ethische, auch forschungsethische Frage

---

253 S.o. und BONSS, HOHLFELD & KOLLEK (1993)
254 GADAMER 1986, S. 371
255 GADAMER 1986, S. 372
256 DIEMER 1964

richtig behandelt würde. Allgemeingültiges, ein vorliegender Wissenskanon (wie Fachwissen oder der Common Sense) oder Ähnliches sind vielmehr Gegenstand der Forschung bzw. sie werden in noetischen Forschungsergebnissen mit ausgewiesen.

Dabei wird die Wirklichkeit (nicht zuletzt die soziale) aber nicht als eine rationale Struktur, also durch Definitionen, Berechnung, Kalkül etc. bestimmt und abschließend bestimmbar erachtet. Allein an binärer Logik, instrumentellem Denken, Zweckrationalität etc. orientierte mentale Kalküle, Urteile und rationale Entscheidungen genauso wie routiniertes, systematisches und anderes, auf eindeutige Weise signifizierbares Verhalten verfehlten vielmehr notwendig ihr Ziel, die Phänomene in allgültiger Weise begreiflich zu machen. Es geht vielmehr um das Denken in Antinomien und Abduktionen, unter dem Gesichtspunkt des „tertium datur", unter Berücksichtigung der „schweigenden" Dimensionen von Forschung und Forschungsgegenständen (s.o.). Damit sind sowohl die prävalenten Forschungsgegenstände wie auch die Forschungswege beschrieben. Ein noetischer Erkenntnisprozess will „ins Offene vorstoßen".

Er stützt sich in erster Linie auf kundiges (und „findiges" s.u.) Orientierungs- und Praxiswissen, in dem (vorläufige) Erkenntnisse und Hypothesen in einer Weise mit Explorationen verknüpft werden, die in einem gewissen, nämlich präreflexiven Sinne Stringenz aufweist. Diese Stringenz wird jeder theoretischen, so auch der wissenschaftlichen Absicht als vorgängig erachtet. Daher werden unter noetischer Perspektive die für die Erforschung einer Sache adäquat erscheinenden Wissensformen sowie Wissensformate (aus anderen möglichen Wissensformaten) sorgfältig ausgewählt. Der gewählte Fokus zieht dann bestimmte Methoden, Fragestellungen, ein Setting etc., nach sich. Zugleich hält sich die noetische Wissenschaft für verschiedene Zugänge oder auch Wissensformate offen. Im Verlauf des Forschens wird also stets kritisch ausgelotet, ob sich tatsächlich der gewählte Zugang, oder eher ein anderes Wissensformat für eine Untersuchung eignet. Die Beurteilung der *Richtigkeit* (oder *Unrichtigkeit*) eines Zugangs oder einer Aussage bezieht sich stets auf die *stimmige* (oder *unstimmige*) Passung der ausgewählten Wissensform und des jeweiligen Wissensformats mit dem Gegenstand.

Grundsätzlich können diverse wissenschaftliche Ansätze in wissenschaftlicher Hinsicht als noetische bezeichnet werden, im Bereich der Sozialwissenschaften sind dies etwa heuristische, (sozial-)konstruktivistische, ethnographische, rekonstruktive, diskursanalytische, systemtheoretische oder auch sozioökologisch begründete Forschungsansätze oder die sog. „Feldforschung"[257].[258]

Im Folgenden werden der phänomenologische, der performativitätstheoretische und der praxeologische Forschungsansatz als Beispiele für eine noetisch verstandene Sozialforschung herausgestellt.[259] Alle drei Ansätze sind auch wissenschaftstheoretisch angelegt. Hier interessieren sie vornehmlich als Forschungszugänge. Zu jedem der Ansätze liegen wiederum viele verschiedene Lesarten und Auslegungen vor. Aus deren Spektrum werden diejenigen ausgewählt, die den weiteren Überlegungen zu einer wissenschaftsorientierten Lehrer(innen)bildung zugrunde gelegt werden.

3.1 Zur phänomenologischen Epistemologie

Wie oben bereits herausgestellt sind nach phänomenologischer Auffassung allein die thetischen Akte, „Noesen" (s.o.), so Edmund HUSSERL (1968), apodiktisch gegeben. Das jeweils als „Noema" (s.o.) Gegebene ist (nachgängiges) Ergebnis von Sinn verleihenden, thetischen Akten.

---

257 Theo HUG (1996, S. 4 f.) beschreibt den Ansatz der „Feldforschung" wie folgt im noetischen Sinne: „Die Feldforschung hat ihr ‚Fundament' […] nicht in theoretischen Prämissen oder empirischen Daten, sondern verstreut in unterschiedlichen Positionen in einem Interaktionsraum, der einerseits strukturellen Zwängen unterliegt und der andererseits immer auch Produkt individueller und kollektiver Konstruktionsprozesse ist. In diesem Raum gibt es von den unterschiedlichen Orten aus jeweils ‚Subjekte' und ‚Objekte', Sinn und Unsinn, Diesseits und Jenseits (vgl. Schmidt 1994, S. 47). Diese Orte entsprechen nicht nur unterschiedlichen theoretischen, sondern auch unterschiedlichen sozialen Positionen. So gibt es viele ‚Tatsachenblicke', aber nicht den einen ‚großen Tatsachenblick von ganz draußen', der von einem neutralen, isolierten Ich auf ein isoliertes Objekt gerichtet ist. Bernhard Waldenfels drückt diese Sicht der Dinge in einem Bild treffend aus, wenn er sagt: ‚Es gäbe also Knotenpunkte im Netz der Welt, wo das Geschehen der Sinnbildung sich zusammenzieht, es gäbe aber keinen Mittelpunkt, von dem aus sich alles lichtet.' (Waldenfels 1985, S. 73)"

258 „Schweigende" Dimensionen des Unterrichts, wie bspw. hier auftretende implizite Wissensarten und -formate, sind praxeologisch gesehen durch komplexe Handlungsgeschehen und Verfahrensweisen bestimmt. Phänomenologisch gesehen sind es leibliche Aspekte menschlicher Orientierung, rekonstruktiv betrachtet handelt es sich dabei um zwischenmenschlich geteilte Orientierungsgrößen und diskursanalytisch sind es Macht- und Dominanzgeschehen, etc.

259 Auf noch weitere Ansätze der Sozialforschung einzugehen, die sich ebenfalls noetisch ausbuchstabieren oder interpretieren ließen, würde den Rahmen dieser Abhandlung sprengen.

Von Franz BRENTANO wurde der phänomenologische Ansatz vor zwei Jahrhunderten als eine deskriptiv *Sinn verleihende* empirische Methode ausgelegt. Damit wurde deren bis heute gängiges Verständnis geprägt. Seither kam es zu vielfältigen Revisionen der phänomenologischen Methode.

Grundsätzlich steht in phänomenologischen Ansätzen die Frage im Mittelpunkt, was eine Sache zu derjenigen macht, *als die sie uns erscheint*. Von Interesse sind also ihre Konstitutionsbedingungen resp. die „Phänomenalität" als das *Wie* eines Erscheinens.

In den verschiedenen phänomenologischen Ansätzen wird in Bezug auf die Phänomenalität von einer in bestimmter Hinsicht wechselseitig konstitutiven Beziehung zwischen Selbst und Welt ausgegangen: Auf der einen Seite ist die Phänomenalität eines Gegenstands von den Perspektiven auf denselben anhängig. Auf der anderen Seite hat ein Gegenstand einen Verweisungscharakter, das heißt er legt bestimmte Sichtweisen nahe bzw. lässt nur einige zu. Unter dem Gesichtspunkt der wechselseitigen Konstitution von Selbst und Welt werden subjektive wie intersubjektive Perspektiven auf ein Phänomen ermittelt und dessen Eigenschaften und Stellenwert in dessen Bezugsfeld(ern) eruiert. Es ist hier nicht der Ort, die sich an diese Hypothese anschließenden verschiedenen phänomenologischen Ansätze im Einzelnen aufzufächern.

Im Folgenden wird der leibphänomenologische Ansatz in Anschluss an Bernhard WALDENFELS und Käte MEYER-DRAWE et al. näher ausgeführt. Nach ihm wird akzentuiert, dass die Konstitution eines Gegenstands, auch Sinnstiftung, durch perspektivische, insbesondere durch perzeptive Akte bestimmt ist. Betont wird, dass ein Phänomen kein durch Beschreibung unmittelbar fassbares *Ding* ist, sondern dass es bestimmten Ordnungsfunktionen folgend jeweils (anders) in Erscheinung tritt.

3.1.1 Leibphänomenologie oder zum Konzept einer „konstituierenden Leiblichkeit"[260]

Die Leibphänomenologie stellt vortheoretische Akte der Konstituierung von Phänomenen in den Vordergrund des Interesses. In einem vortheoretischen Akt der Einsicht tritt nicht selten logisch Widersprüchliches auf. Im Rahmen der leibphänomenologischen Epistemologie spielen daher das „Tertium Datur" (s.o.) und die Abduktion (s.o.) eine wichtige Rolle.

---

260 Siehe auch bspw. KRAUS 2010

Diesen (eher ungebräuchlichen) Modi einer „logischen" Schlüssigkeit kommt man im Rahmen der leibphänomenologischen Theoriebildung anhand des Begriffs einer sog. „konstituierenden Leiblichkeit" auf die Spur:

Unser lebendiger Körper ist für uns unentbehrlich, unhintergehbar und er ist für uns weitgehend unverfügbar. Er ist die komplexe Voraussetzung für unsere Existenz. Die vielen Aspekte unserer Körperlichkeit stellen ein schier unübersehbares Spektrum dar, das sich nur in Einzelaspekten erfassen und empirisch herausarbeiten lässt.[261] Als solche entzieht sich uns unsere Körperlichkeit; wir können sie nicht denken, und wir können auch nicht in beliebiger Hinsicht auf sie Einfluss nehmen.

Sämtliche Körperdiskurse beanspruchen es aber, in irgendeiner Weise doch Aussagen über das Nicht-Sagbare unserer Körperlichkeit zu treffen. Daher bewegen sie sich prinzipiell, und das ist nicht unproblematisch, an der Grenze des Sagbaren. So finden etwa biologistische, essentialistische, kulturalistische wie auch soziale Festlegungen und andere Körperkonstrukte an der Gegebenheit des lebendigen Leibes ihre Grenze. Immer wieder übersehen sei das Unmittelbare, die Authentizität, die Nicht-Konstruierbarkeit lebendiger Körperlichkeit stets diskursiv einzufordern.[262]

Nach der Unterscheidung von Arnold PLESSNER (1980) hebt der Körperbegriff auf die Physis und die damit verbundenen Phänomene ab, während mit „Leib" der *gelebte Körper* gemeint ist. Wir besitzen und haben einen Körper; PLESSNER (1980) spricht von Exzentrizität und meint damit, dass wir uns selbst reflektierend außerhalb unseres gelebten (leiblichen) Zentrums stellen und uns auf den eigenen Körper wie auf einen Gegenstand beziehen.[263] Wir pflegten unseren Körper, wir trainierten, veränderten ihn, und es stehe sogar in unserer Macht, ihn zu töten. Ähnliches gilt prinzipiell auch in Bezug auf den Körper eines anderen. Die Leiblichkeit hingegen entziehe sich letztlich den auf sie bezogenen (rationalen) Thematisierungen genauso wie der Kontrolle und gezielter Einwirkung. Der Leib bestimme unser Selbst- und Weltverhältnis grundsätzlich. Als solcher sei er nicht instrumentalisierbar oder manipulierbar und aller Konstruktion vorausgesetzt. WALDENFELS (1998) beschreibt den Leib als unhintergehbaren Ausgangspunkt, und im Anschluss an Maurice MERLEAU-PONTY, als einen sog. „Nullpunkt" der Subjektivität. Ein Phänomen entfalte sich als die jeweils „[…] leibhaftige Orien-

---

261 Eine Initiative in diese Richtung wurde von der Autorin selbst unternommen (siehe KRAUS 2008a, 2008, 2010a, 2011, 2012).

262 ASMUTH 2006

263 PLESSNER 1980, S. 368 ff. PLESSNER unterscheidet zwischen „Leib-Sein" und „Körper-Haben".

tierung im individuellen und situativen Gesichts-, Handlungs- oder Redefeld"[264], das uns als solches verborgen bliebe. In seiner unhintergehbaren Integrität bilde der Leib ein Widerlager gegen die Übergriffe Anderer und gegen diverse Umwelteinflüsse. Allerdings sei die Leiblichkeit von der Körperlichkeit nicht zu trennen, beides sei chiastisch ineinander verschränkt. Als unser originärer Zugang zur Wirklichkeit ist der Leib durch nichts anderes vertretbar. WALDENFELS (2004b) schreibt: „Das leibliche Selbst ist an allem beteiligt, aber auf spezifische Weise als *jemand, dem* [Hervorh. durch B.W.] etwas zustößt, zufällt oder widerfährt, *auf das* [Hervorh. durch B.W.] er oder sie mit Sinnbildungen und Regelungen antwortet. Leiblichkeit bedeutet, dass mich vieles an-geht, an-rührt, indem es meiner Initiative zuvorkommt."[265] Der gelebte Körper, Leib, grundiert das spontane Verhalten zu uns selbst und zu anderen. Er ist für unsere Erfahrungen konstitutiv, indem er bestimmt, *wie* uns etwas erscheint, *inwiefern* es uns betrifft, anspricht, bei uns etwas auslöst etc. Leiblich vermitteln sich uns unsere gefühlten Körperbewegungen, unsere Emotionalität, unsere Befindlichkeiten, unsere Empathie, unser Verständnis sozialer Geschehen etc. Unser lebendiger Körper besteht in einer Vielzahl von Prozessen und Zuständen, seien es organische, solche der Selbst- und Fremdwahrnehmung, die Sensomotorik etc.

Unsere leibliche Orientierung besteht darin, dass wir gewissermaßen von – subjektiv wie objektiv – Gegebenem *bespielt* werden. Die Prägungen, denen wir ausgesetzt sind, weil wir uns selbst vital als Leib gegeben sind, können nicht in der Weise geplant und berechnet werden wie es uns unsere Körperlichkeit, besser Gegenständlichkeit suggeriert. Nach leibphänomenologischer Auffassung handelt es sich dabei um Resonanz- und Responsivitätsgeschehen, das heißt die leibliche Antwort auf eine Sache geht dem Bewusstsein voraus. Wenn der Leib gewissermaßen von sich aus („responsiv") Stellung zu dem ihm Zugetragenen nimmt, dann modifiziert er von sich her dessen Wirkungen, ohne in diesen aufzugehen. – Der Phantomarm eines Armamputierten, die innere Freiheit eines Gefangenen, unsere Körpergefühle etc. sind Phänomene von Leiblichkeit, an denen deutlich wird, dass das Körperliche durch das unhintergehbare Leibliche überstiegen wird. Wir werden uns unserer Leiblichkeit also im Besonderen immer dann gewahr, wenn wir uns selbst nicht in der von uns erwünschten Weise spüren oder fühlen. Wenn wir krank seien, Schmerzen hätten und/oder uns gegenüber bestimmten leiblichen Regungen als ohnmächtig wahrnähmen, werde für uns vernehmlich, dass sich „[…] die Sphäre der Leiblichkeit nicht als eine homogene Sphäre dar[stellt, A.K.], die man nach Belieben ergänzt oder vermindert. Es gibt mehr oder weni-

264 WALDENFELS 1998, S. 22
265 WALDENFELS 2004a, S. 177

ger zentrale oder periphere Körperpartien und Körperprozesse, die sich durch eine wechselnde Nähe und Ferne zum leiblichen Selbst auszeichnen und uns mit wechselnder Stärke affizieren. Ich bin mehr oder weniger und niemals gänzlich ich selbst."[266]

Im Konzept des „lebendigen Leibes" wird also die Perspektivik der Wahrnehmungsleistungen in den Blick genommen. Diese wird als Gegenstandsaspekte, Sinneseindrücke, Wissensformate, Gewohnheiten, Emotionen, individuelle Vorlieben, unterschwellige Gedanken und als andere Orientierungswerte ausbuchstabiert, die zueinander ins Verhältnis treten und unsere Welt konstituieren. Eigenes und Fremdes, Einfühlung wie Mechanisches werden leiblich aktiv durchlebt, ohne dass dies in jeder Hinsicht greifbar wäre. Leiblich wird das innere Gewahrsein der eigenen Performanz und der Performanz der anderen konturiert. Vorsprachlich resp. leiblich vollziehen sich Prozesse der Annäherung und auch solche der (Selbst-)Distanzierung, solche der Formung und solche der Verformung. Unser Leib lässt uns das Fremde im Eigenen erfahren. Nach Marcel MAUSS (1974) tritt der eigene Leib als das allererste technische Mittel in Kraft;[267] die (Eigen-)Steuerung und (Selbst-)Kontrolle (über die Körper) seien leiblich angelegt. – WALDENFELS (2003) schreibt: Der Leib wirkt „[…] als Urmedium, speziell als Urbild und Urskript, aber […] auch als ursprüngliche Klangfläche und als ursprünglicher Klangraum."[268] Im *Wie* unserer Erfahrungen werde an bereits gemachten Erfahrungen *weitergeschrieben* genauso wie Brechungen von Erfahrung vollzogen würden. Dem Wahrnehmen wohne ein Schematisieren, Gestalten, Strukturieren und Deuten inne, das weitgehend spontan, implizit, absichtslos und gewissermaßen en passant vonstattengehe.

Metaphorisch gesprochen ist die Leiblichkeit eine Art intuitives Geländer und das originäre Instrument der Kontrolle, Lenkung und Steuerung. Sie ist eine Art emotionaler, akustisch und durch andere Bewegungen in Schwingung versetzter rezeptiver Resonanzboden, auf dem sich uns Bedeutungen vermitteln. Im Medium des Leiblichen wird unser Handeln nicht zuletzt an unser Denken und an Wissensformate geknüpft. Kraft des Verweischarakters des Leiblichen im Sinne von Erfahrungsprofilen, Aktivitäten, leiblichen Ordnungen, Resonanzen und Orientierungen kommt es zu denjenigen Konstituierungen, die eine Theoriegenerierung fundieren. Im Leib vollzieht sich also nicht nur die Anwendung von Wissen, sondern auch eine vorrationale Konzeptbildung. Unsere Leiblichkeit zeigt sich demnach am *Wie* unseres Wahrnehmens und Interagierens mit anderen wie auch

---

266 WALDENFELS 2004a, S. 33
267 MAUSS 1974, S. 206
268 WALDENFELS 2004a, S. 28

am *Wie* unseres Handelns. Unser sich uns leiblich vermittelndes Erfahrungs-, Handlungs- und Orientierungswissen fundiert unsere Orientierung und unser Handeln, indem es beides strukturiert und anleitet.

Der Verweischarakter des Eigenkörperlichen wird bspw. dann deutlich, wenn wir uns eigener und fremder (Inter-)Aktionen innerlich gewahr sind, während wir uns auf unbekanntem Gelände orientieren, eine uns noch unbekannte Tanzbewegung nachvollziehen, intuitiv einen Schnuller auffangen, etc.

Das methodische Instrumentarium der Leibphänomenologie will es ermöglichen, die einer (alltäglichen oder wissenschaftlichen) Theorie zu Grunde liegenden Sinnstrukturen der „mannigfaltigen Wirklichkeiten"[269] sowie die Ordnungsfunktionen und Regelsysteme, denen entsprechend sie zutage treten, sowie deren Grenzen, kurz, die „Phänomenalität" im Sinne leiblich vermittelter Konstitutionsprozesse oder „Noesen" nachzuvollziehen.[270]

3.1.2 Zur leibphänomenologischen Epistemologie[271]

WALDENFELS (1992) schreibt: „Der Gegenstand ist nicht einfach ein und derselbe, er erweist sich als derselbe im Wechsel von Gegebenheits- und Intentionsweisen, in denen er aus der Nähe oder aus der Ferne, von dieser oder von jener Seite erschaut, in denen er wahrgenommen, erinnert, erwartet oder phantasiert, in denen er beurteilt, behandelt oder erstrebt, in denen er als wirklich behauptet, als möglich oder zweifelhaft hingestellt oder negiert wird."[272] Wahrnehmen sei Wahrnehmen *als*, Gehörtes mache *als* Gehörtes, Gedachtes *als* Gedachtes Sinn etc. Thetische

---

269 SCHÜTZ 1971
270 WALDENFELS 1994, S. 29
271 Diese Ausführungen finden sich etwas ausführlicher in KRAUS 2006.
272 WALDENFELS 1992, S. 15. Edmund HUSSERL (1995 § 17) schreibt: „[…] Nämlich das Nahding als dasselbe erscheint bald von dieser, bald von jener ‚Seite', und es wechseln die ‚visuellen Perspektiven', aber auch die ‚taktuellen', die ‚akustischen' und sonstigen Erscheinungsweisen, wie wir bei entsprechender Richtung der Aufmerksamkeit beobachten können. Achten wir besonders auf irgendein Merkmal des Würfels, das sich in der Würfelwahrnehmung zeigt, z. B. auf die Gestalt und Färbung des Würfels oder auf eine Würfelfläche für sich, oder auch auf deren Quadergestalt, auf deren Farbe für sich usw., so wiederholt sich dasselbe. Wir finden stets das betreffende Merkmal als ‚Einheit' dahinströmender ‚Mannigfaltigkeiten'. Geradehin gesehen haben wir etwa die eine unverändert bleibende Gestalt oder Farbe, in reflektiver Einstellung die zugehörigen Erscheinungsweisen, die in kontinuierlicher Folge sich aneinanderschließenden der Orientierung, der Perspektive usw.".

Akte (auch „Noesen") konstituierten die Phänomenalität. WALDENFELS (1998) bezeichnet die Phänomenologie daher als die „Lehre von den Gesichtspunkten"[273]. Der phänomenologische Forschungsansatz wird als ein „[...] Interaktionsprozess zwischen den Forschern und ihrem Gegenstand (›etwas erscheint als etwas‹)"[274] erachtet.

Wie oben bereits dargelegt, ist ein Phänomen nach phänomenologischer Auffassung aufgrund für uns weitgehend unmerklicher, vielfältiger und heterogener Vermittlungstätigkeiten dinghaft für uns vorhanden und für unser Denken und Handeln disponibel. Ein Gegenstand werde nicht als solcher, sondern als wahrgenommene Gesichtspunkte und als an diesen herangetragene Sichtweisen erschlossen. Spontanreaktionen, Intuitionen, Ausdrucksqualitäten etc. sind demnach Erkenntniswege.

Solche Konstitutionsleistungen und -prozesse will die phänomenologische Wissenschaft durch eine möglichst genaue, geordnete und unvoreingenommene Beschreibung möglicher Herangehensweisen an einen Gegenstand gerecht werden. Sie beansprucht wie folgt, ihren Ausgangspunkt dabei nicht in der Theorie, sondern in der Alltagswelt zu nehmen:[275] Der Forscherstandpunkt ist nach phänomenologischem Wissenschaftsverständnis nicht der eines souveränen, der luziden Selbstreflexion und Fremdbeobachtung fähigen Beobachters. Auch besteht das dinglich wie subjektiv wahrgenommene Phänomen weder in theoretischen Mutmaßungen noch in Konstruktionen. In seiner Abgrenzung von „Hypothese" und „Konstruktion" als den gängigen Optionen, die Erkenntnistätigkeit eines Subjekts wissenschaftlich zu fassen, wendet WALDENFELS (1998) das Prinzip der „Responsivität" methodisch: Eine Wahrnehmung sei auf der einen Seite eine Prätention, ein *Anspruch auf etwas*. Auf der anderen Seite sei es ein jeweils bestimmtes *Antworten* auf etwas, das uns *angehe, anrege, anspreche, anrufe* etc. Der Anspruch, auf den geantwortet werde, sei eine Art *Appell*. Der/die Angesprochene werde am Geschehen im Dativ beteiligt, indem *ihm/ihr* etwas ein- oder auffalle; es geschehe *ihm/ihr* etwas etc. und löse bei *ihm/ihr* etwas aus, ohne dass dies von *ihm/ihr* intendiert wäre. Unser Agieren beschränke sich also nicht auf eine bloße Ausführung eigener Entwürfe oder Intentionen, sondern es beginne anderswo; die Antwort zeuge von dem ergangenen Appell oder Anspruch, auf den sie reagiere, wie auch von ihrer Prätention auf dieses Andere hin.

---

273 WALDENFELS 1998, S. 50

274 HILDENBRAND, zitiert nach WALDENFELS 1998, S. 50.

275 Damit korrespondiert, dass Ernst MACH (1980), einer der Gründerväter der qualitativen Sozialforschung, wissenschaftliche Methoden als „reflektierte Alltagsmethoden" näher bestimmt.

Die sog. „phänomenologische Reduktion" oder auch „Epoché" soll es ermöglichen, die Konstitution von Phänomenen im Sinne von Gesichtspunkten
methodologisch-methodisch zu eruieren. Das heißt, der phänomenologische Erkenntnisprozess ist auf das Ziel hin angelegt, den Forscherstandpunkt in Hinblick
auf die diversen Sinnstiftungsprozesse zu reflektieren, die ihn überformen. Es geht
um den Vollzug einer grundsätzlichen Einstellungsänderung, in der eine an einen
Gegenstand jeweils herangetragene Auffassung und Interpretation mit dem Ziel
inhibiert wird, sich des Gegenstandes als sinnlich Wirkendes, als unaussprechli-
che Wahrnehmungen, als unterschwellige Gedanken und als Ursprung der Rede
im Schweigen gewahr zu werden.[276] Nach Maurice MERLEAU-PONTY erschließt
sich uns ein Gegenstand durch das Vorrationale, Vorprädikative und Präreflexive
als die unreflektierten Momente des Bewusstseins. Gedanklich erfasst würde die
Konstitution von Phänomenen also auf gewissermaßen inversem Weg, indem
nämlich in der „phänomenologischen Reduktion" die Grenzen und Ausschlüsse
des Denkens konturiert würden. Damit träten die an eine Sache herangetragenen
Konstruktionen in den Blick. Unter Einklammerung gängiger Sichtweisen, Konstruktionen und (Vorab-)Hypothesen fokussiert die phänomenologische Methode
die Modalitäten des In-Erscheinung-Tretens und der Genese einer Sache sowie
responsive Prozesse und Rekursionen (Wiederholungen im Sinne von Wieder-
aufnahmen). Im Bewusstsein, dass der in einer „phänomenologischen Reduktion"
eingenommene Standpunkt nur jeweils eine begrenzte Aspektierung eines Gegenstands zulässt, werden die gewonnenen Erkenntnisse in einer „Rückbeziehung der
Phänomenologie auf sich selbst" und in einem potenziell unendlichen Regress
stets erneut der kritischen Deutung unterworfen.[277]

WALDENFELS (1998) fundiert die phänomenologische Erkenntnisarbeit auch
im Konzept der Differenz. Genauer: er zeigt, dass ein Aufspüren des „Logos der
Phänomene" als das *Wie* ihres Auftretens in der Verklammerung von Sachgehalt
und Zugangsart die Beachtung vielfältiger Spielarten der Differenz[278] voraussetzt.
In der „phänomenologischen Reduktion" sei ein „Anderssehen", „Andershören"
etc. im Sinne von „Perspektivenverschiebungen" und Blickverfremdungen als
Modi der „Abweichung" zu vollziehen. Der anvisierte Gegenstand trete dann insofern in Erscheinung als der jeweils eingenommene Blick- oder auch Standpunkt
die *je bestimmte Art und Weise* erschließe, *wie* oder *als* was sich (uns) etwas zeige

---

276 MERLEAU-PONTY 1967, S. 50
277 Vgl. WALDENFELS 1998, S. 20
278 WALDENFELS (1998) unterscheidet die eidetische, die kommunikative, die ontologi-
sche, die potenzierte, die signifikative, die responsive, die strukturale, die transzenden-
tale und die zeitliche Differenz.

resp. „[...] wie jeweils etwas in Sicht, zur Ausführung oder zur Sprache kommt"[279]. Die Phänomenalität einer Sache erschließe sich uns folglich als die Ermittlung diverser „Ausschlüsse" und „Abschattungen".

Käte MEYER-DRAWE (2008) beschreibt die phänomenologische Methode oder auch Reduktion als eine „oblique Beobachtung"[280]. Eine „oblique Beobachtung" versuche das Vorrationale, Vorprädikative und Präreflexive als das Unreflektierte durch Reflexion zu erfassen.[281] Sie sei keine schlichte Wahrnehmung, sondern sie gelte der in eine bestimmte Situation eingebetteten „Vorspiegelung" von Wahrnehmungen. Sie sei also nicht auf ein *Was* gerichtet. Es gehe vielmehr darum, einen Denkgegenstand auf die Art und Weise zu erschließen, *wie oder als was er sich zeige* bzw. als die „[...] Art und Weise, wie jeweils etwas in Sicht, zur Ausführung oder zur Sprache kommt"[282]. In erster Linie handelt es sich dabei um das dem Bewusstsein Unthematische. Es vollzöge sich darin, so schreibt Iso KERN (1975) 20 Jahre vorher, eine „oblique" Wiederholung von Bewusstsein: Während in der direkten Reflexion das vergegenwärtigte Bewusstsein sozusagen geradewegs wiederholt werde (z. B. in der Erinnerung sehe ich nochmals die Gemse auf einer Bergkuppe), „[...] spiegelt eine komplexere Grundform der Vergegenwärtigung, die Reflexion im prägnanteren Sinn, das wiederholte Bewusstsein nicht mehr *gleichsinnig*, nicht mehr in gleicher Interessenrichtung, sondern in einer Umwendung oder *Umorientierung*, indem sie ihr Interesse nicht mehr auf das richtet, worauf das vergegenwärtigte Bewusstsein bzw. dessen bloße Reproduktion, thematisch achtet, sondern ihre Intention auf irgendein im vergegenwärtigten Bewußtsein unthematisches Moment desselben zurückbiegt. Sie erfasst irgendein Moment im vergegenwärtigten Bewußtsein, das zwar in dieses Bewußtsein gehört, aber in ihm selbst nicht gegenständlich ist"[283].

Eine solche „oblique" Auffassungsform ist im Rahmen der Kindheitsforschung und einer schulpädagogischen Praktikenforschung unabdingbar, um verschiedene Wissensformate, wie etwa die besonderen Perspektiven von Heranwachsenden, einzuholen.

Oben war in diesem Sinne von einer konzilianten Unvoreingenommenheit als einer grundlegenden Einsichtigkeit die Rede, die eine(n) Lehrer(in) erst dazu

---

279 WALDENFELS 1998, S. 22. Während *Was*-Fragen voraussetzten, dass man sie durch eine stabile Charakterisierung oder durch eine Definition beantworten könne, eigneten sich *Wie*-Fragen für die Beschreibung kultureller Phänomene.

280 MEYER-DRAWE 2008, S. 2

281 MEYER-DRAWE 2008, S. 118

282 Waldenfels 1998, S. 22

283 Kern 1975, S. 76 f.

befähige, eine pädagogische Situation in ihrer Singularität zu erfassen und die Vielfalt, Heterogenität und Variabilität unterrichtlicher Ereignisse zu analysieren. Während das (leib-)phänomenologische Wissenschaftsverständnis auf die grundsätzliche Bestimmung ihres Gegenstands und auf die Möglichkeiten von Erkenntnis fokussiert, ist das performativitätstheoretische primär handlungstheoretisch angelegt.

3.2 Zur performativitätstheoretischen[284] Epistemologie

Genauso wie die leibphänomenologische Theoriebildung hat auch die performative Epistemologie keinen universalistischen Anspruch. Unter dem performativen Paradigma wird das für die Wissenschaft weitgehend bestimmende Denkmodell einer mentalen Repräsentation von (bspw. Erziehungs-)Wirklichkeit vielmehr durch die (wissenschaftliche) Rekonstruktion aktualer Erscheinungsformen und Darstellungsmodi von Wirklichkeit ersetzt.[285] Ein Phänomen interessiere also nicht *als solches,* sondern als etwas, das *sich* unter bestimmten Bedingungen in bestimmter Weise *zeige.* Christoph WULF & Jörg ZIRFAS (2007) schreiben: „Eine performative Sichtweise verwirft eine allgemeine und totale Methode und Lesart von Realität zugunsten einer relativierenden, den Kontexten angepassten Interpretation, die eine Pluralität von idiomatischen Gesten und kontextuierenden Phänomenologien zeitigt."[286] Unter dem Gesichtspunkt der Performativität werden die Genese, der Prozesscharakter und die Folgewirkungen von (sichtbaren) *Geschehen* in den Blick genommen; es interessieren die Modalitäten, Funktionen, Effekte, Kontexte und Kontextualisierungen einer Sache bzw. eines Geschehens.

„In einem ersten Schritt ist das Performative als Tätigkeit bestimmt, die ihre Sinnhorizonte durch sich selbst hervorbringt."[287] Anstatt Sinn, Bedeutungen und

---

284 Die Analyse Doris KOLESCHS (1999) gibt einen Überblick über die Begriffsgeschichte der Performativität seit den 1950er Jahren.

285 Der aktuelle, in Deutschland in den Sozial- und Humanwissenschaften geführte Fachdiskurs zur Performativität ist von dem transdisziplinär angelegten Sonderforschungsbereich „Kulturen des Performativen" (Laufzeit: 1999–2010) beeinflusst, der auf kulturelle und dabei im Zusammenhang der Pädagogik insbesondere auf rituelle sowie auf aisthetische Handlungszusammenhänge und deren Rahmungen (bspw. im Zuschauer-Akteur-Verhältnis) fokussiert. (Vgl. WULF & ZIRFAS 2007, S. 15 f.) Die Generierung von Maßstäben für professionelles pädagogisches Handeln spielt im Rahmen der dort angesiedelten Forschungsprojekte allerdings kaum eine Rolle.

286 WULF & ZIRFAS 2007, S. 9

287 WULFF 1998, S. 219 f.

Werte zu *repräsentieren*, die bestimmten Akten und Vorgängen zugesprochen würden bzw. von denen behauptet werde, dass sie diesen zukämen, bedeuteten performative Akte und Vorgänge genau das, was sie vollzögen bzw. was sich in ihnen vollzöge; Christoph WULF & Jörg ZIRFAS (2007) stellen heraus: „Performative Wirklichkeiten sind *flache Wirklichkeiten* [Hervorh. durch C.W. & J.Z.], da sie sich primär auf das Geschehen und dessen Wirkungen konzentrieren, und es sind *reiche Wirklichkeiten* [Hervorh. durch C.W. & J.Z.], weil sie das Geschehen in Erscheinung treten lassen."[288] Performative Akte seien emergent, sie zeitigten situierte Effekte und identifizierten[289] und exemplifizierten sich selbst. Kurz, in Hinblick auf performative Phänomene werden Folgewirkung und Sache, Aktionalität und Materialität als miteinander verschränkt angesehen bzw. erkannt und erforscht. – So ist etwa der Verlauf eines performativen Kinderspiels nicht festgelegt. Das Spiel entfaltet eine Eigendynamik, etwas wird in ihm hervorgerufen. In einem Spiel werden etwa Veränderungen eines Gegenstands herbeigeführt, es bringt neue Ideen und macht Spaß; es gibt Impulse verschiedener Art.[290]

Wird demnach nicht zwischen Prozess und Substanz unterschieden, so stellt sich die Frage, inwieweit hier überhaupt von einem klar umrissenen Forschungs-*gegenstand* gesprochen werden kann. – In Anschluss an Clifford GEERTZ (1998), Gilles DELEUZE (1992) und Donna J. HARAWAY (1997) lassen sich auf diese grundsätzliche Frage die folgenden Antworten geben:

GEERTZ (1998) spricht von „kultureller Performanz" als einer „Aufführung von Gemeinschaft" unter Handhabung und Deutung verbalisierter und nicht verbalisierter signifikativer Zeichen. „Kulturelle Performanz" vollzöge sich im Medium des körperlich Expressiven, nämlich indem in performativen Vollzügen Symbole mit ihrer sinnlichen Präsenz zusammen aufträten.[291] Kulturelle Bedeutungen würden am Vollzugscharakter von (sozialen und anderen) Geschehen und in (Denk-)Handlungen sichtbar. Hans F. WULFF (1998) schreibt: „Performativ [...] sind zahllose Tätigkeiten des sozialen Lebens, so dass die Performationsanalyse wesentlich in einer Handlungsanalyse fundiert ist."[292] Monika WAGNER-WILLI (2004) stellt heraus, dass sich soziales Handeln sequentiell vollziehe und zugleich Simultanstrukturen aufweise: Es sei auf der einen Seite sichtbar und mache zugleich etwas sichtbar, es sei nämlich in Sequenzen aufteilbar und als Text

---

288 WULF & ZIRFAS 2007, S. 18

289 Ein Beispiel dafür ist Heinrich von KLEISTS ([1805/6] 1990) Schrift „Über die Allmähliche Verfertigung des Gedankens beim Sprechen".

290 KRAUS 2007

291 Vgl. GEBAUER & WULF 1998

292 WULFF 1998, S. 219 f.

abbildbar. Simultan zum beschreibbaren sozialen Handeln vollzögen sich auf der anderen Seite nonverbal-expressive Aktivitäten, eine Mimik, Gestik, Blickkontakte, diverse Bewegungen, sich überlappende Redebeiträge etc., deren Bedeutung im Kontext jeweils nur *gemutmaßt* werden könnte. Durch solche nicht als Text darstellbaren Aspekte werde hergestellt, was den Akteur(inn)en gemeinsam sei resp. es entstehe Gemeinschaft. Zugleich verwiesen solche gleichsam „schweigenden" Aspekte sozialer Geschehen auf die Tatsache, dass das individuelle Agieren in einem größeren sozialen Kontext stehe. Explizite wie nicht explizite, das Geschehen grundierende und es begleitende soziale und kulturelle Bedeutungen bildeten einen von den Akteur(inne)en im Feld geteilten, sog. „konjunktiven Erfahrungsraum"[293]. Praktisch zwar nicht voneinander trennbar, hätten die beiden Aspekte der Sozialität dennoch unterschiedliche Vorausbedingungen. Ihre Konstruktionsprinzipien seien verschieden und es eigne ihnen eine jeweils eigene Dynamik. Eine Handlungsanalyse im Rahmen einer performativitätstheoretisch angelegten rekonstruktiven Sozialforschung richte sich immer auf beide Qualitäten kultureller Performanz.

In anderen theoretischen Zusammenhängen wird Performativität nicht nur für das soziale und kulturelle Handeln, sondern für überhaupt jede Orientierungstätigkeit als grundlegend angesehen.

So stellt etwa DELEUZE (1992) die „Performativität" in den Zusammenhang seines Konzepts von „Wiederholung" und „Differenz", das als Alternative zum repräsentativen Denkmodell gedacht ist: Jede Identifikation (von Zeichen) erfolge in einer Wiederholung, in der ein bestimmtes Zeichen aus seinem singulären Kontext herausgelöst und in einen anderen eingefügt werde. DELEUZE (1992) arbeitet „Differenz" und „Wiederholung" als Oppositionsstruktur der Sprache heraus, nach der jedes Zeichen seinen Wert aufgrund seiner Unterscheidbarkeit von anderen Zeichen erhalte. Die Wiederholung wird nicht als Einheit und Gleichheit-in-sich-selbst, also nicht als die Herstellung ein-und-desselben ausgelegt. Sie führe vielmehr eine fundamentale Differenz herbei. Eine solche „Differenz" lasse sich „[…] nicht auf den Widerspruch reduzieren"[294]. Durch Verschiebung bzw. Wiederholung ohne Erstverschobenes und Ursprungsgröße nähme eine Sache vielmehr eine Valenz an, die für sich stehe. Diese Valenzen oder Bedeutungen ließen sich an den in Prozessen der Wiederholung auftretenden Differenzen erkennen. Eine Sache trete jeweils *anders* in den Blick. Ein Beispiel dafür, dass durch Wiederholung auf performative Weise Wirklichkeit generiert wird, ist das zwischenmenschliche Verstehen: Für gewöhnlich stellt sich erst im Verlauf eines

---

293 Vgl. BOHNSACK 2003
294 DELEUZE 1992, S. 78

Gesprächs heraus, erstens, wie die Äußerungen unseres Gesprächspartners/der Gesprächspartnerin gemeint sind oder sein könnten, und, zweitens, wie man selbst über ein Gesprächsthema denkt.[295] Die für das Verstehen ausschlaggebenden Sinnstiftungen wie etwa der Vergleich von Aktuellem mit zuvor Erlebtem, die Spezifikation von in Aussagen Mitgemeintem etc. wie auch die Beziehungsgeschehen und die darin vollzogenen Interessenausgleiche spielen sich weitgehend implizit ab. Es treten also schweigendes Wissen, verborgen wirksame Umstände und nicht verlautbarte Situationsdeutungen etc. als ein wesentliches Surplus zu einem sicht- und beschreibbaren, eventuell auch erwartbaren Vollzug hinzu.

WULF & ZIRFAS (2007) beschreiben das performativitätstheoretisch angelegte Wissenschaftsverständnis dem entsprechend: „Ein performatives Verständnis als methodische Vorgehensweise in den Sozial- und Humanwissenschaften zielt auf beobachtbare *Regelmäßigkeiten* [Hervorh. durch C.W. & J.Z.], die die Bedingungen der Möglichkeit wie der Unmöglichkeit sozialen Handelns als Wiederholungen und Veränderungen beinhalten."[296] Eine Analyse performativer Prozesse erfolge demnach doppelsinnig: Einerseits sei sie auf sichtbare Geschehen gerichtet, deren Struktur sich durch „Wiederholung" und „Differenz" ergäbe. Andererseits werde die Genese dieser Struktur erforscht. So werde etwa anhand des Paradigmas der Performativität herausgearbeitet, auf welche Weise und mit welchem Resultat wissenschaftliche und alltagsweltliche Ansätze sich der Sprache mit dem Ziel *bedienten*, die Wirklichkeit als geordnete und rational fassbare darzustellen. Sprachliche Äußerungen oder andere Handlungen, auch Verfahren und Strukturen würden auf ihre Interpretationen von Welt sowie daraufhin untersucht, welche Folgezustände sie nach sich zögen. Als ein Paradebeispiel für die Wirkung sprachlicher Äußerungen werden bspw. solche soziale Situationen angeführt, deren Sein und Sinn im sozialen Anerkannt-Sein wurzelt, wie bspw. der implizite Verweis einer Begrüßungsgeste auf soziale Rollen, Statusunterschiede etc.[297]

Kurz, die performativitätstheoretisch angelegte Forschung ist genauso wie die phänomenologische vom Bemühen um Selbstbescheidung in Bezug auf die an eine Sache herangetragenen Interpretationen sowie vom Forschungsethos einer möglichst großen Transparenz der Forschungsintention(en) und der Sichtweisen auf eine Sache bestimmt.[298] Herausgestellt wird der grundsätzlich hypothetische

---

295 VON KLEIST ([1805/6] 1990)
296 WULF & ZIRFAS 2007, S. 9
297 Vgl. AUSTIN 1979 und vgl. den oben eingeführten Diskursbegriff.
298 In Hinblick auf die Konzeptualisierung der (Forschungs-)Intention werden unter dem Oberbegriff der Phänomenologie sehr unterschiedliche Positionen vertreten, die hier aber nicht Thema sind.

Charakter der Beschreibungen von Wirklichkeit; alltägliche Vorurteile sollen ausgesetzt und die vorurteilsbehaftete Textur der Wirklichkeit soll durchbrochen werden.

Donna J. HARAWAY (1997) entwickelt einen an performativen Prozessen orientierten wissenschaftstheoretischen Ansatz, der sich als feministische Wissenschaftskritik versteht. Genauer stellt sie der Vorstellung wissenschaftlich gültiger Repräsentation ihre „nicht essentialistische feministische Standpunkttheorie"[299] gegenüber. Am traditionellen Selbstverständnis der Sozial- und Humanwissenschaften kritisiert HARAWAY, dass sie es für sich (innerhalb streng gezogener disziplinärer und methodisch kontrollierter Grenzen) in Anspruch nähmen, bestimmen zu können, was real sei.[300] Sie wirft diesen Disziplinen vor, damit einen unmöglichen Standpunkt, nämlich einen reflexiven Ort außerhalb des Gegebenen zu beanspruchen. Das Ziel *gültiger* und *objektiver* Forschungsergebnisse will HARAWAY (1995) durch eine „Theorie und Praxis der Objektivität" ersetzen, die sich mit der Frage befasse, *wie* Objektivität konstruiert und hergestellt werde. Das Ziel der von ihr konzipierten Forschung besteht darin, zu eruieren, was singuläre und was allgemeine Geltung beansprucht. „Subjektiv-singulär-spekulativ" und „objektiv-allgemeingültig-evident" beschrieben keine Sachbestände, sondern zwei verschiedene Aspekte der Figurierung von Sozialität und damit auch der performativen Urteilsbildung. In sozialen Kontexten werde ein individuell-subjektiver oder ein Allgemeingültigkeit beanspruchender Zugang bspw. dann im Handeln deutlich, wenn auf Subjektivität oder Allgemeinheit performativ Bezug genommen werde.

Wenn Singularität und Allgemeinheit oder -gültigkeit hier als Momente performativer Prozesse unter anderen, und nicht als ein adäquater Beschreibungsmodus von (etwa performativitätstheoretischen) Forschungsergebnissen gelten, dann verbietet sich die Verallgemeinerung wissenschaftlicher Ergebnisse. Es stellt sich die Frage, worin die spezifische Systematik, Stringenz und Sinnhaftigkeit performativitätstheoretisch begründeter wissenschaftlicher Analysen alternativ besteht. Dieser Frage wird im Folgenden nachgegangen.

Die Bedeutung der Performativität wird für das menschliche Denken und Handeln als fundamental angesehen; das Konzept der Performativität gibt der Forschung also deren Systematik vor: „Die Performativität erfasst uns in der Theoriebildung mit"[301]. Das (wissenschaftliche) Beobachten und Schreiben, Begreifen, Verstehen und Interpretieren seien primär Handlungs- und keine Denkvollzüge;

---

299 HARAWAY 1997, S. 305
300 Vgl. BRAMBERGER 2007, S. 104
301 BRAMBERGER 2007, S. 104

116

zugleich seien spezifische Kontextbedingungen für sie bestimmend. Dasselbe gilt nach HARAWAY (1997) auch für das methodisch abgesicherte Aufstellen und Überprüfen von Hypothesen, für methodisch gestützte Analysen wie auch für das Präsentieren wissenschaftlicher Ergebnisse.

Sie vertritt das Konzept einer „radikalen Performativität"[302], über das Edvin FORSTER (2007) schreibt: „Radikale Performativität anerkennt, dass das Wissen und seine Produktion die Folgen hybrider Prozesse sind. Hybrid ist ein notdürftig eingeführter Begriff, um auszudrücken, dass mit einer Wissensproduktion auch bestimmte Perspektiven zu sehen mitproduziert werden, die wiederum auf die Wissensproduzent(inn)en und ihre Produktionen zurückschlagen und neue Produktionen hervorbringen. Schließlich kommen Humanwissenschaften, das lehrt die radikale Performativität, nicht umhin, in leidenschaftlicher Unvoreingenommenheit *der unseren Visualisierungspraktiken impliziten Gewalt* [Hervorh. durch E.F.] nachzugehen – im Namen einer konkreten Vision."[303] Die Wissenschaft im Allgemeinen wird hier also als eine soziale Praxis verstanden, die bestimmte Machtverhältnisse reproduziert. Sie sei nicht nur an den eigenen Methoden orientiert, sondern folge auch bestimmten sozialen Spielregeln, die sie in veränderter, unvollständiger, einseitig akzentuierter, nicht vollständig antizipierbarer oder anderswie unvollendeter Art und Weise reproduziere. Im Vordergrund einer an „radikaler Performativität" orientierten Sozialwissenschaft stehe das Anliegen, aktuale (soziale) Zusammenhänge möglichst für sich genommen und nicht allgemein zu analysieren. Der Fokus der Analyse liege auf der Möglichkeit einer Infragestellung bestehender Hegemonien und einer Brechung mit diesen. Von vorrangigem Interesse sei daher die Prozessstruktur und Kontextabhängigkeit von Phänomenen. Es werde vornehmlich Praktiken, und weniger Theorien oder Hypothesen und Formen der Planung, der Strategie und des Kalküls forschende Aufmerksamkeit geschenkt bzw. wissenschaftlich Bedeutung beigemessen. Dabei stehe der emergente und relative Charakter von Wissensformen und -formaten im Blick. Diese wiederum würden, wie oben bereits herausgestellt, für nicht schlicht gegeben, sondern unter den sie jeweils (mit-)bestimmenden Bedingungen und damit als relative erachtet.

Solche Bedingungen können etwa implizite gegebene Machtverhältnisse sein, die sich in einer ganz bestimmten Definitions- und Entscheidungsmacht zeigen. Eine performative Auslegung der Wissenschaft zieht dann deren Analyse nach sich. Für eine solche Analyse maßgeblich wird aber wiederum nicht das gewohnte Denken in Dichotomien wie Subjekt und Objekt, Herr und Knecht etc. erachtet.

---

302 KRÄMER & STAHLHUT 2001, S. 55 ff.
303 FORSTER 2007, S. 234

Auch wird die Definitions- und Entscheidungsmacht nicht auf konkrete Personen zurückgeführt. Diskurse der Macht gelten vielmehr als „[…] geregelte und diskrete Serien von Ereignissen"[304]. Solche „Ereignisse" könnten Personen oder Dinge sein, aber auch Milieus, Konzepte, Systeme und Strategien oder Modi einer Durchführung, etwa Praktiken und deren Wirkungen, Kontexte etc. Im Blick stehen also diverse Arten von Beziehungsgeschehen, situative Bedingungsfelder und sich bildende und auseinanderdriftende Aktionszentren.[305] Die Akteure und Akteurinnen wie auch die Institutionen spielen hier nicht immer die zentrale Rolle, hinzu treten diskursive, materiale und räumliche Aktanten. In der Forschung zeitigten etwa politische Programme, Formen der Finanzierung von Forschung, Qualifikationsordnungen etc. Wirkung. Im Schulunterricht könnte bspw. eine über bestimmte Objekte (etwa Spielkarten) hergestellte Beziehungsachse zwischen einer medialen Welt (wie „Star Wars") und einer Schüler(innen)gruppe latent Wirkung zeitigen bzw. Macht ausüben o.ä. Es stellt sich hier selbstverständlich die Frage nach ihrer Ermittlung.

Die von HARAWAY (1997) angestellten methodologischen Überlegungen nehmen ihren Ausgang im sozialkonstruktivistischen Ansatz (in der Auslegung etwa von Michel FOUCAULT und Judith BUTLER), nach dem die Sprache nicht bloß die Wirklichkeit repräsentiert, sondern auch zu deren Konstitution und Veränderung beiträgt: Jede Formulierung sei ein Eingriff in die Wirklichkeit.[306] Mit jeder (sozialen) Normalitätskonstruktion, so BUTLER (2003), gehe die Konstruktion eines Bereiches von (sozialen) Abweichungen einher. BOURDIEU (2002) schreibt: Man „[…] muss man Wissen in engagiertes Wissen überführen", und Bettina APTHEKER (1989) formuliert die entsprechende sozialpolitische Forderung: „[…] we have to allow for this ambiguity and paradox, respect each other, our cultures, our integrity, our dignity."[307]

Kurz, die sich performativitätstheoretisch verstehende Forschung will den „Entwurfscharakter"[308] der Theoriebildung mit dem Ziel aufzeigen, eingeschliffene Formen der Definitions- und Entscheidungsmacht aufzudecken, um mit diesen zu brechen. Der sich an „radikaler Performativität" orientierende wissenschaftliche Ansatz verschreibt sich sogar der noch weitergehenden Programmatik

---

304 FOUCAULT 1991, S. 38
305 Vgl. HARAWAY 2000
306 Vgl. FORSTER 2007, S. 230
307 APTHEKER 1989, S. 253
308 „Mit dem Wort *Entwurf* [Hervorh. durch J.D.] bezeichne ich von jetzt an die Kraft jener Bewegung, die selbst noch nicht Subjekt, Projekt oder Objekt ist, in der sich aber jede subjekt-, objekt- oder projekthafte Produktion oder Bestimmung vollzieht, die ihre Möglichkeit im Entwurf findet." (DERRIDA 1997, S. 8)

einer *Befreiung* vom (endgültigen) *Bestimmen-Wollen* und auch *-Müssen* eines Gegenstands zugunsten des Anspruchs, ein „[…] Ereignis in seinem Kontext zu verstehen – in einem Kontext, der von diesem Ereignis zugleich überschritten wird."[309]

In methodischer Hinsicht plädiert Haraway (1995) für ein „situiertes Wissen" und ein umfassend bewegliches Denken, dem sie es aufgibt, die eigenen Kontextbezüge und -bindungen stets kritisch mit zu reflektieren. Tendenziell handelt es sich dabei um subluminale, also schweigende Aspekte von Vorgängen, Vollzügen und Akten. Es geht ihr um die Einnahme einer „partialen Perspektive"[310], die der „[…] Anfechtung, Dekonstruktion, leidenschaftliche[n] Konstruktion, verwobenen Verbindungen und der Hoffnung auf Veränderung von Wissenssystemen und Sichtweisen den Vorrang gibt."[311]

Zur methodologisch-methodischen Sensibilisierung[312] für schweigende Wissens- und Prozessformen schlägt Haraway (1997) das folgende methodische Vorgehen vor: Eine Forschung, die den notwendig performativen Charakter von Theorie in Betracht ziehe, nehme ihren Ausgangspunkt in der „leidenschaftlichen Unvoreingenommenheit"[313] wie auch im sozialpolitischen und emanzipatorischen Anspruch eines „nicht-sinnlosen Engagement(s) für Darstellungen"[314]. Es gelte das von Gilles Deleuze und Félix Guattari (1996, S. 35) der Wissenschaft auferlegte Gütekriterium: „Wenn ein Begriff *besser* [Hervorh. durch G.D & F.G.] ist als der vorangehende, so deshalb, weil er neue Variationen und unbekannte Resonanzen spürbar macht, ungewöhnliche Schnitte vollzieht, ein Ergebnis herbeiführt, das uns überfliegt."[315] Mit dem Ziel, solche Begriffe herauszuarbeiten, würden im Rahmen wissenschaftlicher Theoriebildung unter Umständen auch

---

309 Wulf & Zirfas 2007, S. 33

310 „Nur eine partiale Perspektive verspricht einen objektiven Blick. Dieser objektive Blick stellt sich dem Problem der Verantwortlichkeit für die Generativität aller visuellen Praktiken [auch der wissenschaftlichen Sichtweisen, A.K.] anstatt es auszuklammern." (Haraway 1995, S. 82)

311 Haraway 1995, S. 85

312 Vgl. bspw. Dohmen 2001

313 Haraway 1995, S. 82

314 Haraway 1995, S. 78 f. Im Hintergrund steht das Interesse am konsequenten Zerstreuen der traditionellen Bilder von Weiblichkeit und deren existentiellen Konsequenzen. Das „nicht-sinnlose Engagement für Darstellungen" gilt auch der Rehabilitierung des entmachteten menschlichen Körpers im Sinne seiner Unverfügbarkeit sowie der Herausstellung der Parallelität verschiedener „Entwürfe" (siehe oben).

315 Deleuze & Guattari 1996, S. 35

gezielt, und zwar „operativ-strategisch"[316], Eingriffe in ein vorgefundenes Setting vorgenommen. So würden etwa mit dem Ziel, den „Entwurfscharakter" sozial- und humanwissenschaftlicher Theoriebildung aufzuzeigen, alternative Szenarien eingeführt, anhand derer vorgefundene Theorien gezielt hinterfragt werden könnten. – Ralf BOHNSACK (2007) schreibt: „[...] der kultur- und sozialwissenschaftliche Beobachter [hat] danach zu fragen: *Wie* [Hervorh. durch R.B.] wird das, was für wahr und richtig gehalten oder als unwahr und falsch ausgegrenzt wird, in der alltäglichen Praxis und in deren Sozialisationsgeschichte, in deren Soziogenese *hergestellt* [Hervorh. durch R.B.]?"[317] BOHNSACK (2007) argumentiert, dass den Sozial- und Humanwissenschaften dem Prinzip nach gar keine andere als die performative Erkenntnisform zustehe. Denn Gegenstand „[...] einer validen sozialwissenschaftlichen Beobachtung seien [...] nicht die Motive und subjektiven Intentionen selbst, sondern lediglich die Prozesse ihrer Konstruktion, also ihre interpretatorische und definitorische Performativität."[318]

Allerdings müsse im Rahmen qualitativer Forschung eine adäquate Beschreibungssprache für die innere Regelhaftigkeit und Eigendynamik der Interpretation sozialer Phänomene erst noch entwickelt werden.[319] Eine solche Beschreibungssprache ist (schul-)pädagogisch von großer Relevanz.[320] Sie lässt sich stimmig mit den Zielen der Kindheitsforschung verbinden.

Zu einer Entwicklung eben dieser Beschreibungssprache kann insbesondere die performativitätstheoretisch angelegte kulturwissenschaftliche Beforschung der Formen einer Herstellung von kultureller Differenz beitragen. Deren Fokus liegt auf der Formierung und der Infragestellung von Konzepten kultureller Identität durch Praktiken, (Re-)Präsentationen, Machtrelationen, Migration, Korporealitäten, Ökonomismus, durch die Emergenz neuer Ästhetiken sowie Fragen der Aneignung und Übersetzung.[321]

Auch im Rahmen eines bestimmten praxeologischen Ansatzes wird, wie im Folgenden dargelegt wird, an der hier in Frage stehenden Beschreibungssprache gearbeitet.

---

316 KRÄMER & STAHLHUT 2001, S. 55 ff.

317 BOHNSACK 2007, S. 201

318 BOHNSACK 2007, S. 202

319 BOHNSACK 2007, S. 208

320 Mit dem Ziel, Formen der Bewertung (Evaluation) von Lehr-Lern-Prozessen in Bildungseinrichtungen herauszuarbeiten, hat bspw. Juliane LAMPRECHT (2012) eine Beschreibungssprache für performative Prozesse erarbeitet.

321 Vgl. International Research Center ‚Interweaving Performance Cultures' (www. geisteswissenschaften.fu-berlin.de/en/v/interweaving-performance-cultures).

3.3   Zur praxeologischen Epistemologie

„Praxeologie" ist ein schillernder Begriff.[322] Im Bereich der Philosophie und der Soziologie bezeichnet er Handlungstheorien im Allgemeinen (auch solche, die dem noematischen Wissenschaftsparadigma zuzurechnen sind).

In unserem Kontext bezeichnet der Begriff Praxeologie[323] einen bestimmten, an Praktiken und Praxen interessierten forschenden Zugang, der von anderen handlungstheoretischen Ansätzen gerade abgegrenzt wird. – BOURDIEU (1972, 1993) bspw. definiert die Praxeologie in Abgrenzung zur Phänomenologie[324] und zum Objektivismus. Diese Abgrenzung bezieht sich in erster Linie auf die Tatsache, dass der Soziologe in der praxeologischen Auslegung menschlichen Handelns die Möglichkeit eines stringenten Rekurses auf universales und dauerhaftes Weltwissen ausschließen will.[325] Fokussiert werden stattdessen lokale Wissensformen und -formate. Diese werden als nicht nur für alltägliche, sondern auch für professionelle, bspw. wissenschaftliche Praktiken für ausschlaggebend erachtet. Georg BREIDENSTEIN (2008) schreibt: „Das Soziale wird in praxeologischen Ansätzen nicht mehr, wie in klassischen Handlungstheorien, in normativen Orientierungen oder, wie in *rational choice*-Ansätzen [Hervorh. durch G.B.], in Entscheidungen der Handelnden angenommen, sondern in alltäglichen sozialen Praktiken selbst verortet, die durch praktisches Wissen und praktisches Können bestimmt sind. Eine *Praktik* [Hervorh. durch G.B.] ist also die kleinste Einheit des Sozialen; sie ist ein routinisierter ,nexus of doings and sayings' (SCHATZKI 1996, S. 89), der durch implizites praktisches Verstehen, *practical understanding* [Hervorh. durch G.B.], zusammengehalten wird. Mit der Akzentuierung von Praktiken löst sich

---

322 Zum Verhältnis von Leibphänomenologie und Praxeologie siehe KRAUS 2013.

323 Wenn hier von Praxeologie die Rede ist, dann geht es um die praxeologische Unterrichtsforschung. Tanja STURM (2012) schreibt: „Eine praxeologische Betrachtung von Unterricht hat zum Ziel, das konjunktive Erfahrungswissen herauszuarbeiten, an dem Akteurinnen und Akteure ihre Praktiken ausrichten und in denen sie jeweilige Bedeutungen entwickeln. Ziel dieses Vorgehens ist es, einen differenzierten Blick auf die Komplexität der Zusammenhänge des Unterricht mit Bezug auf die Erfahrungen aus der Perspektive der Lehrenden zu erhalten. Im Gegensatz zur Unterrichtforschung der der empirischen Bildungsforschung wird damit die Mikroebene unterrichtlicher Prozesse fokussiert. Quasi konträr zur empirischen Bildungsforschung besteht hier das Ziel, die *Herstellung der sozialen Praxis Unterricht* [Hervorh. durch T.S.] zu betrachten und nachvollziehen zu können."

324 BOURDIEU zieht allerdings nicht die Vielfalt der phänomenologischen Ansätze in Betracht.

325 Zu dieser Frage verhalten sich phänomenologische Ansätze sehr unterschiedlich.

der Blick von den *Akteur(inn)en* [Hervorh. durch G.B.]. Es geht also nicht um die Frage, wer welche Praktik ausführt, sondern umgekehrt darum, wer oder was in eine spezifische Praktik *involviert* ist [Hervorh. durch G.B.]. Menschliche Körper, aber auch Artefakte werden als ‚Partizipand(inn)en‘ von Praktiken aufgefasst. (Hirschauer 2004) Die praxeologische Perspektive insistiert also auf der *Materialität* [Hervorh. durch G.B.] von Geschehen bzw. Praktiken: ‚Eine Praktik *besteht* aus bestimmten routinisierten Bewegungen und Aktivitäten des Körpers‘ (Reckwitz 2003, S. 290).“[326] Breidenstein (2008) stellt weiter heraus, dass unter praxeologischer Perspektive angenommen wird, „[...] dass in der sozialen Welt nicht einzelne diskrete *soziale Praktiken* [Hervorh. durch G.B.] isoliert vorkommen, vielmehr bildet die soziale Welt *lose gekoppelte Komplexe* [Hervorh. durch G.B.] von Praktiken (Reckwitz 2003, S. 295)“[327].

Praxeologisch werden bspw. die Modi ermittelt, wie (wissenschaftliche) Theorien auf die Berufspraxis von Lehrer(inne)n angewendet werden (können). So werden bspw. gängige Sprachspiele zu zentralen pädagogischen Zielvorstellungen (etwa Chancengleichheit etc.), zur Lernförderung unter Berücksichtigung individueller Lernausgangslagen, zur Anbahnung der Befähigung zu selbstständigem Lernen oder zur individualisierten Kompetenzentwicklung etc. in Hinblick auf ihre Anwendung in den pädagogischen Praxisfeldern untersucht. Solche und andere erziehungswissenschaftliche Konzepte werden um Untersuchungen der Praktiken und ihrer jeweiligen Effekte in den pädagogischen Feldern ergänzt. Dabei stehen nicht nur mit pädagogischen Intentionen durchgeführte, sondern alle Arten von Praktiken im Blick, so können bspw. auch das Öffnen eines Fensters während des Unterrichts oder das Aufhängen eines Kleidungsstücks pädagogisch wirksam sein.

In der Regel wird überhaupt jede pädagogisch gerahmte Praktik zunächst von den Akteur(inn)en unter dem Gesichtspunkt des Initiierens, Anleitens oder Aufsich-Nehmens und Reflektierens von Lern- und Bildungsprozessen aufgefasst. Praktiken im pädagogischen Feld entfalten also pädagogisch erwünschte, unerwünschte oder auch pädagogisch neutrale Wirkungen.

Eine praxeologische Interpretation von Handlungsgeschehen kann indes generell nicht dieselbe Transparenz, Präzision und Passung von Theorie und Empirie erreichen wie dies unter rein theoretischen oder kategorialen Gesichtspunkten möglich wäre bzw. möglich zu sein vorgegeben wird. So werden unter praxeologischer Perspektive Verunklärungen, Widersprüche, Grenzen des Verstehens und Interpretierens etc. sichtbar. Praxeologische Studien können bspw. zu dem

---

326 Breidenstein 2008, S. 206
327 Breidenstein 2008, S. 206, Hervorh. durch G.B.

Ergebnis kommen, dass sich distinkten pädagogischen Idealvorstellungen und Maßstäben in praxi in vielfältiger Hinsicht ihr Gegenteil beigesellt. Konzepte und Praktiken treten bisweilen auch miteinander in Konflikt. Es kann deutlich werden, dass sich Konzepte nur annähernd kongruent in die Praxis umsetzen lassen etc. Kurz, unter praxeologischer Perspektive wird nicht nur die Stringenz von Denken und/oder Handeln, sondern es werden auch Brüche, Widersprüche, Aspekte einer Vermischung von divergenten Direktiven und Praktiken etc. erkennbar.

Nicht zuletzt kann die handlungsbegleitende Reflexivität, die oben als für den Lehrberuf typisch befunden wurde, praxeologisch näher bestimmt werden. In Hinblick auf die Widersprüche, die unter praxeologischer Perspektive erkennbar werden, fallen in Bezug auf Schule und Unterricht insbesondere die oben skizzierten Spannungsfelder und die heteromorphe Normativität ins Auge. Auch wenn sich jeder pädagogischen Maßnahme in vielen verschiedenen Facetten die Aufgabe stellt, vielfältige Widersprüche in pädagogischen Situationen zur einen oder zur anderen Seite hin aufzulösen, so orientiert sich hier doch eine Art Januskopf. Der Antagonismus seiner Blickrichtungen, der sich situativ jeweils anders zeigt, lässt sich durch eine praxeologisch ausgerichtete Praktikenforschung näher bestimmen. Insbesondere eröffnen sich hier für die an den differenten Perspektiven von sozialen Akteuren interessierte Kindheitsforschung vielversprechende methodologische, methodische wie auch theoretische Optionen.

Als eine Art Zusammenfassung soll im Folgenden die für die Unterrichtsentwicklung notwendige Reflexivität, die hier phänomenologisch, performativitätstheoretisch und praxeologisch ausmodelliert wurde, nochmal grundsätzlicher vor dem noetisch-epistemologischen Hintergrund näher bestimmt und anhand drei konkreter Beispiele veranschaulicht werden.

4 Resümee und Ausblick: zur Epistemologie einer wissenschaftlich ausgerichteten Lehrer(innen)bildung und empirische Zugänge zum Orientierungs- und Praxiswissen von Lehrer(inne)n

Direkte Effekte der wissenschaftlichen Forschung auf die Schul- und Unterrichtspraxis sind – etwa unter dem Gesichtspunkt forschungsethischer Maßgaben – zu vermeiden, oder es wird über die Legitimität formativer Wissenschaft gestritten. Wenn von formativer (noematischer) Wissenschaft, etwa von wissenschaftsgestützter formativer Evaluation die Rede ist, geht es eher um den methodisch gestützten und daher für objektiv erachteten Geltungscharakter wissenschaftlicher Ergebnisse, und nicht um bspw. ungeplante (Begleit-)Effekte[328] wissenschaftlicher Forschung.

Nach dem noetischen Ansatz ist jedoch von ebensolchen Effekten auszugehen. Nach der Leitthese dieser Abhandlung eröffnen deren Anerkennung und systematische Ermittlung prinzipiell nicht nur der wissenschaftlichen Reflexivität, sondern auch einer praxis- und wissenschaftsorientierten Lehrer(innen)bildung neue Perspektiven und Möglichkeiten.

Bislang spielen (sozial-)wissenschaftliche Forschungsergebnisse bei schulischen und unterrichtlichen Entscheidungen hauptsächlich dann eine Rolle, wenn ebensolche „nach außen" und auf rein argumentativer, also symbolisch-sprachlicher Ebene legitimiert werden (müssen).[329] Anders, Lehrer(innen) weisen nur sehr selten ihr handlungsleitendes, sondern viel eher ihr Legitimationswissen wissenschaftsorientiert aus.[330] Damit wird dem symbolisch-abstrakten Wissen auf dem pädagogischen Feld, wie wir gesehen haben, eine unangemessen hohe Praxisrelevanz beigemessen. Die Relevanz dieser Wissensform in Hinblick auf unterrichtliche Entscheidungen ist nicht nur äußerst umstritten.[331] Legitimationswissen, die Fähigkeit, stichhaltig argumentieren zu können, und ein fundiertes Fachwissen geben zudem per se nachweislich noch keine Gewähr für eine gelingende Unterrichtspraxis. Es ist, etwa im Sinne von „Vertrautheitsfallen", sogar eher das Gegenteil der Fall. Ferner ist es unmöglich, das Unterrichtshandeln vor dem

---

328 Vgl. etwa BACHELARD 1974
329 Referiert wird auf Entwicklungen in den Bildungswissenschaften, Fachwissenschaften und Fachdidaktiken. Referenzen werden bisweilen in den Bildungsplänen oder in amtlichen Vorschriften nahe gelegt.
330 BÖHME 2004, S. 134
331 Bspw. NEUWEG 2005

gesamten Hintergrund der heteromorphen Normativität, die effektiv das Handeln einer Lehrperson bestimmt bzw. bestimmen sollte, zu legitimieren. Zur Begründung ihres professionellen Handelns werden daher häufig eher mit Autorität besetzte, handlungsferne Diskurse herangezogen; machtbesetzte Diskurse und symbolisch verbrämte „Vertrautheitsfallen" werden dann schnell zu professionellem Wissen hochstilisiert.[332] Auch Professionstheorien können „Vertrautheitsfallen" enthalten.

Die Schulpädagogik und die Lehrer(innen)bildung sind insbesondere für die (Vor-)Modellierung von Legitimationswissen besonders anfällig. So werden heute argumentative Rechtfertigungen, etwa durch wissenschaftliche Resultate, im Rahmen der Lehrer(innen)bildung breitflächig eingeübt. In Hinblick auf ein solches Legitimationswissen stehen häufig eine Überprüfung der professionellen Ethik einer Lehrperson und das Streben nach messbar guten Lernresultaten im Vordergrund. Die Tatsache, dass die Relevanz von Legitimationswissen für das Gelingen von Unterricht nicht belegt ist bzw. im Gegenteil eher „Vertrautheitsfallen" mit sich bringen kann, wird leicht übersehen.

In dieser Abhandlung wird die Kompetenzentwicklung von Lehrer(inne)n bzw. die Lehrer(innen)bildung weniger von den (wissenschaftlich legitimierbaren) Resultaten von Schule und Unterricht oder von einem berufsethischen Kodex („guter Lehrer"/„gute Lehrerin") als vielmehr im Sinne von Praktiken und Prozessen im pädagogischen Berufsfeld ausbuchstabiert. Das Augenmerk liegt dabei auf der „Pluralität eigenlogischer Praxisformen"[333]. Diese Pluralität wird unter dem Gesichtspunkt diverser Wissensformate, -formen und Epistemologien gefasst, die auch (individuelle) Professionstheorien einschließen. In Bezug auf das Verhältnis von Theorie und Praxis im Lehrberuf wird auf „Integrationskonzepte"[334] rekurriert, die in jeweils unterschiedlicher Weise von einer Kongruenz von Können und Wissen im Lehrberuf ausgehen. Empfindlich fällt hier allerdings die Problematik eines zwischen den Lehrpersonen im Unterricht zum Einsatz gebrachten Wissensformen und -formaten und der wissenschaftlichen Legitimation ihres Handelns und Urteilens bestehenden Hiatus ins Gewicht. Dieser Hiatus spielt im Zusammenhang der Frage nach einer wissenschafts- und zugleich praxisorientierten Lehrer(innen)bildung selbstredend eine wichtige Rolle. Böhle et al. (2004) stellen in diesem Sinne heraus, dass im Mittelpunkt (überhaupt je-)des professionellen Handelns die Fähigkeit stehe, auf nicht Vorhergesehenes und Un-

---

332 Der empirische Beweis dieser bisher nur durch die Alltagserfahrung gestützten These ist noch zu erbringen.
333 Ehrenspeck & Rustemeyer 1996, S. 379
334 Vgl. Neuweg 2010, s.o.

vorhersehbares flexibel zu reagieren. In der Berufsbildung gehe es daher nicht vorrangig darum, Maximen des professionellen Handelns und Urteilens im Berufsfeld zu folgen, solche Maximen sind vielmehr unter dem Gesichtspunkt möglicher Infragestellungen etc. reflexiv verfügbar zu machen.

Dies lässt sich, so stellt es bspw. VAN MANEN (1995) unter phänomenologischem Blickwinkel heraus, durch eine Revision von Vorannahmen und Vorerfahrungen erreichen. Bereits verinnerlichte Situationsdeutungen werden dann mit neuen Erfahrungen, Deutungsschemata und Denkstilen vermittelt.

Im Rahmen der Lehrer(innen)bildung geht eine solche Erfahrungsbildung wissenschaftlich fundiert vonstatten. Das heißt, die Revision von Vorannahmen und Vorerfahrungen erfolgt epistemologisch reflektiert und methodisch gestützt. Das dazu notwendige methodologische und methodische Inventar stellt die noetische Wissenschaft bereit.

Zwischen der Forschungs- oder noetischen Wissenschaft und dem unterrichtspraktischen Handeln bestehen, neben vielen Unterschieden, auch diverse Parallelen. So stellen sich sowohl das professionelle Handeln im Lehrberuf wie auch die noetische Forschung der Einsicht in die Begrenztheit der eigenen Entwürfe. Beide generieren auf diese Weise reflexives Wissen. Im Rahmen des noetischen Ansatzes wird die Wissenschaft als von Wissensformaten und -formen, Paradigmen und Epistemologien bestimmt angesehen. Verschiedene Wissensformen und -formate sind in beiden Professionsfeldern wichtiger Gegenstand der Analyse. In der Schulpädagogik und in der Lehrer(innen)bildung spielen die Formen des Orientierungs- und Praxiswissens oder der von den Akteur(inn)en im Feld geteilte Sinn etc. eine zentrale Rolle. Von den Akteuren selbst eingebrachte Perspektiven sind im Sinne einer Reflexion des eigenen (Forschenden-)Standpunkts zentraler Gegenstand auch der noetischen Wissenschaft. Dabei liegt ein besonderes Augenmerk auf den „schweigenden" Aspekten der Forschung und der erforschten Wirklichkeit.

In der Frage, wie die professionelle Erfahrungsbildung wissenschaftlich-empirisch modelliert und wie sie im Rahmen der Lehrer(innen)bildung angeleitet und evaluiert werden kann, lässt sich bspw. der Vorschlag von Donna J. HARAWAY (1997) anführen, nach dem die Wissenschaft die Aufgabe hat, im Sinne eines ‚nicht-sinnlosen Engagements für Darstellungen' Settings zu entwickeln, innerhalb derer implizite oder „schweigende" Dimensionen sozialer Situationen sichtbar werden. HARAWAYS Ansatz entsprechend besteht überhaupt die zentrale Aufgabe der Lehrer(innen) darin, im Sinne eines ‚nicht-sinnlosen Engagements für Darstellungen' didaktisch und pädagogisch tätig zu werden. Denkbar wären im Zusammenhang der Professionalisierung im Bereich der Schulpädagogik etwa didaktische Settings, die etwa dahingehend zielgerichtet konzipiert sind, dass sie bestimmte Lernausgangslagen oder -wege etc. und Optionen eines Umgangs damit sichtbar machen. Den reichhaltigen Implikationen von HARAWAYs Ansatz für die Didaktik soll an anderer Stelle nachgegangen werden.

Hier geht es bekanntlich schwerpunktmäßig um die Wissenschaftsorientierung praxisorientierter Lehrer(innen)bildung, und im Mittelpunkt forschender Aufmerksamkeit steht nach dem noetischen Ansatz bekanntlich das *Wie* eines Rekurrierens auf diverse Wissensformen und -formate und das Agieren in den (pädagogischen) Spannungsfeldern. Für die (schul-)pädagogischen Zusammenhänge war in dieser Beziehung vor dem Hintergrund der Kindheitsforschung die Lanze für einen theoretischen und zudem forschend-praktischen Rekurs auf die phänomenologisch, performativitätstheoretisch oder praxeologisch angelegte Praktikenforschung gebrochen worden. Im Folgenden werden beispielhaft drei Aufgabenbereiche der noetischen Wissenschaft im Zusammenhang der Lehrer(innen)bildung skizziert:

Erstens können anhand des noetischen Ansatzes normative Gemengelagen so analysiert werden, dass Stellung gegenüber Positionen bezogen werden kann, die unbegründet Dominanz beanspruchen (vgl. etwa HARAWAY). In einer Analyse von Prozessen der Generierung von Wissen sowie generierter Wissensstrukturen wird dann *hinter* vorgefundene (etwa noematische) Konzepte *zurückgegangen*. Zweitens treten unter noetischer Perspektive die Wissensformate, die im Rahmen von Schulpraxis und Lehrer(innen)bildung eine besondere Rolle spielen, in den Blick. Drittens kann die noetische Wissenschaft aufgrund der von ihr entwickelten diversen analytischen Einfallswinkel Wege bahnen, mit Unterrichtssituationen „findig" umzugehen.

4.1   Maßgaben für „guten Unterricht"

Es kursieren derzeit diverse Maßgaben, die im Zusammenhang mit dem Lehrberuf Exzellenz gewährleisten sollen. – Hilbert MEYER (2004) etwa führt die folgenden zehn Merkmale „guten Unterrichts" auf: ein „lernförderliches Klima", „individuelles Fördern", „sinnstiftendes Kommunizieren", eine „klare Strukturierung", „intelligentes Üben", „inhaltliche Klarheit", „transparente Leistungserwartungen", „Methodenvielfalt", eine „vorbereitete Umgebung" und ein „hoher Anteil echter Lernzeit".

Werden diese Kriterien „guten Unterrichts" als fachübergreifende personale, soziale und methodische Kompetenzen ausgelegt, dann statuieren sie ein noematisch Gegebenes („Noema"). Als ein solches werden sie bspw. im Zusammenhang von Legitimationswissen oder auch zunehmend als Beurteilungskriterien bei diversen Eignungsprüfungen für den Lehrberuf eingesetzt.

Unter noetischer Perspektive besehen sind solche Merkmale indes (lediglich) kategoriale Wissensformate, die neben anderen Formen und Formaten eines Orientierungs- und Praxiswissens in das nicht immer bewusste Interagieren der Akteure und Akteurinnen gewissermaßen eingelagert sind. Das Verhältnis dieser Merkmale oder Kriterien zur generellen Unbeständigkeit und Komplexität von Lehr-Lernsituationen ist noch ungeklärt. Lehr-Lernsituationen bestehen – nach Auffassung einer Didaktik, die am didaktischen Dreieck[335] orientiert ist – aus Lehrenden, Lernenden und Lerngegenständen. Erstgenannte sollen den anderen das, was sie lernen sollen, verfügbar bzw. es für sie passend machen. Unter noetischer Perspektive jedoch kann eine Passung von Individuum und Sache und/oder sozialer Gruppe weder garantiert noch auf kontrollierte Art und Weise herbeigeführt werden. Es sei denn, sie wird erzwungen. So kann es bspw. nicht einheitlich festgestellt werden, ob und inwieweit unterrichtliche Kommunikations- und Bewertungsprozesse für die daran Beteiligten Sinn[336] machen oder nicht. Man kann sie zwar danach fragen; ihre Antwort ist vor dem Hintergrund der Vielfalt der in den Unterricht hineinspielenden Wissensformate, Wissensformen und „Vertrautheitsfallen" aber sicherlich nur ein Annäherungswert. Zur Erhebung von Sinngeschehen im Schulunterricht sind viel eher (didaktische und wissenschaftlich-forschende) Settings angemessen, anhand derer unterschiedliche Wissensformate gewissermaßen in actu erhoben werden. – Auf die Frage nach der Empirie dieser Merkmale oder Kriterien „guten Unterrichts" soll im Folgenden eine Antwort gegeben werden.

- Handelt es sich dabei um „Habitus" und/oder „Vertrautheitsfallen", dann verführt ihr allzu selbstverständlicher Aufruf zu Renitenz. Die Merkmale „guten Unterrichts" werden etwa zur Etiquettierung konkreter Unterrichtssituatio-

---

335 Didaktisches Dreieck:

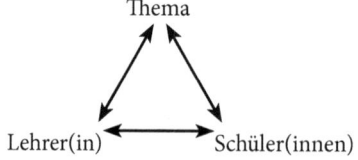

336 Der „Sinn der pädagogischen Interaktion im Unterricht" wird hier im Sinne von Wilhelm WITTENBRUCH (2010, S. 237) als „[…] die Verständigung zwischen Lehrenden und Lernenden insbesondere über alle Handlungsmomente von Unterricht (Ziele, Ausgangslage, Vermittlungsvariablen u. a.)" verstanden.

nen herangezogen, ohne dass die Möglichkeit in Betracht gezogen wird, dass auch, eventuell sogar zugleich, das jeweilige Gegenteil zutreffen könnte. Oben war ferner von mit dem Legitimationswissen möglicherweise verbundenen Verschattungen die Rede.

- Da sich die Schulpädagogik überhaupt nur im Sinne von Spannungsfeldern denken lässt, stellt sich den Praktiker(inne)n in der Schule genauso wie den Bezugswissenschaften der praktischen Schulpädagogik und der Lehrer(innen)-bildung vorrangig die Herausforderung einer Analyse pädagogischer Antinomien im Zusammenhang der Schulpraxis.[337] Zwischen den auftretenden Typen von Widersprüchen, Antinomien, Paradoxien und Dilemmata ist so normativ zu unterscheiden, dass ihrem pädagogischen Nutzen und ihren Nachteilen Rechnung getragen wird.[338]
- In Hinblick auf die Spannungsfelder der Pädagogik wie auch in Bezug auf ein professionelles Handeln, das unter Zeitdruck und unter den Bedingungen polyvalenter Normativität erfolgt, steht zudem einer expliziten immer auch eine vielgestalte „schweigende" Seite gegenüber.
- Schulunterricht besteht aus Praktiken. Bei einer unterrichtlich gerahmten Lernbegleitung geht es nicht primär darum, den Schüler(inne)n bestimmte Inhalte *beizubringen*. Vielmehr sind Lerninhalte so didaktisch aufzuschlüsseln, dass die Sichtweisen der Schüler(innen) erweitert werden. Dies geschieht, indem mittels einer Einführung von Kulturtechniken und Wissensbeständen, durch ein Aufweisen verschiedener Modi der Problemlösung wie auch durch gezielt eingesetzte Hinweise und Materialien etc. Lernprozesse im Unterricht *initiiert* und *unterstützt* werden. Diverse Praktiken sind hier aufeinander abzustimmen und auf ein gemeinsames Unterrichtsziel hin auszurichten. Dies wird bspw. am Aufzeigen von (tatsächlich gegangenen oder gangbaren) Lernwegen, an Unterscheidungen des Zielführenden von Sackgassen, an der Sichtbarmachung von Lernerfolgen, am Aufgreifen der Zugänge der Schüler(innen) zu bestimmten Themen oder an einer Thematisierung der zielführenden Aspekte des Unterrichts etc. deutlich. Praktiken des Ausbalancierens von Widersprüchen sind bspw. dann zu beobachten (und zu erforschen), wenn ein Lehrer oder eine Lehrerin die Aussagen von Schüler(inne)n, Eltern oder Kolleg(inn)en in bestimmte Kontexte stellt, wenn er/sie deren Eigenlogik nachzuvollziehen versucht und/oder ihrem Gegenüber die Möglichkeit gibt, eigene Relevanzsysteme kommunikativ zu entfalten etc.

---

337 Vgl. Esslinger-Hinz et al. 2007
338 Vgl. Stojanov 2004

- Im Unterricht hat die Lehrperson die Aufgabe, den Lerngegenständen eine individualisierte Struktur zu geben, sie verständlich zu kommunizieren, gezieltes Üben anzuleiten und Leistungserwartungen vor den Schüler(inne)n klar auseinanderzusetzen. Inwieweit ihr das unter dem Zeit- und Handlungsdruck, unter dem sie steht, auch wirklich so gelingt wie intendiert, ist selten eindeutig erkennbar. Jedes Gelingen ist vielmehr von Nichtgelingen, jede Wahrnehmung von Nichtbeachten begleitet. Das formale und geplante Unterrichtsgeschehen wird durch diverse Praktiken, durch verschiedene Sichtweisen und Normen, aufgrund differenter Lehr- und Lernausgangslagen wie auch an den Nebenschauplätzen des Unterrichts vielfach gebrochen. Unterricht wird als Differenzgeschehen realisiert.

Unter leibphänomenologischer Perspektive stellt sich die Unterrichtssituation für die Lehrer(innen) wie folgt dar: Ihnen obliegt es, das Zusammenspiel jeweiliger Gegebenheiten unter der Perspektive, dass prinzipiell alles zum Lernimpuls werden kann, möglichst genau zu erfassen und auf die jeweils gegebene Situation entsprechend Einfluss zu nehmen. In der Analyse, was in einer bestimmten Situation auf welche Weise als Lernimpuls wirksam ist, oder als ein solcher gezielt eingesetzt werden kann, ist die Lehrperson auf sich gestellt. Vor dem Hintergrund ihrer Unterrichtsplanung gilt ihr Erfahrungs- und Orientierungswissen vornehmlich den sich im Unterricht vollziehenden responsiven Geschehen. Objekte, Sachverhalte, räumliche Gegebenheiten, soziale Geschehen und individuelle Äußerungen werden unter dem Gesichtspunkt ihres Aufforderungscharakters wahrgenommen und „findig" zu Lernanlässen gemacht. Die Lehrperson *entscheidet* also qua ihres eigenen Urteilens und Handelns über „guten Unterricht". Die *Beurteilung,* ob es sich bei ihrem Unterricht um einen solchen handelt, gelingt einer Lehrperson demnach umso besser, je plausibler sie die Lerninhalte so didaktisch aufschlüsselt, dass sie als die Genese von Sinn deutlich werden (ein Fahrzeug ist zusammengeschraubt, ein Manuskript ist überarbeitet, ein Vogelnest ist gewirkt, etc., s.o.). In Hinblick auf die Veranschaulichung einer konkreten Lernsituation spielt ihre situative „Findigkeit" eine wichtige Rolle. Die Lehrperson verfügt dann in erster Linie über Mittel und Wege, das erwünschte Lerngeschehen für die Schüler(innen) möglichst transparent zu machen, ihnen Lernen überhaupt abzuverlangen und ihnen Lernhilfen zu geben. Sie kann den Schüler(inne)n ihre didaktischen Herangehensweisen und pädagogischen Überlegungen bspw. dadurch verdeutlichen, dass sie sie variiert.

In performativitätstheoretischer Hinsicht wird die Relativität von Handlungs- und Deutungsmustern betont und es interessieren die Modalitäten eines (Unterrichts-)Geschehens. Im Besonderen treten die Unwägbarkeiten in den Blick, die im Lehrberuf ausgetragen und bewältigt werden müssen. Bernd HACKL (2009) zeigt auf, dass und wie sich die Modi professionellen Agierens im Lehrberuf gerade aus der Spezifik einer Erfahrung von Nichtwissen und aus der daraus resultierenden Beeinträchtigung des Handelns ergeben.[339] Damit eröffnet er zugleich eine Möglichkeit ihrer Sichtbarmachung und Erforschung: Generell zeige sich einem über ein bestimmtes Handlungswissen verfügenden Professionellen überhaupt nur in der Erfahrung einer bestimmten Beeinträchtigung, worin die Herausforderung im beruflichen Feld jeweils bestehe. So ist bspw. eine in sich widersprüchliche Entscheidungssituation anders verfasst als die situationale Behinderung einer intendierten Handlung. Die mit einer momentanen Beeinträchtigung der Verfügungsgewalt verbundene Problematik ist anders gelagert als die einer nicht vollständig aufgeklärten Prämissenlage etc. STOJANOV (2004) hat in diesem Sinne richtigerweise das Desiderat einer normativen Differenzierung zwischen unterschiedlichen Typen von Paradoxien bzw. Widersprüchen in den pädagogischen Feldern angemahnt.

In Bezug auf eine jeweils gegebene Problematik stellt eine Lehrperson in der Regel Analogien zu ähnlich gelagerten Fällen her. Sie eruiert mögliche Ursachen und antizipiert denkbare Weiterentwicklungen mit dem Ziel, eine Problemlösung für den besonderen Fall herauszuarbeiten. Dabei handelt es sich in der Regel um eine reflexiv begleitete, weitgehend aber implizite Suchbewegung, aus der sich ihre (und dies vollzieht sich manchmal blitzschnell) Einschätzung der Lage ergibt. Der empirische Beweis dafür, dass eine Problemlösung gefunden und damit eine (neue) Orientierung gewonnen ist, sei, so HACKL (2009), das Moment subjektiv gespürter Entlastung. – Er weist in Bezug auf eine Bewältigung des Unwägbaren mit dem Ziel subjektiver Entlastung auf die folgenden, auch empirisch nachvollziehbaren Funktionen hin: das Verlernen (1), die sog. Schubumkehr (2), die Risikobereitschaft (3), die Gewöhnung (4) und der intuitive Rückgriff auf einen Korpus an Bedeutungen (5). Hinzugefügt wird dieser Liste mit Bezug auf Bernhard WALDENFELS (2004b) die „Findigkeit" im Umgang mit Fremdem (6):

(1) Verlernen: Eine Problemlösung werde häufig dann erreicht, wenn von bereits etablierten Denk- und Handlungsweisen abgesehen werde. Dies sei kein Ereignis, sondern das Ergebnis von Reflexion. In didaktischer Hinsicht impliziere es die – partiell von den Schüler(inne)n mitgestaltete – Umgestaltung und

---

339 Gegen HACKLs (2009) Argument einzuwenden ist, dass damit, dass ein Professioneller, eine Professionelle eine Problematik rasch erfasst, auch renitentes Agieren verbunden sein kann. Wenn HACKL (2009) argumentiert, dass allein das emotionale Erleben den Pfad für die Bewältigung einer Handlungsproblematik weise, die dem Unplanbaren erwächst, ist dies nicht unbedingt eine adäquate Erkundung einer Situation.

Reorganisation von Lernprozessen auf der Grundlage der jeweiligen Lernvoraussetzungen;

(2) Schubumkehr: Die emotional-kognitive Orientierung im nicht zufriedenstellenden, da prekären Hier und Jetzt werde in einer Schubumkehr zu etwas anderem, etwa zu einer Erinnerung oder Erwartung hin umgelenkt;

(3) Risikobereitschaft: „die wiederkehrende Erfahrung erfolgreicher Neuanfänge [scil. sollte sich] zu einer generellen Haltung lernender *Risikobereitschaft* [Hervorh. durch B.H.] verdichten"[340];

(4) Gewöhnung: Bei der Problembewältigung griffen wir auf sedimentierte und habitualisierte, motorische und sensorische Aktionsmuster zurück, die nicht ausdrücklich erinnert oder benannt werden könnten. Ein Beispiel dafür ist die Sprache: Wir können nur deswegen flüssig sprechen, weil wir nicht bei jedem Satz überlegen, wie er zu konstruieren ist; unser Sprechen beruht – genauso wie „Vertrautheitsfallen" etc. – auf Habitualisierungen;

(5) Im intuitiven Rückgriff etwa auf symbolische Repräsentationen, Gebrauchsgegenstände und soziale Konstellationen spielten sich Akteur(inn)en Bedeutungen zu. In der Teilhabe an solchen Bedeutungen und im Zugriff auf sie partizipiere ein Individuum an einer kulturellen und sozialen Gemeinschaft und an den in dieser für relevant befundenen Wissensformaten;

(6) „Findigkeit" im Umgang mit Fremdem: Nach WALDENFELS (2004b) ist unsere „Findigkeit" ein sich uns spontan und reflexionsbegleitend zuspielendes leibliches Vermögen. Es erfasse Phänomene qualitativ, die sich uns rein rational als unauflösbare Dilemmata, Disjunktionen, als nicht einholbare Fremdheit etc. darstellten.

Haben diese Funktionen auch alle einen mehr oder weniger spontanen Charakter, so werden sie doch an Handlungsgeschehen sichtbar bzw. können vom Akteur, von der Akteurin beschrieben werden. Sie treten allerdings überhaupt nur dann in den Blick, wenn der gewohnte Denkfluss unterbrochen bzw. umgelenkt wird. Situationen, in denen eine Um- oder sogar Neuorientierung herbeigeführt wurde, werden bisweilen noch lange erinnert. Werden sie wieder aufgerufen, dann können solche Um- und Neuorientierungen unter Umständen in reflexives Wissen überführt werden. So lassen sich etwa an biographischem Material (liebgewordene und) eingeschliffene Gewohnheiten aufweisen und hinterfragen genauso wie Modi des Verlernens von vermeintlich gesichertem Wissen, Momente einer Schubumkehr, der Risikobereitschaft sowie Zeugnisse der Findigkeit im Umgang mit Fremdem.

---

340 HACKL 2009, S. 76

Wissensformate wie symbolische Repräsentationen (etwa Abbildungen, Bücher, Pläne, Skizzen), Gebrauchsgegenstände (wie diverse Materialien, Werkzeuge, Möbel), soziale Konstellationen (wie Projektgruppen, Schulklassen) wie auch natürlich Entstandenes und kulturelle Formationen (wie Tanz etc.) bilden den Wissensfundus für das schulische Lernen. Solche Wissensformate werden derzeit in einer etwa kulturwissenschaftlich orientierten pädagogischen Ding-, Architektur- und Sozialforschung herausgearbeitet. Sie kommen dann maßgeblich ins Spiel, wenn die Lehrperson qua ihres eigenen didaktischen und „findigen" Handelns und Urteilens über „guten Unterricht" entscheidet. Letzter ist niemals festgestellt, er wird vielmehr stets von Neuem auf die Plausibilisierung von Lerninhalten hin angelegt. Die verschiedenen daran beteiligten Wissensformen lassen sich im Rahmen der Lehrer(innen)bildung einüben, reflektieren und beforschen; die dafür potenziell maßgeblichen Wissensformate lassen sich herausarbeiten, erlernen und im Feld analysieren.

4.2 „Wissensformate" im Unterricht: die Stimmführung als Beispiel

In Bezug auf Wissensformate war gezeigt worden, dass sie nicht allein in den Fachdisziplinen und im Zusammenhang der für den Alltag notwendigen Strategien und Techniken, sondern auf multimodale Art und Weise in den vorgefundenen sozialen und kulturellen Feldern generiert werden. Dabei wurden insbesondere die Formen und Formate sog. „schweigenden" Wissens als ein zentraler Gegenstand der Professionalisierung für den Lehrberuf herausgestellt. Für „schweigendes" Wissen beispielhaft sind solche Wissensformate, die sich am Sprechen resp. an Erzählmodi und Sprechgesten zeigen.

Die menschliche Sprache ist weniger ein Mittel oder Instrument, das sich als ein System von Zeichen und Symbolen außerhalb unserer selbst befindet und dessen wir uns bedienen. Sie ist vielmehr ein Medium. Das heißt, Sprache kommt unter Rückgriff auf bestimmte Strukturen und verbunden mit bestimmten Begleitumständen zum Einsatz. Grundlegend ist hier die menschliche Stimme. Durch die eine Aussage untermalende Modulation der Stimme und die Intonation, durch Sprechpausen und Ausrufe werden entscheidende bedeutungsstiftende Akzente gesetzt. In ihrer Materialität ist die Stimme vom Körper des Sprechenden, dessen Konstitution und Gewohnheiten etwa, abhängig. In der Art und Weise des Sprechens bildet sich in gewisser Weise die Lebens- und Lerngeschichte eines Menschen ab. Sprechgesten geben Aufschluss über die Art und Weise eines Individuums, Dinge und Themen zu begreifen und sich diesen, auch bspw. in professioneller Art und Weise, gegenüber zu verhalten. Sie ist ein zentrales Moment der menschlichen Sozialität und legt das Fundament für die Teilnahme an sozialen Geschehen. Das Individuum ist etwa dazu angehalten, die Sprechkulturen zu reproduzieren, an denen es partizipiert. Daher spielen die Sprechgesten von Lehrer(inne)n auch eine zentrale Rolle bei der Sozialisierung der Schüler(innen) in die Schule.[341] Bspw. implizieren Erzählmodi Wissensformate. Etwa zeitigen auktorial-allwissende, fiktionale, dokumentarische, partizipierende, betrachtende und poetische Erzählmodi im Schulunterricht häufig implizit, aber dennoch für das Handlungs- und Lerngeschehen zumeist entscheidend Wirkung.[342] Die pädagogischen Implikationen von Erzählmodi und anderer Sprechgesten lassen sich unter phänomenologischer[343], praxeologischer oder performativitätstheoretischer Perspektive auch empirisch ermitteln. Eine solche interpretative Folie kann nicht nur für die Unterrichtsanalyse herangezogen werden. Es lassen sich verschiedene Modi der Stimmführung auch bis zu einem gewissen Grade einüben.

Dabei entzieht sich das über Sprache Ver- bzw. Übermittelte zu einem großen Teil dem bewussten Zugriff der jeweils Sprechenden. Die Sprache leistet mehr, weniger, oder oft auch anderes als dies in der bewussten Absicht der Sprecher liegt. Im Rahmen der kulturwissenschaftlich und/oder pädagogisch ausgerichteten Praktikenforschung können solche Effekte der Sprache ermittelt werden.

Neben der Stimmführung gibt es im Schulalltag viele andere „schweigend" wirksame Faktoren, wie etwa die Aufmerksamkeit, Improvisationen, Habitus etc. Solche kulturellen Aspekte menschlichen Handelns und des sich-Verhaltens werden insbesondere im Rahmen anthropologischer Ansätze[344] in der Pädagogik herausgearbeitet und erforscht; kulturwissenschaftliche Ansätze und Studien geben wertvolle Vorlagen dafür ab. Im Rahmen der Lehrer(innen)bildung werden solche zumeist „schweigend" wirksame Effekte nachvollzogen und empirisch weiter erforscht.

4.3 Das Unterrichtsgeschehen als Differenzgeschehen am Beispiel der Altersdifferenz

Schulunterricht ist per se ein Differenzgeschehen. Das heißt, das Agieren einer Lehrperson im komplexen pädagogischen Feld lässt sich prinzipiell nur im Mo-

---

341 Vgl. DIETRICH 2010
342 Vgl. DIETRICH 2010
343 WESTPHAL 2002, DIETRICH 2010
344 Vgl. bspw. WULF 1997; KRAUS 2008, 2009, 2010, 2011, 2012; BERGSTEDT et al. 2012.

dus des allgemein Menschlichen und seiner vielfältigen genuinen und kulturellen Erscheinungsformen reflektieren.[345]

In dieser Beziehung wurde oben mit Bezug auf MERLEAU-PONTY (1966) auf die grundsätzlichen Unterschiede zwischen den Denkweisen von Kindern und Erwachsenen hingewiesen. Nach Thomas CHRISTALLER (2001) stehen im Vordergrund des Interesses von Kindern, zu ergänzen wäre Jugendlichen, in ihren Interaktionen mit Erwachsenen grundsätzlich die Komplexitätsreduktion und die Herstellung der Vorhersagbarkeit von Geschehen. – Er schreibt: „Kinder sind Sozialingenieure. Sie verwenden den Hauptteil ihrer Zeit darauf, Beziehungen zu pflegen im positiven und negativen Sinne."[346] Allerdings sei dies keineswegs gleichbedeutend mit der Herstellung eines tatsächlich tragfähigen sozialen Gefüges. In den Bemühungen der Kinder um ein in erster Linie in seiner Komplexität reduziertes und vorhersagbares soziales Gefüge spielten die manipulativen Mittel, die möglichen Folgewirkungen und eventuelle Sachzwänge, die von Erwachsenen gewählt, in Kauf oder wahrgenommen würden, vielmehr häufig gar keine Rolle. Soziale Bemühungen eines Kindes gingen häufig an den Erwartungen ihrer Mitmenschen an zwischenmenschliche Beziehungen (wie Diskretion etc.) vorbei. Neben einer Komplexitätsreduktion in Bezug auf ein Sozialgefüge, ihren Versuchen, eine Vorhersagbarkeit von sozialen Geschehen herzustellen, und ihren stark auf Präsenz ausgerichteten sozialen Beziehungen kämen in einer pädagogischen Situation noch viele weitere, von denen Erwachsener verschiedene Grundanliegen von Kindern ins Spiel.[347] So hätten Schüler(innen) etwa häufig sehr viel differenziertere Auffassungen, bspw. zu Schule und Unterricht, als es Erwachsene ihnen unterstellten.[348] Kinder nähmen auch Konflikte und Differenzen aller Art in ganz besonderer Weise wahr und reagierten häufig sehr eigen und sensibel darauf. CHRISTALLER (2001) weist darauf hin, dass prinzipiell Interessen- und andere Konflikte, die auf zwei in einer Personengruppe vorfindlichen unterschiedlichen Intentionen beruhten, in der einzigen intersubjektiven Welt der Erwachsenen zwar in sozial anerkannte Bahnen gelenkt würden (man denke an Institutionen, soziale Ordnungen, Gesetze etc.), dass sie deswegen aber noch nicht gelöst seien. Grundsätzlich ist er der Ansicht, dass die „eigentlichen" Anliegen der Kinder im Schulunterricht heute nur sehr beschränkt Berücksichtigung fänden.

Aus besagten Differenzen ergeben sich bisweilen konfrontative Situationen, in denen Phänomene der Heterogenität in unterschiedlicher Gewichtung eine Rolle

---

345 Stichwort: „Pädagogik der Vielfalt" (PRENGEL 1993).
346 CRISTALLER 2001, S. 17
347 Vgl. HONIG 1999
348 Vgl. BREIDENSTEIN & JERGUS 2008

spielen. Da praxeologisch gesehen stets mit verschiedenen Möglichkeiten eines Umgangs bspw. mit einem bestehenden Konflikt zu rechnen ist, ist es notwendig, die vielfältigen Auffassungsweisen von diversen Personen(gruppen), wie etwa von Kindern, in Bezug auf ein und dieselbe Sache zu ermitteln und die verschiedenen Interessen miteinander abzugleichen. Wie dies praktisch aussehen kann, ist, wie wir gesehen haben, ein wichtiger Forschungsgegenstand der in den Rahmen der Kindheitsforschung gestellten Praktikenforschung. Auch die Didaktik weist in dieser Hinsicht noch große Desiderate auf. Hier spielt insbesondere eine zentrale Rolle, dass jedem an eine Person neu herangetragenen Wissensformat gewissermaßen der Weg bereitet werden muss.

Rüdiger RHEIN (2010, S. 43 f.) schreibt zur Vermittlung von wissenschaftlichen Konzepten: „Die dem Forschungs- und Erkenntnisprozess inhärente Rationalität kann nicht unmittelbar gleichgesetzt werden mit den Prozessen verstehenden Nachvollzugs dieser Rationalität – es muss zunächst der Weg zu dieser Rationalität geebnet worden sein, und dies setzt kognitive, emotionale und sogar leibliche Bedingungen auf Seiten der Lernenden voraus."

Oben waren bereits einige mit Lernprozessen generell verbundene Schwierigkeiten herausgestellt worden. Es ist anzunehmen, dass die Ansprüche der Schüler(innen) an Unterricht wie auch ihre Denkweisen häufig quer zu dem liegen, was Erwachsene unter „gutem Unterricht" verstehen. Mit dem Ziel, dass der Schulunterricht nicht an den Schüler(inne)n vorbeigeht, ist zu eruieren, inwieweit sie die Qualitäten von Unterricht erkennen und beurteilen – lernen – können. Ein solches Lernen ist zugleich ein Zeichen „guten Unterrichts", wenn ein solcher auch nie abschließend realisiert und im Sinne eines Outputs für gut befunden werden kann.

Ein zentrales, und durchaus zu einem gewissen Grade in evidenter Weise erreichbares Ziel von Unterricht besteht also darin, mit den Schüler(inne)n gemeinsam eine für „guten Unterricht" für notwendig befundene Kommunikationsstruktur zu entwickeln. Aktiv daran mitwirkend erkennen sie, dass eine bestimmte, in Sozialität eingebundene und zugleich individualisierte Unterrichtsarbeit für sie bereichernd ist. – Karl-Oswald BAUER (2002) zieht, nachdem er in Hinblick auf die Aufgabe einer „sozialen Strukturbildung" in einer Schulklasse eine Reihe von dafür notwendigen Sozialkompetenzen genannt hat, die folgende Schlussfolgerung: „Professionell wird pädagogisches Handeln erst dadurch, dass Handlungsrepertoires in spezifischer Weise eingesetzt werden, nämlich auf der Grundlage einer stellvertretenden Deutung der Situation von Lernenden."[349] Die

---

349 BAUER 2002, S. 20. Über Handlungsrepertoires im Zusammenhang der Professionalität im Lehrberuf schreibt er: „Handlungsrepertoires sind hoch verdichtete Verknüp-

Schüler(innen) sollen „[...] lernende Klarheit über ihre Ausgangssituation, ihre Einstellung zur Aufgabe und über ihre Handlungsmöglichkeiten in der Lernsituation bekommen. Einfühlendes Verstehen, Paraphrasieren, klärende Fragen stellen, Konfrontieren usw. sind in diesem Teilrepertoire [scil. professionellen Handelns] enthalten."[350] Die für einen zuverlässigen und geregelten Umgang miteinander maßgebliche tragfähige soziale Struktur ist nur dann herstellbar und wird nur dadurch aufrechterhalten, dass eine Lehrperson über Kenntnisse der diversen (typischen) Aktionsformen und Lernhandlungen der Schüler(innen) verfügt. Für den erwünschten Verlauf von Erziehungs- und Unterrichtsprozessen ist die Vertrautheit mit den für die jeweilige Schüler(innen)gruppe typischen Interaktionen und mit den gängigen Mustern der Interaktion zwischen ihnen wie auch mit Erwachsenen entscheidend.[351] Dabei handelt es sich in erster Linie um „schweigendes" Wissen, das weder einfach zu ermitteln noch zu vermitteln ist.

Oben war herausgestellt worden, dass die Möglichkeit eines empirischen Zugriffs auf implizite Orientierungsmuster nach BOHNSACK (2003, 2005) darin besteht, das *Wie* bspw. einer Entscheidungsfindung von Lehrer(inne)n zu eruieren. Das eine professionelle Entscheidung anleitende Handlungs-, Orientierungs- und Praxiswissen einer Lehrperson wird bspw. dann sichtbar, wenn sie das Unterrichtsthema und die darin enthaltenen Lernziele, die verschiedenen möglichen Zugangsweisen zu einem Thema und die Besonderheiten von Lern- und Kommunikationsprozessen etc. explizit macht. Sie zeigt dann auch, dass normative Orientierungen und Typisierungen jeweils in bestimmten Kontexten zur Anwendung kommen.

Eine „soziale Strukturbildung" ist stets durch das unhintergehbare anthropologische Faktum zwischenmenschlicher Differenzen gefordert.[352] Im Besonderen ist der Blick von Schüler(inne)n auf Schule von deren heterogenen Lernausgangslagen (also Alter, Gender etc., s.o.) abhängig. Zugleich unterscheidet sich dieser

---

fungen kognitiver Strukturen mit motorischen Abläufen, die es Handlungsträgern ermöglichen, rasch, ohne Verzögerung, sicher und zielstrebig in komplexen Situationen zu agieren. Für professionelles Handeln sind gut ausgeformte Handlungsrepertoires von zentraler Bedeutung. [...] Aus der Beobachterperspektive wirkt Handeln dann professionell, wenn es zielsicher, flüssig und gekonnt erfolgt und wenn es zur rechten Zeit und im rechten Tempo geschieht. Für den wissenschaftlich begründeten Professionsbegriff ist von entscheidender Bedeutung, ob es gelingt, diese Dimension des praktischen pädagogischen Könnens zu präzisieren und der Forschung zugänglich zu machen." (BAUER 1998, S. 344)

350 BAUER 1998, S. 345
351 vgl. BREIDENSTEIN & JERGUS 2005
352 Vgl. MORROW & RICHARDS 1996

Blick grundlegend von dem von Erwachsenen. Die plurivalente Normativität im Lehrberuf impliziert ein ganzes Spektrum möglicher Einstellungen zu dieser Differenz sowie von Interpretationen derselben und Umgangsformen damit. Die Schüler(innen) von „gutem Unterricht" zu überzeugen schließt ein, ihnen dieses Spektrum mitsamt damit verbundener normativer Auflagen möglichst zu verdeutlichen. Denn nicht nur die Lehrer(innen), sondern auch die Schüler(innen) sind in der Schule mit stark ausgeprägter Normativität konfrontiert. Diese tritt etwa im Rahmen des „Schülerjobs" in Form von unter Umständen äußerst widersprüchlichen Rollenerwartungen auf. Die Schüler(innen) haben in den von ihnen eingenommenen Haltungen und in ihren Verhaltensweisen und Praktiken offenbar zugleich die Herstellung einer Schüler(in)rolle und die Profilierung als Peer zum Ziel. Die Kinder oder Jugendlichen rechtfertigen sich zudem ihren Eltern gegenüber. Sie sind die Träger(innen) von (häufig hybrider/en) Kultur(en) in Gegenwart und Zukunft; sie sind politische Akteure, Konsument(inn)en und sie bewähren sich früher oder später auf dem Arbeitsmarkt. Sich dieser verschiedenen Perspektiven in deren Unterschiedlichkeit bewusst zu werden, ist eines der zentralen Ziele von Unterricht.

Diese Aufgabe stellt sich nicht nur im Zusammenhang der Unterrichtsentwicklung, sondern auch in Hinblick auf eine Abgleichung der universitären Lehrer(innen)bildung mit den Auffassungen der Studierenden.

Es ist anzunehmen, dass Lehramtsstudierende und Lehrende die in ihrem professionellen Feld so zentralen Facetten des (für sie unhintergehbar) Differenten, auch „Fremden"[353] prinzipiell nur dann erfassen können, wenn sie über eine breit angelegte anthropologisch und kulturwissenschaftlich ausgerichtete Bildung in puncto kultureller, institutioneller, sozialer, sozioökonomischer, interaktionaler und intrapsychischer Heterogenität und ebensolcher Differenzgeschehen wie auch über ein breites Repertoire an entsprechendem Orientierungs-, Handlungs- und Erfahrungswissen verfügen. Zum Erwerb eines solchen Wissens kann eine Praktikenforschung wertvolle Hinweise geben. Differenz wird durch auf „subjektive Theorien" gestützte „Vertrautheitsfallen" suspendiert. „Vertrautheitsfallen" können durch fremd oder selbst gesetzte Normierungen (etwa von interpersonaler Differenz; bspw. *„man wird Kindern sicherlich dadurch gerecht, dass man immer …"*) befördert werden.

Genauso wie Erwachsene erliegen auch Kinder und Jugendliche „Vertrautheitsfallen". Die „Vertrautheitsfallen" treten explizit zutage, sondern sie zeitigen

---

353 Zu dem Thema des „Fremden" vgl. die zahlreichen Veröffentlichungen von Bernhard WALDENFELS.

häufig als „schweigende"[354] Dimensionen von Unterricht Wirkung. Dies soll für die Seite der Heranwachsenden explorativ und möglichst vorurteilsfrei noetisch eruiert werden.

Auf der Seite der Erwachsenen spielen in dieser Beziehung fraglos die verschiedenen Formen „idealisierter Erwachsenenkommunikation" und deren jeweiliger Einfluss auf pädagogische Situationen eine besondere Rolle. Jede Lehrerin und jeder Lehrer argumentiert in erster Linie als erwachsene Person. HERZOG & VON FELTEN (2001) schlagen die „idealisierte Erwachsenenkommunikation" überhaupt als den theoretischen Ausgangspunkt für die Reflexion und empirische Erforschung pädagogischen Handelns vor. Andere Wissensformen und -formate stehen diesen idealisierten Modi der Beurteilung und Bewertung von bspw. sozialen Geschehen häufig noch unvermittelt gegenüber. Dabei ist zu beachten, dass die Entscheidungen einer Lehrperson in einer konkreten Unterrichtssituation und deren nachgängige Analyse prinzipiell eher dem narrativen (etwa durch szenische Bilder und analysierende Übertragungen bestimmten) als dem logischen Denkstil folgen. Solche Narrationen sind zu erheben. Vorstellbar ist, dass sie so umgeschrieben werden, dass die „Vertrautheitsfallen" ihre Zwangsläufigkeit einbüßen.

Die Schwierigkeiten, die sich aus den durch die Schüler(innen) eingebrachten Differenzen und Oppositionen für die Kommunikation im Unterricht ergeben, bewältigt eine Lehrperson in der Regel unter dem Gesichtspunkt der ihr jeweils plausibel erscheinenden individuellen Entwicklungsfähigkeit einer Schülerin, eines Schülers. Diese ist u. a. von psychologischen, sozialen und soziokulturellen Faktoren sowie von dem jeweils bereits erreichten Lernstand abhängig. Die individuelle Entwicklungsfähigkeit wird von den verschiedenen normativen Instanzen, die in der Schule ins Spiel kommen, schon unterschiedlich beurteilt. Pointiert schreibt ZIRFAS (2010, S. 59 mit Bezug auf DERRIDA): „Man muss sich (pädagogisch) entscheiden in einer Situation, die die Unmöglichkeit einer gerechten Entscheidung darstellt." Ein Pädagoge/eine Pädagogin nimmt seine/ihre Verantwortung in erster Linie dadurch wahr, dass er/sie sich dieses Dilemmas bewusst ist, es, wo nötig und wenn möglich, anzeigt, es auflöst, aushält und es den Lernenden oder ggf. auch anderen normativen Instanzen begreiflich macht.

Die zentrale Bedeutung der Differenz für Bildungsprozesse findet vor allem in Bildungskonzepten hinreichend tiefgreifend Berücksichtigung, die von einer auf die Lebensalter bezogenen, sozialen, kulturellen und historischen Bedingtheit der menschlichen Lebensführung ausgehen, oder auch in solchen, die an Vor-

---

354 POLANYI 1985. Vgl. BERGSTEDT et al. 2012.

stellungen einer dezentrierten Subjektivität anknüpfen.[355] In letzteren werden die spezifischen Bedingungen des Agierens und Urteilens gegenüber den Vorhaben und Zielen einzelner Akteur(inn)e(n) herausgestellt.

Differenz ist ein Prinzip wissenschaftlicher Erkenntnis. Der ganz eigene Prozesscharakter des Praxis- und Orientierungswissens von Lehrer(inne)n in seiner Relevanz für das Anstoßen von Lern- und Bildungsprozessen bzw. für die Kompetenzentwicklung steht im Mittelpunkt analytischer Aufmerksamkeit der auf die Schulpädagogik und auf die Lehrer(innen)bildung bezogenen Wissenschaften. Die phänomenologische, die performativitätstheoretische und die praxeologische pädagogische Praktikenforschung wie auch die Kindheits- und die Schüler(innen)forschung geben mögliche interpretative Folien dafür ab. Dies gilt nicht nur in thematischer, sondern auch in methodischer Hinsicht. Zudem wird auf die Bedeutung kulturwissenschaftlicher und anthropologisch ausgerichteter Ansätze für die Erfassung von zwischenmenschlichen und anderen Differenzgeschehen und für die Vertiefung einer noetisch-wissenschaftlich fundierten Lehrer(innen)bildung herausgestellt worden.

In dieser Abhandlung wurde der Vorschlag gemacht, im Rahmen einer praxis- und wissenschaftsorientierten Lehrer(innen)bildung auf noetisch begründete Interpretative, Methoden und Methodologien zurückzugreifen; das heißt, sie nachzuvollziehen, einzuüben, forschend anzuwenden und weiterzuentwickeln. Unter phänomenologischen, performativitätstheoretischen und praxeologischen Vorzeichen lassen sich Module, und davon ausgehend didaktische Übungen und wissenschaftlich-explorative Settings entwickeln, zu denen auf der Grundlage der wissenschaftstheoretisch-noetischen Theoriebildung Evaluationen erstellt werden.

---

355 Hans-Christoph KOLLER (1994) bspw. liest aus der psychoanalytischen Theorie Jacques LACANS den Bildungsbegriff eines Erschließens von Möglichkeiten einer symbolischen Realisierung des unbewussten Begehrens heraus. Michel FOUCAULT (1988) hebt auf Bildung als einen Transformationsprozess ab; Jean-Francois LYOTARD ([1979]1986) akzentuiert die Akzeptanz von Fremdheit. Ähnlich entwickeln BENNER (2005), KOKEMOHR (2007), ZIRFAS (1999) oder MEYER-DRAWE (2007) Lesarten des Bildungsverständnisses, die auf Fremdheit abheben.

5 Beispiel für ein Studienmodul und für die Evaluation der Erreichung der gesetzten Ziele

Beispiel für ein Modul (Lehramt)	Evaluation des Studienmoduls
Die Studierenden	Die Studierenden können
… lernen als Wissensformate (ausgewählte) symbolische Repräsentationen, Gebrauchsgegenstände, soziale Konstellationen, natürlich Entstandenes und kulturelle Formationen kennen.	… (ausgewählte) symbolische Repräsentationen, Gebrauchsgegenstände, soziale Konstellationen, natürlich Entstandenes und kulturelle Formationen als Wissensformate beschreiben.
… erfassen einzelne Wissenformate beispielhaft didaktisch.	… didaktische Potenziale einzelner Wissenformate darlegen.
… gestalten diese Wissenformate im Zusammenspiel jeweiliger Gegebenheiten einer unterrichtlichen Situation zum Lernimpuls um, indem sie den Schüler(inne)n ihre didaktischen Herangehensweisen und pädagogischen Überlegungen verdeutlichen (Stichwörter: Genese von Sinn, Variation).	… diese Wissenformate im Zusammenspiel jeweiliger Gegebenheiten einer unterrichtlichen Situation zum Lernimpuls umgestalten, indem sie den Schüler(inne)n didaktischen Herangehensweisen und pädagogischen Überlegungen verdeutlichen (Stichwörter: Genese von Sinn, Variation).

Literatur

Adorno, T.W.; Horkheimer, M. ([1944] 1988): Dialektik der Aufklärung. Frankfurt am Main: S. Fischer.

Agamben, G. (2009): Signatura rerum. Zur Methode. Frankfurt am Main: Suhrkamp.

Aptheker, B. (1989): Tapestries of Life. Women's Work, Women's Consciousness, and the Meaning of Daily Experience. Amherst: The University of Massachusetts Press.

Arendt, H. (1960): Vita activa oder Vom tätigen Leben. München: Piper Verlag.

Ariés, P. (1998): Geschichte der Kindheit. München: dtv.

Aristoteles (Hg. von V. Wolf, 2006): Nikomachische Ethik. Reinbek: Rowohlt.

Asmuth, C. (2006): Authentizität und Konstruktion: Körperbegriffe zwischen historischer Relativität und unmittelbarer Gegenwärtigkeit. In: Antje Stache (Hg.): Das Harte und das Weiche. Körper – Erfahrung – Konstruktion. Bielefeld: transcript Verlag, S. 119–142.

Austin, J.-L. (1979): Zur Theorie der Sprechakte. Stuttgart: Reclam.

Bachelard, G. (1974): Epistemologie. Ausgewählte Texte. Übersetzt von Henriette Beese. Frankfurt am Main, Berlin, Wien: Ullstein.

Bachelard, G. ([1938] 1987): Die Bildung des wissenschaftlichen Geistes. Beitrag zu einer Psychoanalyse der objektiven Erkenntnis. Übersetzt von Michael Bischoff. Mit einer Einleitung von Wolf Lepenies. Frankfurt am Main: Suhrkamp.

Bauer, K.-O. (1998): Pädagogisches Handlungsrepertoire und professionelles Selbst von Lehrerinnen und Lehrern. In: Zeitschrift für Pädagogik 44 (3), S. 343–359.

Bauer, K.-O. (2002): Vom Allroundtalent zum Professional – Was bedeutet Lehrerprofessionalisierung heute? In: Pädagogik 54 (11), S. 18–22.

Baumert, J.; Roeder, P. M. (1994): Stille Revolution. Zur empirischen Lage der Erziehungswissenschaft. In: Krüger, H.-H.; Rauschenbach, T. (Hgg.): Erziehungswissenschaft. Die Disziplin am Beginn einer neuen Epoche. Weinheim: Juventa, S. 29–47.

Beck, K. (1983): Lehrerausbildung als Verbindung von Theorie und Praxis? Über den Status von Theorien im Kontext der Lehrerrolle. In: Pädagogische Rundschau 37 (2), S. 145–169.

Benner, D. (Hg.) (2005): Zeitschrift für Pädagogik. 49. Beiheft: Erziehung – Bildung – Negativität. Theoretische Annäherungen. Analysen zum Verhältnis von Macht und Negativität. Exemplarische Studien. Weinheim, Basel: Beltz.

Benner, D.; Englisch, A. (2005): Einführung. Über pädagogisch relevante und erziehungswissenschaftlich fruchtbare Aspekte der Negativität menschlicher Erfahrung. In: Zeitschrift für Pädagogik. 49. Beiheft: Erziehung – Bildung – Negativität. Theoretische Annäherungen. Analysen zum Verhältnis von Macht und Negativität. Exemplarische Studien. Weinheim, Basel: Beltz, S. 7–23.

Bergstedt, B.; Herbert, A.; Kraus, A.; Wulf, Ch. (Hgg.) (2012): Tacit Dimensions of Pedagogy. In the book series: European Research on Educational Practices. Münster: Waxmann.

Bilstein, J.; Dornberg, B.; Kneip, W. (Hgg.) (2007): Curriculum des Unwägbaren. I. Ästhetische Bildung im Kontext von Schule und Kultur. Oberhausen: Athena.

Blömeke, S. (1998): Reform der Lehrer(innen)bildung? Zentren für Lehrer(innen)bildung: Bestandsaufnahme, Konzepte, Beispiele. Bad Heilbrunn/Obb.: Klinkhardt.

Blömeke, S. (2002): Wissenschaft und Praxis in der Lehrerausbildung. Ein Beitrag zur Debatte in „Die Deutsche Schule". In: Die Deutsche Schule (Weinheim) 94 (2002) 2, S. 257–261.

Bloom, B.S. (1973): Taxonomie von Lernzielen im kognitiven Bereich. Weinheim, Basel: Beltz.

Blumenthal, J. von: Governance – eine kritische Zwischenbilanz, in: Zeitschrift für Politikwissenschaft, 15. Jg., 4/2005, S. 1163.

Boehm, G. (1978): Zu einer Hermeneutik des Bildes. In: Gadamer, G.; Boehm, G. (Hgg.): Seminar: Die Hermeneutik und die Wissenschaften. Frankfurt am Main: Suhrkamp, S. 444–471.

Böhle, F.; Pfeiffer, S.; Sevsay-Tegethoff, N. (Hgg.) (2004): Die Bewältigung des Unplanbaren. Wiesbaden: VS Verlag für Humanwissenschaften.

Böhme, J. (2004): Qualitative Schulforschung auf Konsolidierungskurs. In: Helsper, W.; Böhme, J. (Hgg.): Handbuch der Schulforschung. Wiesbaden: VS Verlag, S. 125–155.

Bohnsack, R. (2003): Rekonstruktive Sozialforschung. Einführung in qualitative Methoden. Opladen.

Bohnsack, R. (2005): Standards nicht-standardisierter Forschung in den Erziehungs- und Sozialwissenschaften. In: Zeitschrift für Erziehungswissenschaft, 8. Jahrgang, Beiheft 4, S. 63–81.

Bohnsack, R. (2007): Performativität, Performanz und dokumentarische Methode. In: Wulf, C.; Zirfas, J. (Hgg.): Pädagogik des Performativen. Theorien, Methoden, Perspektiven. Weinheim, Basel: Beltz, S. 200–212.

Bolz, N. (1997): Medien. In: Wulf, Ch. (Hg.): Vom Menschen. Handbuch Historische Anthropologie. Weinheim, Basel: Beltz, S. 661–678.

Bonß, W. (2003): „Bildung" in der (Arbeits-) und „Wissensgesellschaft". In: Lindner, W.; Thole, W.; Weber, J. (Hgg.): Kinder- und Jugendarbeit als Bildungsprojekt. Opladen: Leske & Budrich, S. 11–31.

Bonß, W.; Hohlfeld, R.; Kollek, R. (Hgg.) (1993): Wissenschaft als Kontext – Kontexte der Wissenschaft. Hamburg: Junius Verlag.

Bormann I.; de Haan G. (Hgg.) (2008): Kompetenzen der Bildung für nachhaltige Entwicklung. Operationalisierung, Messung, Rahmenbedingungen, Befunde. VS Verlag für Sozialwissenschaften: Wiesbaden.

Bos, W., Pietsch, M.; Poerschke, J.; Vieluf, U. (2007): Zusammenfassung wichtiger Ergebnisse zu Kompetenzen und Einstellungen von Hamburger Schülerinnen und Schülern. In: Bos, W.; Pietsch, M. (Hgg.): KESS 4 – Kompetenzen und Einstellungen von Schülerinnen und Schülern am Ende der Jahrgangsstufe 4 in Hamburger Grundschulen. Waxmann: Münster.

Bourdieu, P. (1972): Entwurf einer Theorie der Praxis auf der ethnologischen Grundlage der kabylischen Gesellschaft. Frankfurt am Main: Suhrkamp.

Bourdieu, P. (1993): Sozialer Sinn. Kritik der theoretischen Vernunft. Frankfurt am Main: Suhrkamp.

Bourdieu, P. (2002): Für eine engagierte Wissenschaft – Die letzte Rede von Pierre Bourdieu. Zugriff unter: www.engagiertewissenschaft.de/de/inhalt/Fuer_eine_ engagierte_Wissenschaft_Die _letzte_Rede_von_Pierre_Bourdieu [14.12.2014].

Bramberger, A. (2007): Identifizierungen. Geschlechtersensible Pädagogik und radikale Performativität. In: Wulf, Ch.; Zirfas, J. (Hgg.): Pädagogik des Performativen. Theorien, Methoden, Perspektiven. Weinheim, Basel: Beltz, S. 101–109.

Breidenstein, G. (2008): Allgemeine Didaktik und praxeologische Unterrichtsforschung. In: Meyer, M.A.; Prenzel, M.; Hellekamps, S. (Hgg.): Perspektiven der Didaktik. Zeitschrift für Erziehungswissenschaft. Sonderheft 9. Wiesbaden: VS Verlag für Sozialwissenschaften, S. 201–218.

Breidenstein, G.; Jergus, K. (2005): Schule als „Job“? Beobachtungen aus der achten Klasse. In: Breidenstein, G.; Prengel, A. (Hgg.): Schulforschung und Kindheitsforschung – ein Gegensatz? Wiesbaden: VS Verlag, S. 177–199.

Breuer, F. (1995): Das Selbstkonfrontations-Interview als Forschungsmethode. In: König, E.; Zedler, P. (Hgg.): Bilanz qualitativer Forschung. Band II: Methoden. Weinheim: Deutscher Studienverlag, S. 159–182.

Bromme, R. (1992): Der Lehrer als Experte. Zur Psychologie des professionellen Wissens. Bern: Huber.

Bromme, R.; Prenzel, M. (2014): Von der Forschung zur evidenzbasierten Entscheidung. Die Darstellung und das öffentliche Verständnis der empirischen Bildungsforschung. In: Zeitschrift für Erziehungswissenschaft, Sonderheft 27/2014. Wiesbaden: Springer VS.

Butler, J. (2003): Das Unbehagen der Geschlechter. Frankfurt am Main: Suhrkamp.

Carlgren, I. (2011): From Teaching to Learning: The End of Teaching or a Paradigmatic Shift in teachers' work? In: Hudson, Brian; Meyer, Meinert (Hgg.): Beyond Fragmentation: Didactics, Learning and Teaching. Opladen, Farmington Hills: Barbara Budrich, S. 31–46.

Christaller, Th. (2001): Über die Grenzen künstlicher Intelligenz. In: Wissenschaftszentrum Nordrhein-Westfalen (Hg.): Das Magazin, 12.Jg.

Combe, A.; Kolbe, F.-U. (2004): Lehrerprofessionalität: Wissen, Können, Handeln. In: Helsper, W.; Böhme, J. (Hgg.): Handbuch der Schulforschung. Wiesbaden: VS Verlag, S. 833–851.

Comenius, J. A. ([1657] 2008): Große Didaktik: Die vollständige Kunst, alle Menschen alles zu lehren. Stuttgart: Klett-Cotta.

Criblez, L. (2003): Standards und/oder Kerncurriculum für die Lehrerbildung? Zur Einführung in den Themenschwerpunkt. Beiträge zur Lehrerbildung 21(3), S. 329–333.

Dahlberg, G.; Moss, P.; Pence, A. (2002): Från kvalité till meningskapande. Stockholm: HLS Förlag.

Dann, H.D. (2000): Lehrerkognitionen und Handlungsentscheidungen. In: Schweer, M.K. (Hg.): Lehrer-Schüler-Interaktion. Opladen: Leske & Budrich, S. 79–108.

Deleuze, G. (1992). Differenz und Wiederholung. München.

Deleuze, G.; Guattari, F. (1996): Was ist Philosophie? Frankfurt am Main: Suhrkamp.

Derrida, J. (1972): Die Schrift und die Differenz. Frankfurt am Main: Suhrkamp.

Derrida, J. (1997): Einige Statements und Binsenweisheiten über Neologismen, New-Ismen, Post-Ismen, Parasitismen und andere kleine Seismen. Berlin: Merve.

Derrida, J. (2001): Die unbedingte Universität. Frankfurt am Main: Suhrkamp.

Der Vorstand der Deutschen Gesellschaft für Erziehungswissenschaft DGfE (Hg.) (2001): Empfehlungen für ein Kerncurriculum Erziehungswissenschaft. Zugriff unter: http://dgfe.pleurone.de/zeitschrift/heft23/Kerncurriculum_1.htm [26.08.2008].

Der Vorstand der Deutsche Gesellschaft für Erziehungswissenschaft DGfE (Hg.) (2004): Kerncurriculum für das Hauptfachstudium Erziehungswissenschaft. Zugriff unter: http://dgfe-aktuell.uni-duisburg.de/bildpol/KC_HF_EW.pdf [26.06.2008].

Dewe, B. (1997): Grenzen der Didaktik: Über den Hiatus zwischen Lehrerwissen und Lehrerkönnen. In: Keuffer, J.; Meyer, A. M. (Hgg.): Didaktik und kultureller Wandel. Weinheim: Beltz, S. 220–248.

Diemer, A. (1964): Was heißt Wissenschaft. Meisenheim am Glan: Hain.

Dietrich, C. (2010): Zur Sprache kommen: Sprechgestik in jugendlichen Bildungsprozessen in und außerhalb der Schule. Weinheim: Juventa.

Dohmen, G. (2001): Das informelle Lernen. Die internationale Erschließung einer bisher vernachlässigten Grundform menschlichen Lernens für das lebenslange Lernen aller. Bonn: Bundesministerium für Bildung und Forschung (BMBF).

Dreyfus, H.; Dreyfus, S. (1987): Künstliche Intelligenz. Von den Grenzen der Denkmaschine und dem Wert der Intuition. Reinbek b. Hamburg: Rowohlt.

Eder, F.; Altrichter, H. (2009): Qualitätsentwicklung und Qualitätssicherung im österreichischen Schulwesen: Bilanz aus 15 Jahren Diskussion und Entwicklungsperspektiven für die Zukunft. In: Specht, W. (Hg.): Nationaler Bildungsbericht Österreich 2009. Band 2: Fokussierte Analysen bildungspolitischer Schwerpunktthemen. Graz: Leykam.

Ehrenspeck, Y.; Rustemeyer, D. (1996): Bestimmt, unbestimmt. In: Combe, A.; Helsper, W. (Hgg.): Pädagogische Professionalität. Untersuchungen zum Typus pädagogischen Handelns. Frankfurt am Main: Suhrkamp, S. 368–390.

Englund, T.; Forsberg, E.; Sundberg, D. (eds.) (2012): Vad räknas som kunskap? Läroplansteoretiska utsikter och inblickar i lärarutbildning och skola. Stockholm: Liber.

Esslinger-Hinz, I.; Unseld, G.; Reinhard-Hauck, P.; Röbe, E.; Fischer, H.-J.; Kust, T.; Däschler-Seiler, S. (Hgg.) (2007): Guter Unterricht als Planungsaufgabe: Ein Studien- und Arbeitsbuch zur Grundlegung unterrichtlicher Basiskompetenzen. Bad Heilbrunn: Klinckhardt.

Europäische Kommission Bildung und Kultur (2008): Europäischer Qualifikationsrahmen für lebenslanges Lernen. Luxemburg: Amt für amtliche Veröffentlichungen der Europäischen Gemeinschaften. Zugriff unter: http://ec.europa.eu/education/pub/pdf/general/eqf/broch_de.pdf [14.12.2014].

Faux, R. (2000): A description of the uses of content analyses and interviews in educational/psychological research [29 paragraphs]. Forum: Qualitative Social Research [Online Journal], 1(1). Available at: http://www.qualitative-research.net/fqs-texte/1-00/1-00faux-e.htm [09.05.2007].

Feiman-Nemser, S.; Buchmann, M. (1986): The First Year of Teacher Preparation: Transition to Pedagogical Thinking. In: Journal of Curriculum Studies, 18, S. 239–256.

Fend, H. (1974): Gesellschaftliche Bedingungen schulischer Sozialisation. Weinheim: Beltz.

Feyerabend, P. K. (1976): Wider den Methodenzwang. Skizze einer anarchistischen Erkenntnistheorie. Frankfurt am Main: Suhrkamp.

Fischer, D.; Friebertshäuser, B.; Kleinau, E. (Hgg.) (1999): Neues Lehren an der Hochschule. Einblicke und Ausblicke. Weinheim: Deutscher Studienverlag.

Fischer, T. (H.) (2006): Hochschule und Erlebnispädagogik. Hochschuldidaktische Bausteine einer handlungs- und erlebnisorientierten Pädagogik. Beltmannsweiler: Schneider Verlag Hohengehren.

Fleck, L. (1980): Entstehung und Entwicklung einer wissenschaftlichen Tatsache. Einführung in die Lehre vom Denkstil und Denkkollektiv. Frankfurt am Main: Suhrkamp.

Forster, E. (2007): Radikale Performativität. In: Wulf, Ch.; Zirfas, J. (Hgg.): Pädagogik des Performativen. Theorien, Methoden, Perspektiven. Weinheim, Basel: Beltz, S. 224–237.

Foucault, M. (1976): Dispositive der Macht. Über Sexualität, Wissen und Wahrheit. Berlin: Merve.

Foucault, M. (1988): Die Technologien des Selbst. In: Martin, L.H.; Gutman, H.; Hutton, P.H. (Hg.): Technologien des Selbst. Frankfurt am Main: Fischer, S. 24–62.

Foucault, M. (1991): Die Ordnung des Diskurses. Frankfurt am Main: Fischer.

Frank, I.; Gutschow, K.; Münchhausen, G. (2003): Anforderungen an Verfahren zur Erfassung und Dokumentation informell erworbener Kompetenzen. In: BWP 32. Jg. (2003) Heft 4.

Fredriksson, U. (2006): European teacher education policy: recommendations and indicators. Paper at the 31st Annual Association of Teacher Education Europe (ATEE) Conference ‚Co-operative Partnerships in Teacher Education'. Zugriff unter: www.pef.uni-lj.si/atee/978–961-6637–06-0/715–723.pdf [14.12.2014].

Frey, A. (2006): Methoden und Instrumente zur Diagnose beruflicher Kompetenzen von Lehrkräften – eine erste Standortbestimmung zu bereits publizierten Instrumenten. In: Zeitschrift für Pädagogik. Beiheft 51.

Friebertshäuser, B.; Prengel, A. (2003): Einleitung: Profil, Intentionen, Traditionen und Inhalte des Handbuches. In: Friebertshäuser, B.; Prengel, A. (Hgg.): Handbuch Qualitative Forschungsmethoden in der Erziehungswissenschaft. Weinheim, München: Juventa.

Funke-Wieneke, J. (2004): Bewegungs- und Sportpädagogik. Baltmannsweiler: Schneider Verlag Hohengehren.

Gadamer, H.-G. (1979): Verlust der sinnlichen Bildung als Ursache des Verlustes von Wertmaßstäben. In: Wichmann, H. (Hg.): Der Mensch ohne Hand oder die Zerstörung der menschlichen Ganzheit. München: dtv, S. 15–28.

Gadamer, H.-G. (1986): Wahrheit und Methode. Tübingen: Mohr.

Gebauer, G.; Wulf, Ch. (1998): Spiel – Ritual – Geste. Mimentisches Handeln in der sozialen Welt. Reinbek: Rowohlt.

Geertz, C. (1998): Deep play. Ritual als kulturelle Performance. In: Belliger, A.; Krieger, D.J. (Hgg.): Ritualtheorien. Ein einführendes Handbuch. Opladen.

Gibbs, G. (2013): Reflections on the changing nature of educational development. In: International Journal for Academic Development.

Goffman, E. (2005): Wir alle spielen Theater. Die Selbstdarstellung im Alltag. München: Piper Verlag.

Groeben, N. (1986): Handeln, Tun, Verhalten als Einheiten einer verstehend-erklärenden Psychologie. Tübingen: Francke.

Groeben, N. (1988a): Explikation des Konstrukts ‚Subjektive Theorie'. In: Groeben, N.; Wahl, D.; Schlee, J.; Scheele, B. (Hgg.): Das Forschungsprogramm Subjektive Theorien. Eine Einführung in die Psychologie des reflexiven Subjekts. Tübingen: Francke, S. 17–24.

Groeben, N. (1988b): Fragen, Einwände, Antworten. In: Groeben, N.; Wahl, D.; Schlee, J.; Scheele, B. (Hgg.): Das Forschungsprogramm Subjektive Theorien. Eine Einführung in die Psychologie des reflexiven Subjekts. Tübingen: Francke, S. 17–24.

Groeben, N., Scheele, B. (1982): Grundlagenprobleme eines Forschungsprogramms „Subjektive Theorien": Zum Stand der Diskussion. In: Dann, H.D. u. a. (Hgg.): Analyse und Modifikation subjektiver Theorien von Lehrern. Konstanz: Zentrum I Bildungsforschung, S. 9–12.

Groeben, N.; Wahl, D.; Schlee, J.; Scheele, B. (Hgg.) (1988): Das Forschungsprogramm Subjektive Theorien. Eine Einführung in die Psychologie des reflexiven Subjekts. Tübingen: Francke.

Groppe, C. (2014, unveröffentl. Manuskript): Universität als Gegenstand der Erziehungswissenschaft. Analysen zu historischen, aktuellen und zukünftigen Entwicklungen der deutschen Universität. Vortrag im Rahmen des DGfE-Kongresses 2014 ‚Traditionen & Zukünfte' an der Humboldt-Universität Berlin.

Gruntz-Stoll, J. (1999): Erziehung, Unterricht, Widerspruch. Pädagogische Antinomien und Paradoxe Anthropologie. Bern: Lang.

Hackl, B. (2006): Ohne Worte. Über Sinn, Sprache und Domestizierung des Körpers. In: Heinrich, M.; Greiner, U. (Hgg.): Schauen was 'rauskommt. Kompetenzführung, Evaluation und Systemsteuerung im Bildungswesen. Münster: LIT-Verlag, S. 241–266.

Hackl, B. (2008): Was geschieht in der Schule? Überlegungen zur Erforschung der verborgenen Dimensionen des Unterrichts. In: Eder, F.; Hörl, G. (Hgg.): Gerechtigkeit und Effizienz im Bildungswesen, Unterricht, Schulentwicklung und Lehrerinnenbildung als professionelle Handlungsfelder. Wien: LIT-Verlag, S. 73–95.

Hackl, B. (2009): Gefühle der Veränderung. Die Bedeutung der Emotionen in einem nicht-intellektualistischen Lernverständnis. In: Esterbauer, R.; Rinofner, S. (Hgg.): Emotionen – Im Spannungsfeld von Phänomenologie und Wissenschaften. Frankfurt am Main: Peter Lang, S. 69–91.

Haraway, D. (1995): Die Neuerfindung der Natur. Primaten, Cyborgs und Frauen. Frankfurt am Main: Campus.

Haraway, D. (1997): Modest_Witness@Second_Millennium. FemaleMan©_Meets_ OncoMouse™. Feminism and Technoscience. New York: Routledge.

Haraway, D. (2000): HOW Like a Leaf. An Interview with Thyrza Nichols Goodeve. New York: Routledge.

Harding, S. (1991): Whose Science? Whose Knowledge? Thinking from Women's Lives. Buckingham: Open University Press.

Hausendorf, H. (2001): Was ist ‚altersgemäßes Sprechen?' Empirische Anmerkungen am Beispiel des Erzählens und Zuhörens zwischen Kindern und Erwachsenen. In: Osnabrücker Beiträge zur Sprachtheorie, 61, S. 11–33.

Heinrich, K. (1981): Tertium datur: eine religionsphilosophische Einführung in die Logik. Basel, Frankfurt am Main: Stroemfeld/Roter Stern.

Heinrich, K. (1985): Versuch über die Schwierigkeit, nein zu sagen. Frankfurt/Main: Roter Stern.

Heinzel, F. (Hg.) (2000): Methoden der Kindheitsforschung. Ein Überblick über Forschungszugänge zur kindlichen Perspektive. Weinheim, München: Juventa.

Helsper; W.; Hörster, R.; Kade, J. (Hgg.) (2003): Ungewissheit. Pädagogische Felder im Modernisierungsprozess. Weilerswist: Velbrück Wissenschaft.

Hentig, H. von (1993): Die Schule neu: Eine Übung in pädagogischer Vernunft. München, Wien: Hanser.

Herbart, J.F. (1837): Lehrbuch zur Einleitung in die Philosophie. Königsberg: August Wilhem Unzer.

Herbart, J.F. (1969 [1802]): Zwei Vorlesungen über Pädagogik. In: Kehrbach, K.; Flügel, O. (Hgg.): Sämtliche Werke, Bd. 1. Aalen: Scientia. S. 279–290.

Herbart, J.F. (2010 [1842]): J.F. Herbart's Kleinere Philosophische Schriften und Abhandlungen: Nebst Dessen Wissenschaftlichen Nachlasse, Band 2 /herausgegeben von Gustav Hartenstein). Leipzig: F. A. Brockhaus.

Herzog, W. (1995): Forschungs- und Entwicklungsprojekte der Konferenz der Lehrerbildungsinstitutionen. Abstracts zum Forschungstag 1995. Bern: Konferenz der Lehrerbildungsinstitutionen.

Herzog, W. (2005): Pädagogik und Psychologie im Wörterbuch. Zur Normalität der Erziehungswissenschaft. In: Zeitschrift für Pädagogik, 51, S. 673–693.

Herzog, W. (2007): Welche Wissenschaft für die Lehrerinnen- und Lehrer(innen)bildung? In: Beiträge zur Lehrer(innen)bildung. Zeitschrift für Theorie und Praxis der Aus- und Weiterbildung von Lehrerinnen und Lehrern, 25 (3), S. 306–316.

Herzog, W.; von Felten, R. (2001): Erfahrung und Reflexion. Zur Professionalisierung der Praktikumsbildung von Lehrerinnen und Lehrern. In: Beiträge zur Lehrer(innen)bildung, 19, S. 17–28.

Hinz, A. (1995): Integration und Heterogenität. Unveröffentlichtes Skript. Zugriff unter: bidok.uibk.ac.at/library/hinz-heterogenitaet.html [14.12.2014].

Hirschauer, S. (2004): Praktiken und ihre Körper. Über materielle Partizipanden des Tuns. In: Hörning, K.H.; Reuter, J. (Hgg.): Doing Culture. Neue Positionen zum Verhältnis von Kultur und sozialer Praxis. Bielefeld: transcript, S. 73–91.

Holzkamp, K. (1995): Lernen. Subjektwissenschaftliche Grundlegung. Frankfurt am Main, New York: Campus.

Honig, M.-S. (1999): Entwurf einer Theorie der Kindheit. Frankfurt am Main: Suhrkamp.

Hudson, B. (2008): Didactic Design for Technology Supported Learning. In: Meyer, M.A.; Prenzel, M.; Hellekamps, S. (Hgg.): Perspektiven der Didaktik. Zeitschrift für Erziehungswissenschaft. Sonderheft 9, S. 139–157.

Hülst, D. (2000): Ist das wissenschaftlich kontrollierte Verstehen von Kindern möglich? In: Heinzel, F. (Hg.): Methoden der Kindheitsforschung. Ein Überblick über Forschungszugänge zur kindlichen Perspektive. Weinheim: Juventa, S. 37–55.

Hug, Th. (1996): Wissenschaftsforschung als Feldforschung – ein erziehungswissenschaftliches Projekt. Leicht gekürzte Fassung des Habilitationsvortrags vom 30.01.1996 an der Universität Innsbruck (unveröffentlichtes Manuskript).

Husserl, E. (1968): Logische Untersuchungen. Tübingen.

Husserl, E. (1995): Cartesianische Meditationen. Eine Einleitung in die Phänomenologie. Husserliana I. Hamburg: Meiner.

Ingersoll, R. (2003): Who Controls Teachers' Work: Power and Accountability in America's Schools. Harvard University Press.

Jackson, P. W. (1968): Life in Classrooms. New York: Holt, Reinhart & Winston.

Jacobs, C. (1993): Telling Time. Lévi-Strauss, Ford, Lessing, Benjamin, de Man, Wordsworth, Rilke. Baltimore. London: Johns Hopkins Univ. Press.

Jahnke, T.; Meyerhöfer, W. (Hg.) (2006): Pisa & Co. Kritik eines Programms. Hildesheim, Berlin: Franzbecker.

Jerusalem, M.; Hopf, D. (Hgg.) (2002): Selbstwirksamkeit und Motivationsprozesse in Bildungsinstitutionen. Weinheim: Beltz.

Joas, H. (1996): Die Kreativität des Handelns. Frankfurt am Main: Suhrkamp.

Jörissen, B. (2007): Mimesis im Cyberspace? Performative Bildungsprozesse in der virtual reality. In: Wulf, Ch.; Zirfas, J. (Hgg.): Pädagogik des Performativen. Theorien, Methoden, Perspektiven. Weinheim, Basel: Beltz, S. 188–198.

Kagan, D.M. (1992): Professional Growth among Preservice and Beginning Teachers. In: Review of Educational Research 62. Vol. 2, S. 129–169.

Kelle, H.; Breidenstein, G. (1999): Kinder als Akteure: Ethnographische Ansätze in der Kindheitsforschung. In: Zeitschrift für Soziologie der Erziehung und Sozialisation, 16, S. 47–67.

Kern, I. (1975): Idee und Methode der Philosophie: Leitgedanken für eine Theorie der Vernunft. Berlin, New York: De Gruyter.

Kierkegaard, S. (1952): Der Begriff Angst. Düsseldorf: Eugen Diederichs.

Kleist, H. von ([1805/6] 1990): Sämtliche Werke und Briefe in vier Bänden: Erzählungen Anekdoten Gedichte Schriften. Philosophische und kunsttheoretische Schriften: Über die allmählige Verfertigung der Gedanken beim Reden. Frankfurt am Main: Deutscher Klassiker Verlag. Zugriff unter: http://www.kleist.org/ texte/ UeberdieallmaehlicheVerfertigungderGedankenbeimRedenL.pdf [14.12.2014].

Koch, M. (1999): Performative Pädagogik. Über die welterzeugende Wirksamkeit pädagogischer Reflexion. Münster: Waxmann.

Kokemohr, R. (2007): Bildung als Selbst- und Weltentwurf im Anspruch des Fremden. In: Koller, H.-C.; Marotzki, W.; Sanders, O. (Hgg.): Bildungsprozesse und Fremdheitserfahrung. Beiträge zu einer Theorie transformatorischer Bildungsprozesse. Bielefeld: transcript. S. 13–69.

Kolesch, D. (1999): Performative Turns in den Kulturwissenschaften. Von der Textualität zur Stimmlichkeit? In Rüsen, J. (Hg.): Jahrbuch 1998/1999 des Kulturwissenschaftlichen Instituts in Wissenschaftszentrum NRW. Essen, S. 254–275.

Koller, H.-C. (1994): Bildung als Ab-Bildung? Eine bildungstheoretische Fallstudie im Anschluss an Jacques Lacan. In: Pädagogische Rundschau. Bd. 48, S. 687–706.

Koller, H.-C. (2001): Bildung und die Dezentrierung des Subjekts. In: Fritzsche, B.; Schmidt, A.; Hartmann, J. (Hgg.): Dekonstruktive Pädagogik. Erziehungswissenschaftliche Debatten unter poststrukturalistischen Perspektiven. Opladen: Leske & Budrich, S. 35–48.

Kommission der europäischen Gemeinschaften (2007): Mitteilung der Kommission an den Rat und an das europäische Parlament. Die Verbesserung der Qualität der Lehrerbildung. Zugriff unter: europa.eu/legislation_summaries/education_training_youth/lifelong_learning/c11101_de.htm [14.12.2014].

König, E.; Zedler, P. (2002): Theorien der Erziehungswissenschaft. Einführung in Grundlagen, Methoden und praktische Konsequenzen. Weinheim, Basel: Beltz.

Kosselleck, R. (1979): Kriegerdenkmale und Identitätsstiftungen der Überlebenden. In: Marquardt, O.; Stierle, K.-H. (Hgg.): Identität. Reihe: Poetik und Hermeneutik. München: Fink, S. 255–276.

Krämer, S.; Stahlhut, M. (2001): Das Performative als Thema der Sprach- und Kulturphilosophie. In: Paragrana. Internationale Zeitschrift für Historische Anthropologie. Band 10, Heft 1: Theorien des Performativen. Hg. von E. Fischer-Lichte und C. Wulf, S. 35–64.

Kraus, A. (2002): Nihilismus, Sprache und Wahrnehmung. Zur Anthropologie Lacans und Merleau-Pontys. Berlin: Freie Universität, Dissertation 2000. Zugriff unter: http://www.diss.fu-berlin.de/diss/receive/FUDISS_thesis_000000019380 [14.12.2014].

Kraus, A. (2006): Skizze eines sozialwissenschaftlichen Forschungssettings auf der Grundlage phänomenologischer Methodik. In: Vierteljahresschrift für Wissenschaftliche Pädagogik. Paderborn: Verlag Ferdinand Schöningh. 82 (4) 2006, S. 511–529.

Kraus, A. (2007): Welche Perspektiven könnte eine Kultur-PISA-Studie den musisch-ästhetischen Fächern eröffnen? In: Zeitschrift für Theaterpädagogik. Korrespondenzen, (52) 2008, S. 25–29. Hannover: Schibri-Verlag.

Kraus, A. (2008): Das performative Spiel als didaktischer Weg zur Körperlichkeit des Heranwachsenden. In: Vierteljahresschrift für Wissenschaftliche Pädagogik, 84 (4), S. 167–178.

Kraus, A. (Hg.) (2008a): Körperlichkeit in der Schule – Aktuelle Körperdiskurse und ihre Empire. Band I. In der Reihe: „Pädagogik: Perspektiven und Theorien", hg. v. Johannes Bilstein. Oberhausen: Athena.

Kraus, A. (Hg.) (2009): Körperlichkeit in der Schule – Aktuelle Körperdiskurse und ihre Empire. Band II. In der Reihe: „Pädagogik: Perspektiven und Theorien", hg. v. Johannes Bilstein. Oberhausen: Athena.

Kraus, A. (2010): Einführung. Bildungsprozesse in der Schule. In: Kraus, A. (Hg.): Körperlichkeit in der Schule – Aktuelle Körperdiskurse und ihre Empire. Band III. In der Reihe: „Pädagogik: Perspektiven und Theorien", hg. v. Johannes Bilstein. Oberhausen: Athena, S. 7–22.

Kraus, A. (Hg.) (2011): Körperlichkeit in der Schule – Aktuelle Körperdiskurse und ihre Empire. Band III. In der Reihe: „Pädagogik: Perspektiven und Theorien", hg. v. Johannes Bilstein. Oberhausen: Athena.

Kraus, A. (Hg.) (2011): Körperlichkeit in der Schule – Aktuelle Körperdiskurse und ihre Empirie. Band IV: Heterogene Lernausgangslagen. In der Reihe: „Pädagogik: Perspektiven und Theorien", hg. v. Johannes Bilstein. Oberhausen: Athena.

Kraus, A. (Hg.) (2012): Körperlichkeit in der Schule – Aktuelle Körperdiskurse und ihre Empirie. Band V: Sexualität und Macht. In der Reihe: „Pädagogik: Perspektiven und Theorien", hg. v. Johannes Bilstein. Oberhausen: Athena.

Kraus, A. (2013): On the Relationship between Praxeology and Phenomenology. In: Herbert, A.; Kraus, A. (eds.): Praxeology as a Challenge. Modelling the Tacit Dimensions of Pedagogy. Münster: Waxmann, S. 21–30.

Kron, F. W. (1999): Wissenschaftstheorie für Pädagogen. München, Basel: Reinhardt.

Kuhlen, R. (1991): Hypertext, ein nicht-lineares Medium zwischen Buch und Wissensbank. Berlin u. a.: Springer.

Kuhn, T. S. (2009 [1962]): Die Struktur wissenschaftlicher Revolutionen. Frankfurt am Main: Suhrkamp.

Lamnek, S. (1995): Qualitative Sozialforschung. Band 2: Methoden und Techniken. Weinheim: Beltz.

Lamprecht, J. (2012): Rekonstruktiv-responsive Evaluation in der Praxis. Neue Perspektiven dokumentarischer Evaluationsforschung. Wiesbaden: VS Verlag.

Lave, J. (1998): Cognition in Practice. Mind, Mathematics and Culture in Everyday Life. Cambridge University Press.

Le Doeuff, M. (1977): Women and Philosophy. In: Radical Philosophy 17, S. 2–11.

Leggewie, C.; Zifonun, D.; Lang, A.; Siepmann, M.; Hoppen, J. (Hgg.) (2011): Schlüsselwerke der Kulturwissenschaften. Bielefeld: transcript.

Liebau, E. (2003): Schul-Theater. In: Bering, K.; Bilstein, J.; Thurn, H.P.: Kultur-Kompetenz. Oberhausen: Athena, S. 420–435.

Longino, H. E. (2001): The Fate of Knowledge. Princeton, NJ: Princeton University Press.

Löwisch, D.-J. (2000): Kompetentes Handeln. Bausteine für eine lebensweltbezogene Bildung. Darmstadt: Wissenschaftliche Buchgesellschaft.

Luhmann, N.; Schorr, K.E. (1982): Zwischen Technologie und Selbstreferenz. Fragen an die Pädagogik. Frankfurt am Main: Suhrkamp.

Lyotard, J.-F. ([1979] 1986): Das postmoderne Wissen. Ein Bericht. Graz, Wien: Böhlau.

Mach, E. (1980): Erkenntnis und Irrtum. Skizzen zur Psychologie der Forschung. Darmstadt: Wissenschaftliche Buchgesellschaft.

Mandl, H.; Gerstenmaier, J. (Hgg.) (2000): Die Kluft zwischen Wissen und Handeln: Empirische und theoretische Lösungsansätze. Göttingen: Hogrefe.

Masschelein, J.; Ricken, N. (2003): Do we (still) need the concept of Bildung? In: Educational Philosophy and Theory 35 (2), S. 139–154.

Mauss, M. (1974): Oeuvres. Vol. 2: Représentations collectives et diversité de civilisations. Présentation de Victor Karady. Paris: Éditions de Minuit.

Mayr, J.; Neuweg, G.H. (2006): Der Persönlichkeitsansatz in der Lehrer(innen)forschung. Grundsätzliche Überlegungen, exemplarische Befunde und Implikationen für die Lehrer(innen)bildung. In: Greiner, U.; Heinrich, M. (Hgg.): Schauen, was 'rauskommt. Kompetenzförderung, Evaluation und Systemsteuerung im Bildungswesen. Wien: Lit-Verlag, S. 183–206.

Mayr, J.; Paseka, A. (2002): „Lehrerpersönlichkeit". In: Journal für Lehrer-und Lehrerinnenbildung, 2(2), 50–55.

Mayring, P. (2003): Qualitative Inhaltsanalyse. Grundlagen und Techniken. Weinheim: Beltz.

Meder, N. (1996): Der Sprachspieler. Ein Bildungskonzept für die Informationsgesellschaft. In: Vierteljahresschrift für wissenschaftliche Pädagogik, 71, S. 145–162.

Merleau-Ponty, M. (1966): Phänomenologie de Wahrnehmung. Berlin: De Gruyter.

Merleau-Ponty, M. (1967): Das Auge und der Geist. Hamburg: Meiner.

Merleau-Ponty, M. (1994): Keime der Vernunft: Vorlesungen an der Sorbonne 1949–1952 (dt. Kapust, A., hg. und Einl.: Waldenfels, B.). München: Fink Verlag.

Mersch, D. (2002): Ereignis und Aura. Untersuchungen zu einer Ästhetik des Performativen. Frankfurt am Main: Suhrkamp.

Meyer, R. (2000): Qualifizierung für moderne Beruflichkeit. Münster: Waxmann.

Meyer, C. (2003): Inszenierung ästhetischer Erfahrungsräume. Ein Beitrag zur Theorie und Praxis in der Lehrerinnen- und Lehrerausbildung. Berlin: Verlag für Wissenschaft und Kultur.

Meyer, H. (2004): Was ist guter Unterricht? Berlin: Cornelsen Scriptor.

Meyer, H.-D. (2009): Institutionelle Isomorphie und Vielfalt. Zu einer überfälligen Korrektur in der Bildungsforschung. In: Koch, S.; Schemman, M. (Hgg.): Neo-Institutionalismus in der Erziehungswissenschaft. Wiesbaden: Verlag für Sozialwissenschaften, S. 292–308.

Meyer-Drawe, K. (2000): Illusionen von Autonomie. Diesseits von Ohnmacht und Allmacht des Ich. München: E. Krichheim.

Meyer-Drawe, K. (2007): ,Du sollst dir kein Bildnis noch Gleichnis machen …' – Bildung und Versagung. In: Marotzki, W.; Koller, H.-C.; Sanders, O. (Hgg.): Bildungsprozesse und Fremdheitserfahrung. Bielefeld: transcript, S. 83–94.

Meyer-Drawe, K. (2008): Diskurse des Lernens. München: Fink.

Ministerium für Generationen, Familie, Frauen und Integration des Landes Nordrhein-Westfalen, Referat Öffentlichkeitsarbeit (2008): Kindeswohlgefährdung – Ursachen, Erscheinungsformen und neue Ansätze der Prävention. Zugriff unter: www.akjstat.tu-dortmund.de/fileadmin/analysen/Kita/kinder_in_not.pdf [14.12.2014].

Morrow, V.; Richards, M. (1996): The Ethics of Social Research with Children. An Overview. In: Children and Society, 10, S. 90–105.

Müller-Fohrbrodt, G.; Cloetta, B.; Dann, H.D. (1978): Der Praxisschock bei jungen Lehrern. Stuttgart: Klett.

Neuweg, G.H. (2005): Wie grau ist alle Theorie, wie grün des Lebens goldner Baum? LehrerInnenbildung im Spannungsfeld von Theorie und Praxis. In: ÖFEB Newsletter, 5. Jg., H. 1, S. 5–15.

Neuweg, G.H. (2010): Fortbildung im Kontext eines phasenübergreifenden Gesamtkonzepts der Lehrerbildung. In: Müller, F.H.; Eichenberger, A.; Lüders, M.; Mayr, J. (Hgg.): Lehrerinnen und Lehrer lernen. Konzepte und Befunde zur Lehrerfortbildung. Münster: Waxmann, S. 35–50.

Nohl, H. (1997): Die pädagogische Bewegung in Deutschland und ihre Theorie. Frankfurt am Main: Verlag Schulte-Bulmke.

Nölle, K. (2004): Wissensaufbau unterrichtsrelevanten pädagogischen Wissens in der universitären Lehrerbildung. Gesamtergebnisse einer vergleichenden Evaluationsstudie. Referat: Bildung über die Lebenszeit. Internationaler Kongress an der Universität Zürich. Zugriff unter: http://www.paed-kongress04.unizh.ch/veranstaltun gen/lehrerbildung/slb2.html [14.12.2014].

Oelkers, J. (1991): Topoi der Sorge. Beobachtungen zur öffentlichen Verwendung pädagogischen Wissens. In: Oelkers, J.; Tenorth, H.-E. (Hgg.): Pädagogisches Wissen. Beiheft 27 der Zeitschrift für Pädagogik. Weinheim, Basel: Beltz.

Oelkers, J. (2007): Heile Welt und Kinderstube. Performanzen der Erziehung im 19. Jahrhundert. In: Pädagogik des Performativen. Theorien, Methoden, Perspektiven. Weinheim, Basel: Beltz.

Oelkers, J.; Oser, F. (Hgg.) (2001): Die Wirksamkeit der Lehrerbildungssysteme. Von der Allrounder-Ausbildung zur Ausbildung professioneller Standards. Zürich: Rüegger.

Oevermann, U. (2000). Die Methode der Fallrekonstruktion in der Grundlagenforschung sowie der klinischen und pädagogischen Praxis. In Kraimer, K. (Hg.): Die Fallrekonstruktion. Sinnverstehen in der sozialwissenschaftlichen Forschung. Frankfurt am Main: Suhrkamp.

Oevermann, U. (2001): Die Struktur sozialer Deutungsmuster. Versuch einer Aktualisierung. In: Sozialer Sinn, 1(01), S. 35–81.

Oser, F. (1997a): Standards in der Lehrerbildung. Teil 1: Berufliche Kompetenzen, die hohen Qualitätsmerkmalen entsprechen. In: Beiträge zur Lehrerbildung, 15(1), S. 26–37.

Oser, F. (1997b): Standards in der Lehrerbildung. Teil 2: Wie werden Standards in der Schweizerischen Lehrerbildung erworben? Erste empirische Ergebnisse. In: Beiträge zur Lehrerbildung, 15(1), S. 210–228.

Peirce, C.S. (1903): Dritte Vorlesung über den Pragmatismus: Die Verteidigung der Kategorien. In: Peirce, C.S. (2000): Semiotische Schriften: Bd. 1, 1865–1903 (Hg. von Kloesel, C.; Pape, H.). Frankfurt am Main: Suhrkamp, 2000.

Peirce, C.S. (1958): Collected Papers of Charles Sanders Peirce, Bände I–VI hg. von Hartshorne, C. und Weiss, P., 1931–35; Bände VII–VIII hg. von Burks, A. W., 1958; Harvard Univ. Press, Cambridge/Mass.

Petersen, S. (2001): Rituale für kooperatives Lernen in der Grundschule. Berlin: Cornelsen.

Plessner, A. (1980): Anthropologie der Sinne (1970). In: Ströker, E. et al. (Hgg.): Gesammelte Schriften III. Frankfurt am Main: Suhrkamp.

Polanyi, M. (1985): Implizites Wissen. Frankfurt am Main: Suhrkamp.

Popper, K. R. (1934): Logik der Forschung. Tübingen: Siebeck.

Popper, K. R. (1969): Conjectures and Refutations. The Growth of Scientific Knowledge. London: Routledge and Kegan Paul.

Popper, K. R. (1973): Objektive Erkenntnis. Ein evolutionärer Entwurf. Gütersloh: Hoffmann und Campe Verlag.

Prengel, A. (1993): Kulturen der Vielfalt. Verschiedenheit und Gleichberechtigung in Interkultureller, Feministischer und Integrativer Pädagogik. Opladen: Leske & Budrich.

Reckwitz, A. (2003): Grundelemente einer Theorie sozialer Praktiken. Eine sozialtheoretische Perspektive. In: Zeitschrift für Soziologie, 32, H.4, S. 282–301.

Rehberg, K.-S. (1994): Institutionen als symbolische Ordnungen. Leitfragen und Grundkategorien zur Theorie und Analyse institutioneller Mechanismen. In: Göhler, G. (Hg.): Die Eigenart der Institutionen. Zum Profil politischer Institutionentheorie. Baden-Baden: Nomos, S. 47–84.

Rhein, R. (2010): Lehrkompetenz und wissenschaftsbezogene Reflexion. In: Zeitschrift für Hochschulentwicklung, 5/3, S. 29–56.

Rheinberger, H.J. (2006): Epistemologie des Konkreten. Studien zur Geschichte der modernen Biologie. Frankfurt am Main: Suhrkamp.

Rittelmeyer, C. (2009): Der menschliche Leib als Resonanzorgan. Skizze einer Anthropologie der Sinne. In: Erziehungskunst, Oktober, S. 11–16.

Rouse, J. (1999): Understanding Scientific Practices: Cultural Studies of Science as a Philosophical Program. In: Biagioli, M. (ed.): Science Studies Reader. New York: Routledge, S. 442–56.

Ryle, G. (1969): Der Begriff des Geistes. Übers. von K. Baier. Stuttgart: Reklam.

Saldern, M. von (2010): Systemische Schulentwicklung. Von der Grundlegung zur Innovation. Norderstedt: Books on Demand.

Schatzki, T.R. (1996): Social Practices. A Wittgensteinian Approach to Human Activity and the Social. Cambridge: University Press.

Scheiring, H. (1998): Subjektive Theorien von Schülern über aggressives Handeln. Anwendung eines Dialog-Konsens-Verfahrens bei Hauptschülern. Weinheim: Deutscher Studienverlag.

Schleiermacher, F. (1966): Pädagogische Schriften. Die Vorlesungen aus dem Jahre 1826. Band I. (hg. von Erich Weniger). Düsseldorf u. a.: Verlag Helmut Küpper.

Schmidt S. J. (1994): Kognitive Autonomie und soziale Orientierung. Konstruktivistische Bemerkungen zum Zusammenhang von Kognition, Kommunikation, Medien und Kultur. Frankfurt am Main: Suhrkamp.

Schnädelbach, H. (1983): Philosophie in Deutschland 1831–1933. Frankfurt am Main: Suhrkamp.

Schott, F.; Ghanbari, S.A. (2008): Kompetenzdiagnostik, Kompetenzmodelle, kompetenzorientierter Unterricht. Zur Theorie und Praxis überprüfbarer Bildungsstandards. Münster: Waxmann.

Schütz, A. (1971): Über die mannigfaltigen Wirklichkeiten. In: Gesammelte Aufsätze. Band I: Das Problem der sozialen Wirklichkeit. Den Haag.

Schwerpunktprogramm 1293 der DFG. Zugriff unter: www.dfg.de/foerderung/info_ wissenschaft/archiv/2010/info_wissenschaft_10_50/index.html [04.06.2014].

Sekretariat der Ständigen Konferenz der Kultusminister der Länder in der Bundesrepublik Deutschland (2004): Standards für die Lehrerbildung: Bericht der Arbeitsgruppe. Zugriff unter: www.kmk.org/fileadmin/pdf/Bildung/AllgBildung/ Standards_Lehrerbildung-Bericht_der_AG.pdf [12.12.2014].

Senge, K. (2006): Zum Begriff der Institution im Neo-Institutionalismus. In: Senge, K.; Hellmann, K.-U. (Hgg.): Einführung in den Neo-Institutionalismus, Wiesbaden: VS Verlag, S. 35–47.

Setton, D. (2006): Unvermögen – Akrasia – Infantia. Zur problematischen Struktur rationaler Vermögen (unveröffentlichte Dissertation).

Sevsay-Tegethoff, Nese (2007): Erfahrungswissen: Geschichte, Begriffsbestimmung und Bezugsrahmen der Untersuchung. Wiesbaden: VS-Verlag.

Smith, J.P.; di Sessa, A.; Roschelle, J. (1993): Misconceptions Reconceived: A Constructivist Analysis of Knowledge in Transition. In: Journal of the Learning Sciences, 3, S. 115–163.

Stadelmann, M. (2006): Differenz oder Vermittlung? Zum Verhältnis von Theorie und Praxis im Urteil von Praktikumslehrpersonen der Primar- und Sekundarstufe I. Bern, Zürich: Hep-Verlag.

Steiner, E. (2004). Erkenntnisentwicklung durch Arbeiten am Fall. Ein Beitrag zur Theorie fallbezogenen Lehrens und Lernens in Professionsausbildungen mit besonderer Berücksichtigung des Semiotischen Pragmatismus von Charles Sanders Peirce. Zürich: Dissertation an der Universität Zürich.

Stelzer-Rothe, G. (2005): Kompetenzen in der Hochschullehre. Rüstzeug für gutes Lehren und Lernen an Hochschulen. Rinteln: Merkur Verlag.

Stojanov, K. (2004): Bildung und Anerkennung. Ein intersubjektivitätstheoretischer Ansatz zum pädagogischen Handeln und Bedingungen soziokultureller Pluralität. Magdeburg: Habilitationsschrift an der Universität Magdeburg.

Sturm, T. (2012): Praxeologische Unterrichtsforschung und ihr Beitrag zu inklusivem Unterricht. Zeitschrift für Inklusion, [S.l.], Jun. 2012. Zugriff unter: <http:// www.inklusion-online.net/index.php/inklusion-online/article/view/65/65> [02.06.2014].

Tenorth, H.E. (1989): Deutsche Erziehungswissenschaft im frühen 20. Jahrhundert. In: Zedler, P.; König, E. (Hgg.): Rekonstruktionen pädagogischer Wissenschaftsgeschichte. Fallstudien, Ansätze, Perspektiven. Weinheim: Deutscher Studien Verlag, S. 117–140.

Tenorth, H.E. (2006): Professionalität im Lehrerberuf. Ratlosigkeit der Theorie, gelingende Praxis. ZfE, 9(4), S. 580–597.

Terhart, E. (2002): Standards für die Lehrer(innen)bildung. Eine Expertise für die Kulturministerkonferenz. Universität Münster: Zentrale Koordination Lehrer(innen)-bildung. ZKL-Texte Nr. 24. Münster.

Terhart, E. (2007): Universität und Lehrerbildung: Perspektiven einer Partnerschaft. In: Casale, R.; Horlacher, R. (Hgg.): Bildung und Öffentlichkeit. Jürgen Oelkers zum 60. Geburtstag. Weinheim; Basel: Beltz, S. 203–219.

Terhart, E.; Czerwenka, E.; Ehrich, K.; Jordan, F.; Schmidt, H.J. (1994): Bildungsbiographien von Lehrern und Lehrerinnen. Frankfurt am Main, Berlin, Bern, Wien: Lang.

Theunissen, M. (2000): Pindar. Menschenlos und Wende der Zeit. München: C.H. Beck Verlag.

Tillmann, K.-J. (2006): Systemsteuerung durch Leistungsvergleiche und Bildungsstandards? Oder: Kritische Anmerkungen zum gegenwärtigen Zeitgeist. In: Heinrich, M.; Greiner, U. (Hgg.): Schauen, was 'rauskommt. Kompetenzförderung, Evaluation und Systemsteuerung im Bildungswesen. Wien: LIT-Verlag, S. 13–35.

Trowler, P.; Bamber, R. (2005): Compulsory Higher Education Teacher Training: Joined-up policies, institutional architectures and enhancement cultures. In: International Journal for Academic Development, 10/2, Nov. 2005, S. 79–93.

Ulich, K. (1996): Lehrer/innen-Ausbildung im Urteil der Betroffenen. Ergebnisse und Folgerungen. In: Die Deutsche Schule 88, H. 1, S. 81–97.

van Manen, M. (1995): Herbart und der Takt im Unterricht. In: Zeitschrift für Pädagogik. 33. Beiheft, S. 61–80.

Vogel, P. (1998): Vorschlag für ein Modell erziehungswissenschaftlicher Wissensformen. In: Borrelli, M.; Ruhloff, J. (Hgg.): Interdisziplinäre Verflechtungen und interdisziplinäre Differenzierungen. Baltmannsweiler: Schneider Verlag Hohengehren, S. 173–185.

Wacker, A.; Maier, U.; Wissinger, J. (2012): Schul- und Unterrichtsreform durch ergebnisorientierte Steuerung. Empirische Befunde und forschungsmethodische Implikationen – Educational Governance 9. Wiesbaden: Springer VS.

Wagner-Willi, M. (2004): Videointerpretation als mehrdimensionale Mikroanalyse am Beispiel schulischer Alltagsszenen. In: Zeitschrift für Qualitative Bildungs-, Beratungs- und Sozialforschung, H. 1, S. 49–66.

Wahl, D. (1991): Handeln unter Druck. Weinheim: Deutscher Studienverlag.

Waldenfels, B. (1985): In den Netzen der Lebenswelt. Frankfurt am Mein: Suhrkamp.

Waldenfels, B. (1990): Der Stachel des Fremden. Frankfurt am Main: Suhrkamp.

Waldenfels, B. (1992): Einführung in die Phänomenologie. München: Fink.

Waldenfels, B. (1994): Antwortregister. Frankfurt am Main: Suhrkamp.

Waldenfels, B. (1998): Grenzen der Normalisierung. Studien zur Phänomenologie des Fremden 2. Frankfurt am Main: Suhrkamp.

Waldenfels, B. (2003): Stimme am Leitfaden des Leibes, in: Epping-Jäger, C.; Linz, E. (Hgg.): Medien/Stimmen. Köln: DuMont, S. 19–35.

Waldenfels, B. (2004a): Phänomenologie der Aufmerksamkeit. Frankfurt am Main: Suhrkamp.

Waldenfels, B. (2004b): Findigkeit des Körpers. Dortmund: Dortmunder Schriften zur Kunst.

Waldow, F. (2014): „From Taylor to Tyler to No Child Left Behind: Legitimating educational standards. In: Droux, J.; Hofstetter, R. (Hgg.): Les savoirs dans le champ éducatif : Circulations, transformations, implementations: Pour une histoire sociale de la fabrique internationale des savoirs en éducation 19e-20e siècles. Rennes: PUR.

Walters, J.; Gardner, H. (1986): The crystallizing experience: Discovering an intellectual gift. In: Sternberg, R.J.; Davidson, J.E. (Hgg.): Conceptions of giftedness. Cambridge, England: Cambridge University Press, S. 306–331.

Weber, A. (2005): Problem-Based Learning – Ansatz zur Verknüpfung von Theorie und Praxis. In: Beiträge zur Lehrerbildung, 23(1), S. 94–104.

Weber, M. (2004 [1922]): Die Objektivität sozialwissenschaftlicher und sozialpolitischer Erkenntnis. In: Strübing, J.; Schnettler, B. (Hgg.): Methodologie interpretativer Sozialforschung: Klassische Grundlagentexte. Konstanz: UVK, S. 43–100.

Weinert, F.E. (2001): Vergleichende Leistungsmessung in Schulen – eine umstrittene Selbstverständlichkeit. In: Weinert, F.E. (Hg.): Leistungsmessung in Schulen. Weinheim, Basel: Beltz, S. 17–31.

Weingardt, M. (2004): Fehler zeichnen uns aus. Transdisziplinäre Grundlagen zur Theorie und Produktivität des Fehlers in Schule und Arbeitswelt. Bad Heilbrunn: Klinkhardt.

Weniger, E. ([1929] 1975): Theorie und Praxis in der Erziehung. In: Weniger, E.: Ausgewählte Schriften zur geisteswissenschaftlichen Pädagogik (Hg. von B. Schonig). Weinheim, Basel: Beltz, S. 29–44.

Westphal, K. (2002): Wirklichkeiten von Stimmen. Grundlegung einer Theorie der medialen Erfahrung. Frankfurt/M., Berlin, Bern, Bruxelles, New York, Oxford, Wien: Peter Lang.

Westphal, K. (2004): Lernen als Ereignis – Zugänge zu einem theaterpädagogischen Projekt. Baltmannsweiler: Schneider Verlag Hohengehren.

Winkel, R. (1988): Antinomische Pädagogik und Kommunikative Didaktik. Studien zu den Widersprüchen und Spannungen in Erziehung und Schule. Düsseldorf: Schwann-Bagel.

Wirth, U. (2001): Abduktion als Spiel. In: Zeitschrift für Semiotik, Band 23, Heft 3–4, S. 379–392.

Wittenbruch, W. (2010): Theorien des Unterrichts. In: Hellekamps, S.; Plöger, W.; Wittenbruch, W. (Hgg.): Schule, Handbuch der Erziehungswissenschaft 3, Studienausgabe. Paderborn, Münster, Wien, Zürich: Ferdinand Schöningh, S. 231–249.

Wulf, Ch. (1997): Vom Menschen – Handbuch Historische Anthropologie. Weinheim: Beltz.

Wulf, Ch.; Althans, B.; Audehm, K.; Bausch, C.; Jörissen, B.; Göhlich, M.; Mattig, R.; Tervooren, A.; Wagner-Willi, M.; Zirfas, J. (2004): Bildung im Ritual. Schule, Familie, Jugend, Medien. Wiesbaden: VS Verlag für Sozialwissenschaften

Wulf, Ch.; Zirfas, J. (2007): Performative Pädagogik und performative Bildungstheorien. Ein neuer Fokus erziehungswissenschaftlicher Forschung. In: Wulf, Ch.; Zirfas, J. (Hgg.): Pädagogik des Performativen. Theorien, Methoden, Perspektiven. Weinheim, Basel: Beltz, S. 7–40.

Wulff, H.J. (1998): Störmanöver. In: Paragrana. Internationale Zeitschrift für Historische Anthropologie. Band 7, Heft 1: Kulturen des Performativen. (Hg. von E. Fischer-Lichte & D. Kolesch), S. 215–220.

Wygotski, L.S. ([1934] 1977): Denken und Sprechen. Frankfurt am Main: Fischer.

Zinnecker, J. (1978): Die Schule als Hinterbühne oder Nachrichten aus dem Unterleben der Schüler. In: Reinert, B.; Zinnecker, J. (Hgg.): Schüler im Schulbetrieb. Berichte und Bilder vom Lernalltag, von Lernpausen und vom Lernen in den Pausen. Reinbek bei Hamburg, S. 29–121.

Zirfas, J. (1999): Bildung als Entbildung. In: Schäfer, G.; Wulf, Ch. (Hgg.): *Bild – Bilder – Bildung*. Weinheim: Deutscher Studien Verlag, S. 159–194.

Zirfas, J. (2001): Identitäten und Dekonstruktionen. Pädagogische Überlegungen in Anschluss an Jacques Derrida. In: Fritzsche, B.; Schmidt, A.; Hartmann, J. (Hgg.): Dekonstruktive Pädagogik. Erziehungswissenschaftliche Debatten unter poststrukturalistischen Perspektiven. Opladen: Leske & Budrich, S. 49–64.

Zirfas, J. (2010): Jacques Derrida: Das andere Kap. Die vertagte Demokratie. Zwei Essays zu Europa. In: Jörissen, B.; Zirfas, J. (Hgg.): Schlüsselwerke der Pädagogik. Wiesbaden: Verlag für Sozialwissenschaften, S. 241–258.

http://www.lis.uni-bremen.de/etc/abt1/modellversuch.

http://www.kubim.de.

http://www.dfg.de/aktuelles_presse/information_fuer_die_wissenschaft/schwerpunktprogramme/info_wissenschaft_21_06.html.

http://beat.doebe.li/bibliothek/b02315.html.

www.bmbf.de/de/6880.php.

www2.ed.gov/nclb/landing.jhtml.

tacitdimensions.wordpress.com.

European Studies on Educational Practices

Bosse Bergstedt, Anna Herbert,
Anja Kraus, Christoph Wulf (ed.)

Tacit Dimensions of Pedagogy

2012, 136 pages, pb, €24,90,
ISBN 978-3-8309-2649-8
E-Book: €21,99,
ISBN 978-3-8309-7649-3

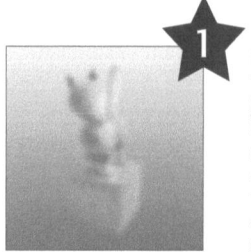

Looking at educational practices is not reduced to the explicit decisions concerning aims, subjects and schedules. It also entails the examination of the inexplicable knowledge on which social relations are based. Sensual perceptions and time-space-object relations are important frames of the practical orientation and influences of non-formal learning on formal learning situations are explored.

Bosse Bergstedt, Anna Herbert,
Anja Kraus (ed.)

Initiating Learning

2012, 156 pages, pb, € 24,90
ISBN 978-3-8309-2650-4
E-Book: € 21,99,
ISBN 978-3-8309-7650-9

Learning is carried out by implicit attitudes and is influenced by opaque actual happenings such as subtexts of a spoken text, forms of bodily communication and interaction and by the material conditions of learning processes and their limitations. The endeavour to initiate learning cannot but deal with its explicit as well as with its tacit aspects.

Anna Herbert, Anja Kraus (ed.)

Praxeology as a Challenge

Modelling the Tacit
Dimensions of Pedagogy

2013, 128 pages, pb, € 24,90,
ISBN 978-3-8309-2651-1
E-Book: € 21,99,
ISBN 978-3-8309-7651-6

The empirical question how social practices constitute a (binding) reality comes close to the praxeological perspective. All the mainly empirical studies in this volume deal with the praxeological question how sociality is generated in dynamic and relational actions in a pedagogical frame.

Anja Kraus, Mie Buhl,
Gerd-Bodo von Carlsburg (ed.)

Performativity, Materiality and Time

Tacit Dimensions of Pedagogy

2014, 152 pages, pb, € 24,90,
ISBN 978-3-8309-3116-4
E-Book: € 21,99,
ISBN 978-3-8309-8116-9

Focusing mainly on the tacit side of pedagogical practices entails not only a revision of instructional practices but also of the theoretical approaches to educational practices and a work on the methodology of empirical research in the Educational Sciences. In terms of this effort references to subjects, objects and given structures are replaced by the concepts performativity, materiality and time.

WAXMANN
www.waxmann.com
info@waxmann.com